企業支援税制

Support through Taxation System for Companies

日税研論集
Journal of Japan Tax Research Institute

VOL 66

研究にあたって

成蹊大学教授　成道　秀雄

[1]　平成はじめのバブル崩壊後，失われた10年と言われたように，出口の見えない暗いトンネルの中を手探りで歩くような厳しい試練を強いられた。高度経済成長から低成長に移り，低空飛行を続けてきたが，バブル崩壊によって，一挙にどん底に転げ落ちたかのようであった。

　企業のグローバル化と円高等の6重苦によって法人税収が逼迫し，平成8年には政府税制調査会の法人課税小委員会が課税ベースの拡大と法人税率の引き下げを提唱した。しかし，企業のグローバル化と経済成長牽引のため組織再編税制・連結納税制度の創設，減価償却制度での250％定率法の導入，交際費課税制度の緩和，欠損金の繰越期間の延長等でもって，法人税ではむしろ企業支援のために課税ベースは縮小していったともいえる。

　平成22年の安倍政権のデフレ脱却のための「新成長戦略」が効を奏し，やっと薄目が差してきた感がある。研究開発費減税などの政策税制たる租税特別措置を多用し，さらなる企業支援を積極的に進めているのが現状である。

[2]　本研究論文集では，様々な局面での企業支援に対しての税制の役割という視点からまとめたものである。

　その各項目と執筆担当者は次の通りである。

研究項目	担当研究員	
第1章　企業支援の会計と法務	白土英成	税理士，公認会計士
第2章　企業設立(起業)・再生支援税制	藤曲武美	税理士
第3章　企業清算支援税制	成道秀雄	教授
第4章　組織再編支援の税制	吉村政穂	准教授
第5章　内国法人の国外進出支援税制，外国法人の国内進出支援税制	野田秀三	教授

第6章	租税特別措置	野田秀三	教授
第7章	経営意思決定支援税制	上松公雄	税理士
第8章	企業支援戦略と税務	中村慈美	税理士
第9章	諸外国の企業支援税制	江口久展	税理士

[3]　各章での論点をまとめれば次のようになる。

　第1章の「企業支援の会計と法務」では，企業再建のための企業組織再編成並びに企業解散・清算を会計面から検討している。企業会計では，独占禁止法の改正，会社法の創設に合わせて企業再編成並びに企業結合の会計基準，すなわち「企業結合に係る会計基準」，「事業分離等に関する会計基準」及び「企業結合会計基準及び事業分離等会計基準に関する適用指針」が公表されているが，民事再生手続と会社更生手続で目指すべき経済事象は同一でありながら，同一の会計処理になっているとはいえず，実務上の弊害が指摘されており，今後，事業再生会計基準の構築を検討すべきとしている。また，解散会社のように継続企業の前提が成立していないことが明らかな会社が継続企業を前提に財務諸表を作成したのでは，会社の状況を適切に反映することは困難であり，税務上の取り扱いに配慮しつつ，会計基準の整備が必要であるとしている。

　第2章の「企業設立（起業）・再生支援税制」では，企業のライフサイクルのうち，企業設立と再生の段階に焦点を当てて，それぞれの段階での支援税制について検討している。再生段階では特に債務会社に対する支援税制に焦点を当て，会社更生手続，民事再生手続の法律整理手続及びそれ以外の私的整理手続に区分して，それぞれの主な支援税制を比較して検討している。それぞれにおいての支援税制適用上の相違点を整理し，①事業年度の特例の有無，②資産の評価損益の計上の相違，③期限切れ欠損金の損金算入制度の相違などについて，その内容を改めて整理し，その合理性について検討している。次に現行における企業設立に係る支援税制の概要を整理し，再生支援税制と比較し，起業を促進する税制は貧困であり，①エンジェル税制の要件

の緩和，設立後一定期間の企業については欠損金の繰戻し還付の適用停止の解除，④設立に伴う損失の損益通算の拡大等の充実化が必要としている。

　第3章の「企業清算支援税制」では，まず平成22年の税制改正で清算所得の課税から通常の所得課税に移行したことが，企業支援税制に叶うものであったかを考察し，次に組織再編税制の一つとして完全子会社の全資産を現物分配によって完全親会社に移転する適格現物分配が創設されたが，今までの適格合併，適格分割と比較して，企業支援税制として有効に機能するかを検討している。さらに海外子会社の清算における現行制度での税務処理について検討し，さらに米国の企業清算税制を紹介し，我が国の企業支援税制と比較検討している。

　第4章の「組織再編支援の税制」では，組織再編税制が「支援」として機能するための措置として，次のような対応を個別に見ている。まず，現行の組織再編税制は，事業の実態に応じた課税を実現し，組織再編を阻害しないことを目的として創設されたものであることから，平成13年の創設以後，それに叶う基本構造を有しているかを検証している。次に，現行の組織再編税制を前提として，その適用要件を政策的に設けられた規定を取り上げている。具体的には，産業活力再生特別措置法又は産業競争力強化法によって一定の事業再編計画（認定）と結びつくかたちで税制上の優遇措置が与えられたが，それがどのような仕組みであり，また課税繰延範囲の拡大から出資リスクの低減へと手法が変遷したことを跡づけ，これまでの取り組みのレビューを行っており，あわせて柔軟な組織再編成を実現するスキーム（スピンオフ，スプリットオフ等）に対応した税制上の措置に関する低減を取り上げ，その実現可能性について検討している。これらを踏まえ，グローバル化が進展する中で，日本国内にとどまらない企業の組織再編成について問題となる租税法上の論点について検討している。その対象はインバウンド又はアウトバウンド投資による組織再編成に止まらず，国外における組織再編成に対して，我が国の税制（例えばタックスヘイブン対策税制）がどう適用するかも含んでおり，最後に，本章の補論として，組織再編成と関連して問題となった裁判

例（最近のものとして，ヤフー事件）を紹介し，この分野や特徴等を抽出している。

　第5章の「内国法人の国外進出支援税制，外国法人の国内進出支援税制」では，内国法人が海外に進出するにあたり，税制上の支援をする場合に，現地国の税制を調査し，我が国の内国法人が進出した場合に現地国で得た所得に対して内国法人に不利な課税を受けないようにするには，外国子会社合算税制，国際的二重課税排除のための租税条約の締結及び海外進出企業に対する優遇税制を構築することが重要であるとし，また，外国法人が我が国に進出することを促し，外資の積極的な投資を促すための税制を構築するためには，外国法人に対する軽減税制の拡大，内国法人を対象にしている研究開発税制，投資促進支援税制を外国法人に拡大することが重要であるとし，それぞれに具体的な企業支援税制をあげて，検討している。

　第6章の「租税特別措置」では，企業支援のための租税特別措置として，特に研究開発・投資促進支援税制を中心に検討を行う。税収確保の観点から研究開発・投資促進支援税制については縮小の方向にあるが，企業支援という側面からは，中立性に配慮して有効な租税特別措置を存置することが望ましいとしている。

　第7章の「経営意思決定支援税制」では，平時の経営意思決定の主要な対象事項に関連して，①役員給与の損金算入制度，②貸倒損失の計上に関する税務上の取り扱い，③交際費等の損金不算入制度について検討し，さらに近時創設された雇用促進等に係る政策税制について検討している。めまぐるしく変化する経営環境の中で，臨機応変な経営意思決定を行うべくことが求められている状況を想定すると，制度の適用要件について硬直的なものを設けることは望ましくないとしている。

　第8章の「企業支援戦略と税務」では，企業支援に関する税務の中で，特に事業承継及び事業再生に関する税務について，事例を用いて検討している。まず事業承継については，近年，中小企業を中心に経営者の高齢化に伴い，事業承継を円滑に進めていくことが重要な問題となっており，そのために行

われる自己株式の取得や会社分割等に関する税務上の扱いを検討している。次に事業再生については，税務上の取り扱いを考慮しない事業再生計画であるならば，その実行段階で予想外の資金流出を招き，ひいては事業再生自体が破綻することにもなりかねず，そこで事業再生に関する当事者である債権者及び債務者の税務上の扱いを検討している。

　第9章の「諸外国の企業支援税制」では，諸外国の企業支援税制を調査し，その概要をまとめている。具体的に検討した国として，米国，イギリス，ドイツ，フランス，オランダである。イギリスで最初に創設されたパテントボックス税制やオランダのイノベーションボックス税制等は我が国での実業界でもその創設が要望されており，興味深い。

[4]　企業支援税制の要として法人税率の引き下げがあり，早期の20%台前半までの実現を要望したい。一方で法人税収の落ち込みを埋めるための課税ベースの拡大が画策されるとしても，十分に担税力に配慮したものに限定されるべきである。また，企業支援の政策税制として研究開発促進税制等が用意されているが，企業行動を歪めることなく，課税の中立性に十分な配慮が必要である。このことは本法であっても当てはまることである。

　なお，第1章の「企業支援の会計と法務」については公認会計士，税理士の白土英成氏，最終章の「諸外国の企業支援税制」については税理士の江口久展氏のご協力を得た。ここに感謝を表したい。

目　次

研究にあたって ……………………………………… 成道　秀雄

第1章　企業支援の会計と法務 ……………… 白土　英成・1

　は じ め に………………………………………………………………… 1
　Ⅰ　企業組織再編制度の歴史的背景………………………………………… 3
　　　1　概　　要………………………………………………………………… 3
　　　2　持株会社の概要と持株会社禁止の経緯…………………………………… 3
　　　3　独占禁止法改正に対する慎重論の背景…………………………………… 4
　　　4　持株会社解禁への流れ………………………………………………… 5
　　　5　平成9年（1997年）独占禁止法改正の概要……………………………… 6
　　　6　純粋持株会社の利点…………………………………………………… 7
　　　7　完全子会社化の動向…………………………………………………… 8
　　　8　会計基準の変遷……………………………………………………… 9
　Ⅱ　組織再編会計の基本的考え方…………………………………………12
　　　1　平成15年以前の実務上の問題点………………………………………12
　　　2　会計基準の概要………………………………………………………13
　Ⅲ　企業結合と会計…………………………………………………………14
　　　1　概　　要………………………………………………………………14
　　　2　平成20年改正企業結合会計基準………………………………………15
　　　3　企業結合に適用される3つの会計基準…………………………………15
　　　4　「取得」と「持分の結合」の考え方………………………………………16

		5	企業結合の分類 ……………………………………… 18
		6	取得の会計処理 ……………………………………… 19
		7	のれんの会計処理…………………………………… 21
		8	共同支配企業の形成 ………………………………… 24
		9	共通支配下の取引等 ………………………………… 26
Ⅳ	事業分離等の会計 ………………………………………… 27
		1	事業分離等会計基準とは …………………………… 27
		2	適用範囲（事業分離等会計基準 9）……………… 28
		3	分離元企業の会計処理の基本的考え方 …………… 28
		4	移転した事業に関する投資が清算されたと見る場合 ……… 29
		5	移転した事業に関する投資がそのまま継続していると見る場合 …………………………………………………… 29
		6	分離元企業の会計処理 ……………………………… 30
		7	資産の現物出資等における移転元企業の会計処理…………… 32
Ⅴ	再編手法別会計処理 ……………………………………… 34
		1	株 式 譲 渡 …………………………………………… 34
		2	合　　　　併 …………………………………………… 35
		3	会 社 分 割 …………………………………………… 39
		4	事 業 譲 渡 …………………………………………… 45
		5	株 式 交 換 …………………………………………… 45
		6	株 式 移 転 …………………………………………… 48
		7	無対価組織再編 ……………………………………… 50
		8	簡易組織再編と略式組織再編 ……………………… 54
		9	債務超過会社を吸収合併できるか………………… 55
		10	少数株主の保護 ……………………………………… 55
Ⅵ	企業再建の現状 …………………………………………… 56
		1	企業再建と法的整理 ………………………………… 56
		2	民事再生手続 ………………………………………… 60

3　会社更生法による手続 …………………………… 62
　　　4　民事再生手続における財産評定と会計実務 ……… 63
　　　5　会社更生手続における財産評定と会計実務 ……… 66
　Ⅶ　清算手続と会計 ………………………………………… 69
　　　1　解散の会計 ………………………………………… 70
　　　2　清算の会計 ………………………………………… 71
　　　3　対象会社における資産及び負債の評価 ………… 72

第2章　企業設立（起業）・再生支援税制 … 藤曲　武美・75

　はじめに ……………………………………………………… 75
　Ⅰ　企業の再生と支援税制 ………………………………… 75
　　　1　企業再生のパターン ……………………………… 75
　　　2　債務者，債権者，役員等の関係者の税務 ……… 76
　Ⅱ　会社更生手続きと支援税制 …………………………… 77
　　　1　事業年度の特例 …………………………………… 77
　　　2　評価損益の計上 …………………………………… 78
　　　3　更生手続開始の決定があったことによる債務免除等が
　　　　あった場合の期限切れ欠損金額の損金算入 …… 79
　　　4　更生手続きの開始があった場合の欠損金の繰戻還付 …… 83
　　　5　仮装経理に基づく過大申告の更正に伴う税額の還付・
　　　　控除 ………………………………………………… 85
　Ⅲ　民事再生手続きと支援税制 …………………………… 87
　　　1　事業年度について ………………………………… 87
　　　2　評価損益の計上 …………………………………… 87
　　　3　再生手続開始の決定があったことによる債務免除等が
　　　　あった場合の期限切れ欠損金額の損金算入 …… 88
　　　4　再生手続開始時の欠損金の繰戻還付 …………… 93

　　　　5　仮装経理に基づく過大申告の更正に伴う税額の還付・
　　　　　控除 ··· 93
　Ⅳ　私的整理手続きと支援税制 ·· 94
　　　　1　企業再生税制の適用がある私的整理手続き ············· 94
　　　　2　企業再生税制の適用がない私的整理手続き ············· 95
　Ⅴ　適用年度の前事業年度以前の事業年度から繰り越された欠
　　　損金額の合計額 ·· 97
　　　　1　前事業年度以前の事業年度から繰り越された欠損金額
　　　　　の合計額 ··· 97
　　　　2　別表五（一）の記載金額による問題点 ··················· 98
　　　　3　実際の「前事業年度以前の事業年度から繰り越された
　　　　　欠損金額の合計額」の適用 ···································· 99
　Ⅵ　59条1項と59条2項の相違点の合理性 ··························· 99
　　　　1　59条1項と59条2項の主な相違点 ························· 99
　　　　2　相違点の合理性 ·· 103
　Ⅶ　債権者，役員等に係る再生支援税制 ··························· 103
　　　　1　債権者に係る再生支援税制 ··································· 104
　　　　2　債務会社の役員等に係る再生支援税制 ··················· 104
　Ⅷ　再生支援損失等（債権放棄，無利息融資等）の寄附金除
　　　外処理（法基通9-4-2） ·· 105
　　　　1　債権放棄等と寄附金課税 ······································ 105
　　　　2　法基通9-4-1，2の趣旨 ·· 105
　　　　3　法基通9-4-1，2の基本的考え方 ···························· 107
　　　　4　寄附金と企業再生の方法 ······································ 114
　Ⅸ　平成25年度・26年度税制改正における再生支援税制 ········ 115
　　　　1　特定再生ファンドによる債務免除等の場合の期限切れ
　　　　　欠損金の損金算入等 ·· 115
　　　　2　少額資産に係る評価損益計上 ······························· 116

　　　　3　私財提供の場合の課税の特例 ……………………………117
　　　　4　個人版事業再生税制の創設（平成26年度税制改正）………117
　　Ⅹ　起業支援税制 ……………………………………………………119
　　　　1　アベノミクス（日本再興戦略）と企業の新陳代謝の必
　　　　　　要性 ……………………………………………………………119
　　　　2　エンジェル税制 ……………………………………………119
　　　　3　平成26年度税制改正による支援措置 ……………………123
　　　　4　法人事業税の免除措置 ……………………………………126
　　　　5　エンジェル税制の問題点 …………………………………127
　　　　6　起業支援税制の充実化 ……………………………………128

第3章　企業清算支援税制 ……………………… 成道　秀雄・131

　　はじめに …………………………………………………………………131
　　Ⅰ　解散・清算事業年度の所得課税 ………………………………131
　　Ⅱ　残余財産がないと見込まれることの判定
　　　　―未払法人税の取り扱い― …………………………………139
　　Ⅲ　現物分配による清算 ……………………………………………141
　　Ⅳ　第二会社方式による企業清算 …………………………………144
　　Ⅴ　外国子法人の清算 ………………………………………………145
　　Ⅵ　米国税法における清算所得課税 ………………………………147
　　おわりに …………………………………………………………………150

第4章　組織再編支援の税制 ……………………… 吉村　政穂・153

　　Ⅰ　はじめに …………………………………………………………153
　　Ⅱ　組織再編税制の基本的構造 ……………………………………157
　　　　1　譲渡損益計上の原則 ………………………………………157

　　　　2　課　税　繰　延 ··· 159
　　　　3　株式交付要件 ··· 162
　　　　4　租税回避の防止 ··· 164
　　　　5　100％グループ内再編 ·· 166
　　Ⅲ　再編支援の税制 ·· 168
　　　　1　組織再編成を「促進」するための政策措置 ························ 168
　　　　2　課税繰延の範囲拡大の可能性 ··· 170
　　　　3　小　　　括 ··· 174
　　Ⅳ　結　　　語 ··· 175
〈補遺〉東京高判平成 26 年 11 月 5 日　ヤフー事件 ···························· 176

第 5 章　内国法人の国外進出支援税制，外国法人の国内進出支援税制 ······ 野田　秀三・185

　　Ⅰ　内国法人の国外進出支援税制 ··· 185
　　　　1　海外子会社設立にかかる税務 ··· 185
　　　　2　海外子会社設立費用等 ·· 186
　　　　3　海外子会社との移転価格税制 ··· 187
　　　　4　移転価格税制における独立企業間価格 ··························· 187
　　　　5　移転価格税制の対象となる取引 ·· 188
　　　　6　海外子会社への財政的な支援 ··· 190
　　　　7　外国子会社合算税制（タックスヘイブン税制）··················· 191
　　Ⅱ　外国法人の国内進出支援税制 ··· 195
　　　　1　外国法人の国内源泉所得 ··· 195
　　　　2　外国法人の恒久的施設帰属所得の計算 ·························· 197
　　　　3　外国法人の所得に対する税率 ··· 198
　　Ⅲ　む　す　び ··· 198
　　　　1　内国法人の国外進出支援税制 ··· 198

2　外国法人の国内進出支援税制 ……………………………… 199

第6章　租税特別措置－研究開発・投資促進支援税制を中心に－ ……………………… 野田　秀三・201

- I　設備投資促進税制の意義 ………………………………………… 201
- II　研究開発促進税制の意義 ………………………………………… 202
- III　投資促進支援税制の意義 ………………………………………… 204
- IV　主要な投資促進支援税制 ………………………………………… 208
  - 1　生産等設備投資促進税制の創設（措法42の12の2）…… 208
  - 2　商業等活性化税制の創設（措法42の12の3，措令27の12の3）……………………………………………… 210
  - 3　生産性向上設備投資促進税制（措法42の12の5）……… 212
  - 4　中小企業投資促進税制 ………………………………………… 216
  - 5　研究開発促進税制の拡充（措法42の4）…………………… 216
  - 6　中小企業技術基盤強化税制（措法42の4⑥）……………… 221
  - 7　環境関連投資促進税制 ………………………………………… 222
- V　むすび …………………………………………………………… 223

第7章　経営意思決定支援税制　　 －課税の中立性から－ ………………… 上松　公雄・227

- まえがき ……………………………………………………………… 227
- I　経営意思決定の観点からの税制及び税務上の取扱いの検討 … 230
  - 1　役員給与の損金算入制度 ……………………………………… 230
  - 2　貸倒損失の計上に関する税務上の取扱い ………………… 242
  - 3　交際費等の損金不算入制度 ………………………………… 249
- II　雇用促進等に関する税制 ………………………………………… 255

　　　　1　雇用促進税制（措法42の12） ……………………………… 255
　　　　2　所得拡大促進税制（措法42の12の4） ……………………… 258
　　　　3　ま　と　め ……………………………………………………… 260

第8章　企業支援戦略と税務 ………………… 中村　慈美・263

　　は　じ　め　に ………………………………………………………… 263
　　　　1　事業承継に関する税務 ………………………………………… 263
　　　　2　事業再生に関する税務 ………………………………………… 264
　　Ⅰ　事業承継に関する税務 …………………………………………… 265
　　　　1　自己株式の取得を利用した事業承継 ………………………… 265
　　　　2　会社分割を利用した事業承継 ………………………………… 274
　　Ⅱ　事業再生に関する税務 …………………………………………… 279
　　　　1　債権者の取扱い ………………………………………………… 279
　　　　2　債務者の取扱い ………………………………………………… 289

第9章　諸外国の企業支援税制 ………………… 江口　久展・307

　　Ⅰ　イギリスの企業支援税制 ………………………………………… 307
　　　　1　イギリス税制基本情報 ………………………………………… 307
　　　　2　イギリスの企業支援税制 ……………………………………… 308
　　Ⅱ　フランスの企業支援税制 ………………………………………… 313
　　　　1　フランス税制基本情報 ………………………………………… 313
　　　　2　フランスの企業支援税制 ……………………………………… 313
　　Ⅲ　ドイツの企業支援税制 …………………………………………… 317
　　　　1　ドイツ税制基本情報 …………………………………………… 317
　　　　2　ドイツの企業支援税制 ………………………………………… 317
　　Ⅳ　オランダの企業支援税制 ………………………………………… 318

1　オランダ税制基本情報 …………………………………………318
　　2　オランダの企業支援税制 ………………………………………318
Ⅴ　アメリカの企業支援税制……………………………………………321
　　1　アメリカ税制基本情報（概要）………………………………321
　　2　アメリカの企業支援税制 ………………………………………321

企業支援税制

第1章　企業支援の会計と法務

税理士・公認会計士　白土　英成

はじめに

　平成25年（2013年）3月，「中小企業者等に対する金融の円滑化を図るための臨時措置に関する法律」（中小企業金融円滑化法）が，2度にわたる延長を経て終了した。平成25年3月末までの申し込み累計件数は約431万件にのぼり，さらに期限後も金融機関が貸付条件の変更等に積極的に努めた結果，460万件にまで膨れ上がっている。[1] 実行件数も同約408万件となっており，審査中及び取り下げを除いた実行率は94.7%に達した。企業数から見ると中小企業金融円滑化法により，約40万社が金融機関からの借入の元本支払い猶予を受けたのである。しかし，中小企業金融円滑化法はあくまでも返済猶予であって，返済免除ではない。結局，無策の返済条件緩和継続では，単なる延命にしかすぎないのである。
　また，40万社のうち，5～6万社は深刻な経営課題を抱え，抜本的な事業再生が必要と言われている。経営課題の先送りや経営改善計画の停滞は，ますます中小企業金融円滑化法利用後の倒産増加を招くであろう。ただ単に絵

---

(1)　金融円滑化法利用後倒産の動向調査　帝国データバンク　2014.4.1

に描いた経営改善計画では，何の役にも立たず，個々の企業が，堅実に経営課題を解決していかなければ，倒産に至る危険性は払拭できない。

　金融庁も中小企業金融円滑化法に基づき返済猶予を受けてきた中小企業に対し，転廃業を促す方針に転換したとされる。平成25年（2013年）3月末以降も激変緩和のため，金融機関に返済猶予を求めてきたが，今後は「抜本的な企業再生」を求める方向に変換される。報道によれば「地銀への検査でも取引先の持続可能性を個別に聞き取り，地銀が取引先企業の転廃業に取り組むように促す」とされる。[2]

　さて，企業が抱える経営課題は，企業ごとに様々である。各企業の置かれている状況は，それぞれ大きく異なるものであり，深刻度合にも差がある。しかし，課題の特性と企業の状況を検討した場合，
① 　自助努力により経営改善が可能な企業
② 　企業再生や業種転換等抜本的な事業再生・業種転換により，改善が見込まれる企業
③ 　事業の持続可能性は困難であり，事業の存続がいたずらに長引くことによって経営者の生活再建や取引先の事業等に悪影響が見込まれる企業
以上の状況が想定される。

　今回のテーマである「企業支援の会計と法務」を検討するにあたって，どの企業の状況においても共通する実務上の課題について考えてみたが，特に企業グループでの経営の効率化やコーポレートガバナンスの充実が求められている昨今，グループ経営を推進すべく経営統合，完全子会社化，不採算子会社の整理，事業譲渡等の企業組織再編並びに，企業再建・清算は，すべての企業に直面した経営課題であろう。そこで本稿は，企業組織再編と企業再建・清算を中心に，会計面から検討をすることとした。

---

[2] 日本経済新聞　2014.3.19

I　企業組織再編制度の歴史的背景

1　概　　要

　昭和22年（1947年）制定以来，独占禁止法（私的独占の禁止及び公正取引の確保に関する法律，昭和22年4月14日法律第54号）は第9条のもと持株会社（純粋持株会社）を一切禁止していた。持株会社とは，株式の所有を通じて翼下企業の経営を支配し，グループ全体の経営計画立案などに携わる会社と一般的に説明されている。

　制定以来，持株会社全面禁止の時代が，約50年続けられたが，平成9年（1997年）独占禁止法改正が行われ，ついに持株会社は，原則解禁となったのである。

　その結果，株式交換，会社分割，組織再編税制，連結納税制度等，組織再編に関連する制度が逐次整備され，組織再編を実施するための手法は，選択肢が広がり，統合・分離等の組織再編が機動的に行えるようになった。また，手続面のみならず，株式を対価とすることで資金準備を不要とする手法や取引時の課税繰延等，資金効率，コスト面等でメリットを享受できる手法が誕生していったのである。振り返ると，組織再編のスタートは平成9年（1997年）の持株会社解禁であったといえる。

2　持株会社の概要と持株会社禁止の経緯

　昭和22年（1947年）以降，独占禁止法は，同第9条により，「純粋持株会社」を設立すること等を例外なく，全面的に禁止していた。

　「純粋持株会社」とは，他の会社の株式を所有することにより，その会社の事業活動を支配することを「主たる事業」とする会社と定義されてきた。

　一方，株式を保有することにより他社の事業活動を支配するだけではなく，自らも生産販売活動等の事業活動を行う会社である「事業持株会社」は，昭和24年（1949年）と昭和28年（1953年）の同法改正により解禁された。そ

して，現実には我が国の多数の企業は，「事業持株会社」として多くの子会社等を支配してきたのである。

　終戦直後に制定された独占禁止法は，三井・三菱に代表される戦前の財閥が純粋持株会社を中核として数多くの大企業を支配下に置き，我が国経済を支配することによる種々の弊害とそのことが太平洋戦争を引き起こした社会政治体制と不可分の関係にあったとの反省に立ち，純粋持株会社を利用した財閥の復活を防ぎ，経済の民主化を維持発展させることを目的としたものである。[3]

3　独占禁止法改正に対する慎重論の背景

　昭和40年代初頭並びに昭和60年代初頭には，国際競争力の強化等を目指す経済界より，純粋持株会社解禁の要望が高まった。しかし，以下のことを理由に両時期とも解禁に慎重な意見が展開され，結果として，平成9年（1997年）まで改正が見送られてきた。

① 戦後においても巨大金融機関を中核とする大企業集団が存在し，その経済規模が極めて巨大であること
② 数多くの子会社・関連会社等を抱える事業持株会社のもとでは，その大企業を中核とする「系列」が存在すること
③ 「株式持ち合い」が高い状況であり，その持ち合い関係と取引関係に一定の相関関係が認められること

仮に純粋持株会社を解禁した場合，現存する大規模な企業集団を統括する純粋持株会社が登場する素地があり，そのことは，経済力のさらなる集中を生み，市場における公正な競争を阻害し，自由な新規参入を妨いでしまう弊害が大きいとの懸念が働いたのである。[4]

---

(3) 土岐敦司・辺見紀男編著「企業再編のすべて」㈳商事法務研究会　別冊商事法務　NO.240　191頁
(4) 土岐敦司・辺見紀男編著「企業再編のすべて」㈳商事法務研究会　別冊商事法務　NO.240　200頁

4　持株会社解禁への流れ

　1990年代，バブル経済崩壊後の経済停滞・産業空洞化などにより，日本経済そのものが疲弊する中，経済活性化のための規制緩和という観点から，持株会社禁止規定の見直し議論が急速に高まった。その際，慎重論の背景であった財閥の復活は，非現実的ではないかとする考えが多数を占めるようになった。さらに，持株会社の最大のメリットである効率的企業組織の実現と円滑な人事・労務管理等を理由として，持株会社を推奨する環境が成熟してきたのである。[5]

　そこで，公正取引委員会は，独占禁止法第4章改正問題研究会を組織し，検討を行い，平成7年（1995年）12月に，持株会社禁止を維持しつつも，一定規模以下の持株会社に限って認めるとする報告書を公表した。その後，労使問題等の議論を経て，平成9年（1997年）3月に持株会社を原則解禁とする独占禁止法一部改正案が上程され，同年6月11日に成立し，同年12月17日に施行されたのである。

《参考》
　規制緩和推進計画の再改定について，平成9年3月28日に閣議決定。
　「規制緩和推進計画の改定について」（平成8年（1996年）3月29日閣議決定）を下記のとおり平成7年度（1995年度）から9年度（1997年度）までの3か年の「規制緩和推進計画」（以下「計画」という。）として改定する。
　「規制緩和推進計画」
1　目的
　我が国経済社会の抜本的な構造改革を図り，国際的に開かれ，自己責任原則と市場原理に立つ自由で公正な経済社会としていくことを基本として，①消費者の多様なニーズに対応した選択の幅の拡大，内外価格差の縮小等により，国民生活の質の向上を目指す，②内需の拡大や輸入の促進，事業機会の拡大等を図り，国際的調和の実現に資する，③素材・仕様・規格を詳細に指定する基準から必要最低限の性能基準への移

---

(5)　坂田和光「企業再編制度の整備の沿革－持株会社の解禁と三角合併解禁を中心として－」国立国会図書館調査及び立法考査局　レファレンス2008.8月号34頁

(8) 持株会社規制について，持株会社の設立・転化の全面禁止から，これを解禁することとし，事業支配力が過度に集中することとなる持株会社の設立・転化の禁止に改める（独占禁止法改正法案を今通常国会に提出）。また，大規模会社の株式保有総額規制について，持株会社規制の見直しと同様の観点から，適用除外株式の追加等を行う（独占禁止法改正法案を今通常国会に提出）。

5　平成9年（1997年）独占禁止法改正の概要

　平成9年（1997年）独占禁止法は，第9条第1項「持株会社はこれを設立してはならない」を「事業支配力が過度に集中することとなる会社は，これを設立してはならない」に改正された。つまり，持株会社は全面禁止から原則解禁へ移行し，「事業支配力が過度に集中することとなる会社」のみ，規制されることになったのである。

　具体的には，持株会社，子会社，実質支配子会社（持分比率25%超かつ筆頭株主）からなる持株会社グループ全体について，

① 　総合的事業規模が相当数の事業分野にわたって著しく大きい（財閥型持株会社）

② 　資金に係る取引に起因する他の事業者に対する影響が著しく大きい（金融支配型持株会社）

③ 　相互に関連性のある相当数の事業分野においてそれぞれ有力な地位を占める（系列型持株会社）

のいずれかに当てはまり，かつ，国民経済に大きな影響を及ぼし，公正かつ自由な競争の促進の妨げとなる場合を規制の対象とした（1997年改正時独占禁止法第9条第5項）。

　特に，金融支配型持株会社は銀行法に基づく規制により，解禁が見送られたのであるが，その後，平成9年（1997年）12月に成立した「持株会社の設立等の禁止の解除に伴う金融関係法律の整備等に関する法律」（銀行持株会社整備法，平成9年12月12日法律第120号）及び「銀行持株会社の創設のための

銀行等に係る合併手続の特例等に関する法律」(銀行持株会社創設特例法, 平成9年12月12日法律第121号) の施行により, 平成10年 (1998年) 3月11日に解禁されたのである。

6　純粋持株会社の利点

持株会社のメリットは, 特に効率的企業組織の実現と円滑な人事・労務管理と言われている。

① 企業グループ全体に対する戦略的なマネージメントと各事業会社における個々の事業マネージメントの分離がなされ, 経営効率が向上する。
② 企業の統合・分離を通じたグループ再編・事業の多角化が柔軟に推進された。その代表例が金融機関の再編であった。
③ 円滑な人事・労務管理が推進される。
④ 各事業部門を子会社化することにより, 各部門の活性化並びに責任の明確化がなされた。
⑤ グローバル化への対応が推進される。

持株会社の機能は「経済力集中手段」と「企業組織の内部再編の道具」であるが, 特に異なる制度・カルチャーを持つ企業同士について, 個々の企業文化, 人事・労務体系を維持しつつ, スケールメリットを享受できる点が最大のメリットであろう。[6]

《参考》純粋持株会社解禁後の動き一覧表

　純粋持株会社解禁後, さらに事業の分離・統合・企業再編の動きを加速すべく, 純粋持株会社を視野に入れた企業再編のための重要な法改正が行われ, 逐次整備された。
① 平成9年・1997年　純粋持株会社の解禁　独占禁止法
② 平成9年・1997年　合併制度の改正 (合理化簡素化) 商法改正
③ 平成10年・1998年　銀行持株会社整備法等施行・金融持株会社の設立等の解禁
④ 平成11年・1999年　株式交換・株式移転制度の創設　商法改正

---

(6) 下谷政弘「持株会社の時代」有斐閣　2006.6　110頁

⑤　平成12年・2000年　会社分割制度の創設　商法改正　労働契約承継法の制定
⑥　平成13年・2001年　組織再編税制の整備　平成13年度税制改正
⑦　平成14年・2002年　連結納税制度の創設　平成14年度税制改正
⑧　平成15年・2003年　産業活力再生特別措置法に基づく三角合併の導入
⑨　平成15年・2003年　組織再編税制等の改正　平成15年度税制改正
⑩　平成17年・2005年　会社法合併対価の柔軟化・三角合併等の整備
⑪　平成17年・2005年　会社法簡易組織再編行為の規制緩和
⑫　平成17年・2005年　会社法略式組織再編行為の創設
⑬　平成18年・2006年　株式交換・株式移転税制の組織再編税制への組み入れ
⑭　平成19年・2007年　三角合併及び三角合併にかかる組織再編税制の施行
⑮　平成22年・2010年　独占禁止法の改正　企業結合の届出に関する要件の抜本的変更
⑯　平成23年・2011年　企業結合規制の見直し

7　完全子会社化の動向

　経営戦略の一環として，様々な手法により，組織再編が幅広く行われたが，企業買収によって企業の支配権を獲得した後，会社運営の円滑化・迅速化並びにグループ内事業再編のために100％子会社化の動きが増加した。これは，一般に少数株主を排除して，親会社による経営の自由度を高め，グループとしての意思決定の迅速化や株主総会簡便化を図る目的からと言われている。最近でも平成22年（2010年）に行われた㈱日立製作所による日立マクセル㈱等，上場連結子会社5社の完全子会社化は，代表的な例と言えよう。この傾向は，多くの企業集団でも見られる。

　公開会社グループにあっては，子会社を上場廃止させることにはなるが，再編による成長産業の取り込み・強化に有効な戦略となるほか，主要子会社の業績を連結決算に100％反映させることにより，親会社自体の業績改善にも寄与させることになる。

　繰り返しになるが，株式交換が平成11年度（1999年度）に導入されて以来，簡易かつ迅速な企業再編が実現可能となった。平成12年（2000年）には，ソニー㈱が，㈱ソニー・ミュージックエンタテインメント等上場子会社

3社を完全子会社化したが，平成14年（2002年）にはパナソニック㈱がパナソニック電工㈱と三洋電機㈱の完全子会社化を発表した。この流れは，業種を問わず，飲料業界・ゲーム業界等幅広い業種で進められている。

また，㈱すかいらーくやアパレル大手の㈱ワールドに代表される事業承継も視野に入れた非上場化を伴うMBO（Management Buyout）等も増加し，経営者自らの支配権獲得確保も進められている。

8　会計基準の変遷
(1)　企業再編・企業結合の会計

我が国における企業再編並びに企業結合の会計基準は，法制度の整備・改正に合わせる形で策定され，公表されてきた。

企業結合については，連結会計と個別の合併会計に分かれて議論が進められ，連結会計については，昭和50年（1975年）に「連結財務諸表原則・同注解」が公表された。当時は個別財務諸表が主体であり，連結情報は副次的な情報であった。

その後，金融ビッグバン・資本市場の国際化等の要請から，連結情報中心のディスクローズ時代へと移行し，平成9年（1997年）「連結財務諸表原則・同注解」の改正により，本格的な連結情報主体の時代に入っていった。

一方，合併等の会計処理については，旧商法のもとで，多様な会計処理が認められていた。これは，旧商法が資本充実の原則から合併により引き継ぐ資産を時価以下の金額で引き継げばよしとし，必ずしも時価評価そのものが強制されていなかったためである。

旧商法のもとでは平成11年（1999年）に株式交換制度・株式移転制度，翌平成12年（2000年）には会社分割制度が新設された。これに対応する会計処理の指針として，日本公認会計士協会より「株式交換及び株式移転制度を利用して完全親子会社関係を創設する場合の資本連結手続」（会計制度委員会研究報告第6号）及び「会社分割に関する会計処理」（会計制度委員会研究報告第7号）が公表されたが，これらは，参考に資するものとして取り扱われ，

当該報告以外でも適切と考えられる会計処理が別にあればその適用が可能であった。

以上の通り，当時は，連結会計以外では統一した会計基準が存在しなかったため，その策定が急がれた結果，平成15年（2003年）に「企業結合に係る会計基準」の公表に至ったのである。

(2) 国際会計基準へのコンバージェンス（平成20年改正会計基準）

平成19年（2007年）10月に企業会計基準委員会の企業結合プロジェクトチームにより，「企業結合会計に関する調査報告－EUによる同等性評価に関する項目について」（調査報告）が公表された。

この調査報告では，我が国の企業結合に関する会計ルールと国際的な会計基準との相違点について調査され，今後の検討すべき課題について整理されている。

その中で，企業結合に関する会計について，

① 日本「企業結合に係る会計基準」

　企業結合が「取得」と判断された場合にはパーチェス法により処理し，企業結合が「持ち分の結合」と判断される場合には持分プーリング法により，処理される。

② 国際財務報告基準（IFRS）第3号及び財務会計基準書（SFAS）第141号

　パーチェス法により処理する。

当初，我が国では，企業結合の経済的実態として「取得」と識別されるものであればパーチェス法を適用し，「持分の結合」と識別されるものは持分プーリング法により処理されていた。

我が国会計基準は，「本基準では，企業結合には『取得』と『持分の結合』という異なる経済的実態を有するものが存在する以上，それぞれの実態に対応する適切な会計処理方法を適用する必要があるとの考え方に立っている」（企業結合に係る会計基準の設定に関する意見書三1）とし，適切な処理として持分プーリング法がその実態を適切に示す処理であると考えていた。

一方，国際的な会計基準では，パーチェス法のみを認めている。それは，一方の企業を一方の企業が買うという考えのもとに会計処理がなされているが，資産の購入取引について一般的に適用されている会計処理と整合性を持つため，比較可能性から望ましいという理由からであった。

　さらに取得する資産等を時価評価し，財務諸表に反映させることができるということも理由の一つであった。

　IASB及びFASBにおいても持分プーリング法の適用は検討されたが，「結合前のそれぞれの経営者は，もはや結合前企業の純資産に対して排他的な持分を有しているのではなく，結果として取得と異なるものではない。持分プーリング法は，取得した純資産を時価でなく，帳簿価額により取得するため，純資産の現金生成能力に関して持分プーリング法が提供する情報はパーチェス法よりも有用性が低い」との理由により持分プーリング法の適用を認めないこととした。

　一方，調査報告書では，パーチェス法及び持分プーリング法の実務上の適用状況が調査された。結論からすると我が国においては，持分プーリング法が厳格に適用されていることも報告されていた。

　国内にも様々な意見があった。対等な合併がある以上，持分プーリング法の適用は，理論的に整合性があると考えられた。しかし，国際的な動向を無視できないことも大きな現実である。

　その状況下，企業会計基準委員会（ASBJ）は，平成20年（2008年）12月に「企業結合に関する会計基準」の改正を公表した。これは，国際会計基準とのコンバージェンスを目的として改正されたものであった。その結果，持分プーリング法は廃止し，共同支配企業の形成及び共通支配下の取引以外の企業結合は，パーチェス法すなわち「取得」として処理されることになった。

　さらに，もう一つの両者の大きな相違であるのれんについて非償却資産として取り扱うか否かの議論がなされることになる。[7][8]

---

(7)　田中弘・岡村勝義・田代樹彦・真鍋明裕・朴恩芝「新会計基準を学ぶ」税務経理協会　2008.11

(3) 平成25年改正会計基準

平成25年（2013年）9月13日 ASBJ より，改正企業会計基準第21号「企業結合に関する会計基準」及び関連する他の改正会計基準等が公表された。平成20年改正会計基準の公表後，ASBJ では，東京合意に基づき，中期的に取り組むことにした差異に関連するプロジェクト項目の検討が行われた。その結果，平成25年改正会計基準が公表されたのである。

平成21年（2009年）の論点整理に掲げられたのれんについては国際的な会計基準と同様に非償却とすべきかどうかについて審議が続けられてきたが，現状では，連結・個別ともに会計基準を改正することについて市場関係者の合意形成が十分に図られていない状況にあると考えられているとした。したがって，現行の償却処理が継続されることとされたのである。[9]

また，連結財務諸表の作成においては，取得関連費用（外部のアドバイザー等に支払った特定の報酬・手数料等）は取得原価から発生した事業年度の費用として処理されることとされた。[10]

II　組織再編会計の基本的考え方

1　平成15年以前の実務上の問題点

平成15年（2003年）以前は，我が国では，企業結合に関する統一的な会計基準は存在せず，旧商法の規定の範囲内でいくつかの会計処理が併存していた。

たとえば，合併では，被合併会社から引き継いだ資産を時価以下の金額であれば任意に引き継げたため，評価替えすることも，また，被合併会社の帳簿価額をそのまま引き継ぐことも認められていた。そのため，各企業の個々の事情により，「持分プーリング法」とも「パーチェス法」とも言い切れな

---

(8)　新日本有限責任監査法人編「組織再編会計の実務」中央経済社　2010.4
(9)　改正企業会計基準第21号　64-3項（平成25年改正会計基準の公表）
(10)　改正企業会計基準第21号　26項　（取得関連費用の会計処理）

い恣意的な会計処理が行われていた。

　そこで，企業会計審議会は平成15年（2003年）10月に「企業結合に係る会計基準」を制定し，さらに平成17年（2005年）12月に「事業分離等に関する会計基準」及び「企業結合会計基準及び事業分離等会計基準に関する適用指針」を制定し，平成18年（2006年）4月以降開始する事業年度より，統一的な会計処理が適用された。

　それは，企業結合全般について法的形式に関わらず経済的実態に応じて統一的な会計処理を行うことを求めたのである。

2　会計基準の概要

　組織再編は，合併，会社分割，株式交換，株式移転，事業譲渡等の手法で行われる。それらを「企業結合に関する会計基準」では，「取得」，「共通支配下の取引等」，「共同支配企業の形成」の3つの考え方に分類し，各会計処理を定めている。また，「事業分離等会計基準」では，「投資の継続」と「清算」の考え方に区別し，会計処理を求めている。

　組織再編に関する会計基準は，組織再編の当事者ごとに会計処理を考えており，組織再編の手法と重要な考え方の両方の組み合わせにより，その当事者ごとに会計処理が決まる。

図　組織再編手法と会計基準

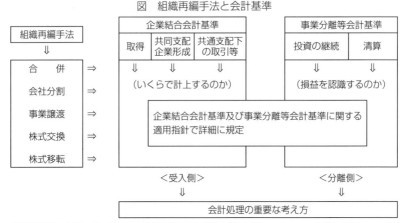

(「組織再編会計のしくみ」新日本有限責任監査法人編　2013.3　中央経済社　30頁参照　筆者加筆)

Ⅲ　企業結合と会計

1　概　　要

　「企業結合会計基準」のポイントは，その組織再編において受入側が，受入資産を「時価」で評価するのか「簿価」で評価するのかという点である。

　一方，分離する側等，株主側の処理を規定する「事業分離等会計基準」では，事業分離に際し「損益を認識するのか」がポイントとなる。

　会社分割，事業譲渡及び現物出資の手法による事業分離の場合，分離元企業にとってその経済的実態が，移転事業に対する投資の継続と見られる場合には，事業の移転損益を認識しない。一方，投資が清算されたと見られる場合には移転損益を認識することになる。

　また，結合当事企業の株主の会計処理についても，その経済実態により，投資が継続していると見られる場合には株式の移転損益を認識せず，投資が清算されたと見られる場合には移転損益を認識することになる。

2　平成20年改正企業結合会計基準

　平成15年企業結合会計基準では，企業結合を「取得」と「持分の結合」という異なる2つの経済的実態に分け，取得については時価受入（パーチェス法）を適用し，「持分の結合」は簿価承継（持分プーリング法等）を適用していた。

　パーチェス法は，取得企業が被取得企業を買うという考えのもとに会計処理を行う。具体的には，被取得企業の資産及び負債を帳簿上の価額ではなく，時価で計算し直し，対価を支払うことによって取得するとする会計処理である。

　一方，持分プーリング法は，他方を取得するのではなく，元の企業がそれぞれの財産の状態を維持したまま統合し，新しい事業体が生まれるという考え方のもとに会計処理が行われる。そこでは，統合される企業の資産・負債及び純資産は帳簿価額のまま引き継がれることになる。

　しかし，持分プーリング法は，国際的な会計基準では，認められていない。したがって持分プーリング法を認めることは国際的な評価を下げてしまうという議論につながる。その結果，持分プーリング法は日本基準と国際的な会計基準との差異の象徴的存在として取り扱われてしまった。そこでコンバージェンスを重視する考えから，平成20年改正では，企業結合を「取得」と「持分の結合」という2つの経済的実態で捉えて，それぞれに適した会計処理を使い分けるとする従来の考え方を踏襲しつつも持分プーリング法を廃止する改正が行われたのである。

3　企業結合に適用される3つの会計基準

　組織再編に関する会計基準には，3つの主な会計基準等があり，組織再編の当事者ごとに会計処理を定めている。

　① 企業結合に関する会計基準（企業会計基準第21号）
　　　基本的に取得する企業（受け入れる側当事者）の処理のみ対象
　② 事業分離等に関する会計基準（企業会計基準第7号）

・分離する側の企業の会計処理

・分離する側の企業の株主の会計処理

・受け入れる側の企業の株主の会計処理

③ 企業結合会計基準及び事業分離等に関する適用指針（企業会計基準適用指針第10号）

　当該適用指針は「受け入れる側等」と「分離する側等」の両方について詳細な会計処理を記載している。ここで組織再編の各手法と会計処理の重要な考え方が記載されている。

図　適用会計基準
（企業結合会計基準及び事業分離等会計基準に関する適用指針）

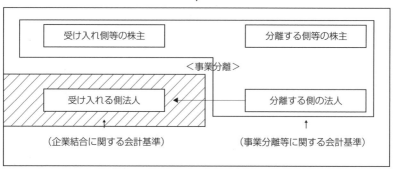

（「組織再編会計のしくみ」新日本有限責任監査法人編　2013.3　中央経済社　28頁参照　筆者加筆）

4　「取得」と「持分の結合」の考え方

　取得とは，ある企業が他の企業（被取得企業）又は企業を構成する事業に対する支配を獲得して1つの報告単位となることを言う（企業結合会計基準5）。また，持分の結合とは，いずれの企業（又は事業）の株主（又は持分保有者）も他の企業（又は事業）を支配したとは認められず，結合後企業のリスクや便益を引き続き相互に共有することを達成するため，それぞれの事業のすべて又は事実上のすべてを統合して1つの報告単位となることを言う（平

成15年企業結合会計基準二5)）。

　「取得」と「持分の結合」の違いは，一方の企業がもう一方の企業を支配する関係にあるかどうかということである。取得は，一方の企業が他方を自己の中に取り込み，支配するという関係である。持分の結合の場合は，取得のような支配関係は見られずに両社とも対等の関係のままで新たな1つの事業体が生まれることになる。

　平成20年改正前の企業結合会計基準では，企業結合を「取得」と「持分の結合」という異なる経済的実態に基づいて分類し，それぞれに対応する会計処理を求めていた。

　「持分の結合」に該当する場合，移転された事業の投資が継続され，移転前の投資原価に基づく回収計算を行うために結合当事企業の資産，負債，及び資本をそれぞれの適切な帳簿価額で引き継ぐ持分プーリング法にて会計処理されていた。

　しかし，平成20年改正により，持分プーリング法は廃止され，これまでの「持分の結合」に該当した取引のうち，「共同支配企業の形成」以外の企業結合については「取得」になるものとして，パーチェス法により会計処理されることとなった。

　参考に取得と持分の結合の識別について補足する。
　取得と持分の結合の識別は「持分の継続」が認められるかどうかという点である。それは，経済的実態として以下の3つ要件のすべてに当てはまれば，持分が継続しているとみなされることになる（企業結合会計基準三1(1)）。
① 対価要件
　　企業結合に際して支払われる対価のすべてが，原則として，議決権のある株式であること。
② 議決権比率要件
　　結合後企業に対して各結合当事企業の株主が総体として有することになった議決権比率が等しいこと（45%から55%の範囲内であれば，議決権

比率は等しいとみなされる取り扱いになっている)。

なお，結合後企業に支配株主が存在するときは，その時点で取得と判断され，当該株主により企業結合前から，支配されていた結合当事企業を取得企業とする。

③ 議決権比率以外の支配関係を示す一定の事実が存在しないこと

たとえば，結合後企業の取締役会メンバーが結合前企業のどちらかの一方の出身により多数占められる場合などが想定される。

以上の3つの要件を満たせば，結合前の各企業の株主の持分は，結合後の企業においても対等の関係になると考えられ，持分が継続していると判断される。逆にすべてが満たされていない場合には一方が他方を支配するという関係が存在することになり，持分の継続は断たれたと判断されることになる。

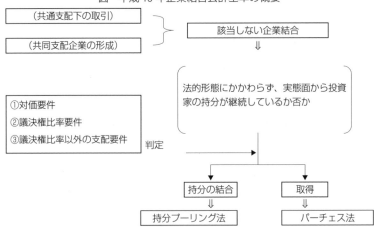

図　平成15年企業結合会計基準の概要

5　企業結合の分類

企業結合には様々な法的手法があるが，会計上は経済的実態の相違を反映するため，「取得」，「共同支配企業の形成」，「共通支配下の取引」の3つに分類される。

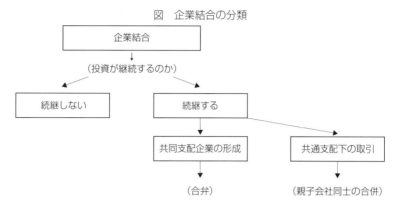

① 「取得」とは，ある企業が他の企業又は企業を構成する事業に対する支配を獲得することをいう（企業結合会計基準9）。
② 「共同支配企業の形成」とは，複数の独立した企業が契約等に基づき，当該共同支配企業を形成する企業結合をいう（企業結合会計基準11）。
③ 「共通支配下の取引」とは，結合当事企業（又は事業）のすべてが，企業結合の前後で同一の株主により最終的に支配され，かつ，その支配が一時的ではない場合の企業結合をいう。親会社と子会社の合併及び子会社同士の合併は，共通支配下の取引に含まれる（企業結合会計基準16）。

6　取得の会計処理

(1)　概要

「取得」とは，ある企業が他の企業又は企業を構成する事業に対する支配を獲得することをいう。企業結合が「取得」と識別された場合には，パーチェス法が適用されることになる。パーチェス法は，被取得企業から受け入れる資産及び負債の取得原価を対価として交付する現金及び株式等の時価とする処理方法である。

(2)　取得の会計処理

企業結合では，「共同支配企業の形成」「共通支配下の取引」に該当しない場合には「取得」の会計処理を行う。

取得の会計処理には以下の4つの過程がある。
① 取得企業の決定（どちらの企業が購入側か）
② 取得原価の算定（取得の対価の時価算定）
③ 取得原価の配分方法（受け入れた諸々の資産・負債の価額決定）
④ のれんの会計処理（差額の処理）

図　取得原価の会計処理

| ①取得企業を決める | …（どちらの企業が購入側か） |

| ②取得対価の決定 | …（取得対価はいくらか） |

（時価受入）

| ③取得原価の配分 | …（各資産・負債の価額決定） |

| ④のれん処理 | …（取得対価と受入資産・負債の差額算定） |

(3) 取得企業の決定方法

　どの企業が取得企業に該当するかという判定は，基本的には連結会計基準による支配と同様に考える。つまり，企業結合後，結合企業株式の過半数を保有している企業が取得企業となる。

　対価が株式である場合，通常，当該株式を交付した企業（結合企業）が取得企業となるが，企業結合時にどちらが支配しているか明確でない場合には以下の要素を総合的に勘案して決定する（企業結合会計基準18, 20）。
① 総体としての株主が占める相対的な議決権比率の大きさ
② 最も大きな議決権比率を有する株主の存在
③ 取締役等を選解任できる株主の存在
④ 取締役会等の構成
⑤ 株式の交換条件

（逆取得のケース）

　議決権比率要件で判定された取得企業と企業結合後の法律上の存続企業が一致しないケースがある。このケースを，逆取得という。逆取得の場合，法

律上存続する会社が株式を交付するものの法律上消滅する会社の株主が企業結合後，存続する会社の議決権の過半数を受け取る結果，消滅する会社が取得企業となる。

(4) 取得原価の算定

被取得企業又は取得した事業の取得原価は，原則として，取得の対価（支払対価）であり，支払対価となる財の企業結合日における時価で算定する（企業結合会計基準23）。取得対価は，現金の場合は，現金支出額で算定し，現金以外の場合には，その財の時価と被取得企業又は取得した株の時価のうち，より高い信頼性をもって測定可能な時価を取得原価とする。

また，連結財務諸表作成の上では，取得関連費用（外部のアドバイザー等に支払った特定の報酬・手数料等）は，発生した事業年度の費用として処理されることとなった（企業結合会計基準26・平成25年改正）。これは，国際的な会計基準との整合性を図り，取得原価に含めるべき取得関連費用の範囲に関する実務上の問題点を解消するための改正である。[11]個別財務諸表においては，子会社株式の取得原価は金融商品会計処理基準に従って処理されるため，取得するための手数料その他付随費用は取得原価に含まれることになる。[12][13]

7 のれんの会計処理
(1) 取得価額と受入純資産額との差額（のれん）

企業結合会計基準によれば「取得価額が，取得した資産及び引き受けた負債に配分された純額を上回る場合には，その超過額はのれんとして資産に計上し，下回る場合にはその不足額は負ののれんとして負債に計上する。」とされている（企業結合会計基準32）。

---

(11) 小堀一英「企業結合会計基準案等の実務上の留意点」経理情報 NO.1340 2013.3 中央経済社
(12) 改正企業会計基準第21号26項
(13) 金融商品実務指針57項（1）

「取得した資産及び引き受けた負債に配分された純額」は，資産と負債の差額，つまり純資産を意味する。したがって，取得企業の純資産を上回る対価を取得企業が支払った場合には「のれん」が発生し，純資産を下回った対価である場合には「負ののれん」が生じることになる。

のれんは超過収益力としての性格を有すると理解されているが，その効果は永久に続くものではないと考えられている。そこで企業結合基準では，のれんを資産（無形固定資産）計上し，20年以内にその効果の及ぶ期間にわたって定額法その他の合理的な方法により規則的に償却することとされている。ただし，のれんの金額の重要性が乏しい場合には，当該のれんの生じた事業年度の費用とすることができる（企業結合会計基準32，47）。

(2) のれんの償却

のれんの償却にあたっては以下の点に留意する必要がある（適用指針第76項）。

① のれんの償却開始時期は，企業結合日となる。
② のれんを企業結合日に全額費用処理することは，原則できない。
③ のれんの償却額は販売費及び一般管理費に計上することとし，減損処理以外の事由でのれんの償却額を特別損失に計上することはできない。
④ のれんの金額に重要性が乏しい場合には，当該のれんが生じた事業年度の費用として処理することができる。当該費用の表示区分は販売費及び一般管理費とする。
⑤ 関連会社と企業結合したことにより発生したのれんは，持分法により投資評価額に含まれていたのれんの未償却部分と区別せず，企業結合日から新たな償却期間にわたり償却する。
⑥ のれんの償却期間及び償却方法は，企業結合ごとに取得企業が決定する。

(3) 負ののれん

負ののれんは，純資産よりも低い対価で会社を取得した場合に発生することになる。これは，何らかの理由でマイナスの超過収益力があったと考えら

れる。負ののれんが生ずると見込まれる場合には次の処理を行う必要がある。
① 取得企業は、すべての識別可能資産及び負債が把握されているか、また、それらに対する取得原価の配分が適切に行われているかどうかを見直す。
② 見直しの結果、なお、取得原価が受け入れた資産及び引き受けた負債に配分された純額を下回り、負ののれんが生ずる場合には、当該負ののれんが生じた事業年度の特別利益として計上する。

ただし、純額を下回る額に重要性が乏しい場合には当該下回る額を当期の利益として処理することができる（企業結合会計基準33, 48）。

(4) のれんの考え方

のれんの会計処理については、その効果の及ぶ期間にわたり、「規則的な償却を行う」方法と「規則的な償却を行わず、のれんの価値が損なわれた時に減損処理を行う」方法がある。国際的な会計基準では、「のれんは繰延税金資産と同様に将来収益力によって価値が変動する資産であり、規則的な償却ではなく、収益性の低下による回収可能性で評価すべき」と考えている。

一方、企業結合会計基準では、「規則的な償却」の考え方を採っている。これは、
① 企業結合の成果たる収益とその対価の一部を構成する投資消去差額の償却という費用の対応が可能となる。
② のれんは投資原価の一部であることに鑑みれば、のれんを規則的に償却する方法は、投資原価を超えて回収された超過額を企業の利益と見る見方とも首尾一貫している。
③ 企業結合により生じたのれんは時間の経過とともに自己創設のれんに入れ替わる可能性があるため、企業結合により計上したのれんの非償却による自己創設のれんの実質的な資産計上を防ぐことができる。

以上の理由を挙げている（企業結合会計基準105）。

なお、のれんは「固定資産の減損に係る会計基準」（平成14年8月企業会計

審議会）の適用対象資産となることから，規則的に償却を行う場合においても「固定資産の減損に係る会計基準」に従った減損処理が行われることになる。ただし，「規則的な償却を行う」方法と，「規則的な償却を行わず，のれんの価値が損なわれた時に減損処理を行う」方法との選択適用については，利益操作の手段として用いられる可能性もあることから認められていない（企業結合会計基準108）。

つまり，減損の認識要件を満たせば減損処理を行い，減損後の帳簿価額を残存償却期間で償却する処理を行わなければならない（減損会計基準三1）。

また，減損テストは国際会計基準では，毎期行うことになるが，日本基準では減損会計基準に従い，減損の兆候がある場合にのみ，減損テストが行われる。

8　共同支配企業の形成

(1)　共同支配企業と共同支配投資企業

「共同支配企業」とは，複数の独立した企業により契約等に基づき，共同で支配される企業をいう。「共同支配投資企業」とは，共同支配企業を共同で支配する企業をいう（企業結合会計基準11, 12）。

複数の企業が共同で支配する目的としては，技術力・資金力・ノウハウの集約等により，事業目的を達成しやすくすることやリスク分散が考えられるが，最近は，海外進出する際に現地法人と共同支配企業を設立し，現地企業との協力関係をより強く構築するケースが多々見受けられる。

(2)　共同支配企業の形成の判定基準

企業結合のうち，次の要件のすべてを満たすものは共同支配企業の形成と判定される（企業結合会計基準37）。

① 共同支配投資企業となる企業は，複数の独立した企業から構成されていること（独立企業要件）

② 共同支配投資企業となる企業が共同支配となる契約等を締結していること（契約要件）

③ 企業結合に際して支払われた対価のすべてが原則として，議決権のある株式であること（対価要件）
④ ①〜③以外に支配関係を示す一定の事実が存在しないこと（その他の支配要件）

図　共同支配企業形成の判定

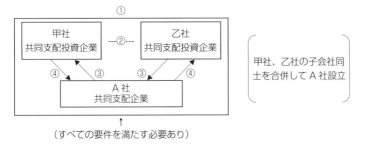

(3) 共同支配企業の形成の会計処理

共同支配企業の形成において，共同支配企業は共同支配投資企業から移転する資産及び負債を移転直前に共同支配投資企業において付されていた適正な帳簿価額により計上する（企業結合会計基準38）。一方，共同支配企業に事業を移転した共同支配投資企業は当該共同支配投資企業が受け取った共同支配企業に対する投資の取得原価について，移転した事業に係る株主資本相当額に基づいて算定する（企業結合会計基準39）。

たとえば，各共同支配投資企業のそれぞれの子会社同士の合併が共同支配

企業の形成に該当とした場合，吸収合併存続会社である共同支配企業は，移転された資産及び負債を企業結合日前日における吸収合併消滅会社の適正な帳簿価額つまり簿価で受け入れる。一方，共同支配投資企業は，それぞれの子会社株式を適正な帳簿価額のまま，共同支配企業株式へ振替処理する。

9　共通支配下の取引等

(1)　共通支配下の取引等とは

「共通支配下の取引等」は，「共通支配下の取引」と「少数株主との取引」の２つが含まれる。

「共通支配下の取引」とは，結合当事企業のすべてが企業結合の前後で同一の株主により最終的に支配され，かつその支配が一時的でない場合の企業結合をいう。例えば，親会社と子会社の合併や親会社の支配下にある子会社同士の合併などが共通支配下の取引の代表例である。親会社の対場から考えると企業集団内における純資産等の移転取引としての内部取引と考えられる。なお，支配の主体である「同一の株主」には企業に限定されず，個人も含まれる。

(2)　被支配株主との取引

被支配株主との取引は，企業集団を構成する子会社の株主と当該子会社を支配している親会社との間の取引をいう。親会社の立場からすると企業集団の外部との取引と考えられる。

支配株主から追加取得する子会社株式の取得価額は，追加取得時における当該株主の時価とその対価となる財の時価のうち，より高い信頼性をもって測定可能な時価で算定する。

(3)　共通支配下の取引の会計処理

共通支配下の取引により企業集団内を移転する資産及び負債は，原則として移転直前に付されていた適正な帳簿価格つまり簿価により計上する。また，移転された資産及び負債の差額は純資産として処理する。

図　共通支配下の取引等の会計処理

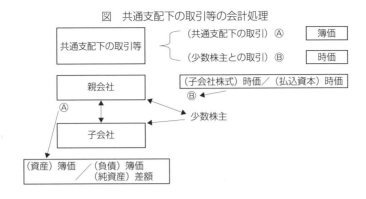

図　企業結合会計基準の概要

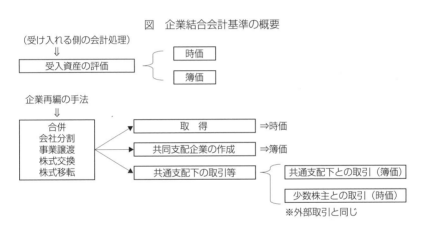

Ⅳ　事業分離等の会計

1　事業分離等会計基準とは

「企業結合に関する会計基準」は，企業結合に該当する取引を対象として，結合企業を中心とした結合当事企業の会計処理を規定する基準である。一方，「事業分離等に関する会計基準」では，会社分割や事業譲渡などの場合における事業を分離する企業（分離元企業）の会計処理と結合当事企業の株主に係る会計処理を定めている。ここでは「事業分離」をある企業を構成する事

業を他の企業に移転することをいい，複数の取引が1つの事業分離を構成している場合には，それらを一体として取り扱う（事業分離等会計基準4）。

2 適用範囲（事業分離等会計基準9）

① 事業分離における分離元企業の会計処理
② 資産を移転し移転先の企業の株式を受け取る場合（事業分離に該当する場合を除く。）の移転元の企業の会計処理
③ 共同支配企業の形成及び共通支配下の取引以外の企業結合における結合当事企業の株主（被結合企業又は結合企業の株主）に係る会計処理

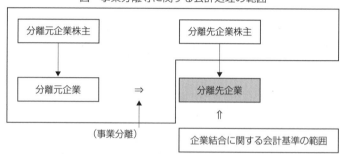

図 事業分離等に関する会計処理の範囲

（「組織再編会計のしくみ」新日本有限責任監査法人編 2013.3 中央経済社 58頁参照 筆者加筆）

3 分離元企業の会計処理の基本的考え方

事業分離等会計基準では，会計処理を「投資の継続・清算」という考え方から，基本的な整理を行っている。この投資の継続・清算とは投資が実際に継続しているかどうかという意味ではなく，投資から得られる成果がその主要なリスクから解放されたのかどうかにより判定する（事業分離等会計基準71）。

具体的には，資金の流入ということではなく，将来の環境変化や経営者の努力に成果の大きさが左右されなくなった場合や企業が従来背負っていた成

果に対するリスクを免れるようになった場合，投資は清算され，成果は確定したものと考えるのである。(14)

4　移転した事業に関する投資が清算されたと見る場合

分離先企業に事業を移転したことにより受け取った対価となる財の時価と，移転した事業に係る資産及び負債の移転直前の適正な帳簿価格による純資産額との差額を「移転損益」として認識する。つまり，現金など移転した事業と明らかに異なる資産を対価として受け取る場合には，投資は清算したとみなされる（事業分離等会計基準10 (1)）。

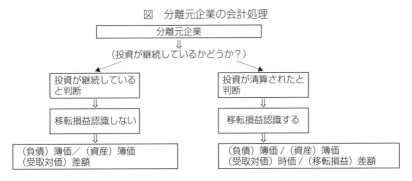

図　分離元企業の会計処理

5　移転した事業に関する投資がそのまま継続していると見る場合

「移転損益」は認識せず，その事業を分離先へ移転したことにより，受け取る資産の取得原価は移転した事業に係る資産及び負債の移転直前の適正な帳簿価額による純資産額に基づいて算定する。

分離元企業において，事業分離により移転した事業に係る資産及び負債の帳簿価額は，事業分離日の前日において一般に公正妥当と認められる企業会計の基準に準拠した適正な帳簿価額のうち，移転する事業に係る金額を合理的に区分して算定する（事業分離等会計基準10(2)）。また，移転損益を認識する場合の受取対価となる財の時価は，受取対価が現金以外の資産等の場合に

---

(14)　企業会計基準第7号「事業分離等に関する会計基準」74～76項

は，受取対価となる財の時価と移転した事業の時価のうち，より高い信頼性をもって測定可能な時価で算定する（事業分離等会計基準 12）。

市場価格のある分離先企業の株式が受取対価とされる場合には受取対価となる財の時価は，事業分離日の株価を基礎にして算定する（事業分離等会計基準 13）。なお，事業分離に要した支出額は，発生時の事業年度の費用とする（事業分離等会計基準 11）。

6　分離元企業の会計処理

投資が継続しているかどうかの判断に際しては，大きく2つのポイントがある。1つ目は事業分離により分離元企業が受け取る対価が何かである。2つ目は分離元企業と分離先企業の関係である。[15]

(1)　受取対価の種類

分離元企業が受け取った対価が現金等の財産である場合には通常，投資は清算されたと考える。一方，分離元企業が子会社又は関連会社株式のみを受け取った場合には投資は継続していると考える。

(2)　分離元企業と分離先企業との関係

事業分離後に分離先企業が子会社又は関連会社となる場合には，金融商品会計基準に倣い，事業投資とされ，移転損益は認識されない（事業分離等会計基準 10(1)）。

一方，分離先企業が子会社・関連会社以外の会社となる場合には，金融商品会計では，その他有価証券に分類されることになり，移転した事業に関する投資は継続していないとみなされ，移転損益は原則認識することになる（分離会計基準 10(2)）。

---

(15)　新日本有限責任監査法人編「組織再編会計の実務」中央経済社　2010.4　145頁

第1章 企業支援の会計と法務　31

図　投資継続の判断基準

| ①受取対価の種類 ②事業分離後の分離先との関係 | ⇐ | 判断基準 |

①受取対価の種類	②事業分離後の分離先との関係	投資の継続判断	移転損益の認識
①現金 ②株式以外 ③現金及び株式	子会社や関連会社以外	継続していない	認識する
	子会社や関連会社		
④株式のみ	子会社や関連会社以外		
	子会社や関連会社	継続している	認識しない

(「組織再編会計のしくみ」新日本有限責任監査法人編　2013.3　中央経済社 61頁参照　筆者加筆)

① 対価が現金のみの場合

　受取対価が現金のみである場合，事業分離の分類としては清算と考えられるため，分離元企業では移転損益を認識する。

② 対価が株式のみで分離先企業が子会社・関連会社となる場合

　受取対価が分離先企業の株式のみであり，また，分離先企業が子会社・関連会社となる場合には，投資は継続していると考え，移転損益を認識しない。受取対価は移転した事業の移転した事業に係る株主資本相当額を引き継ぐことになる。

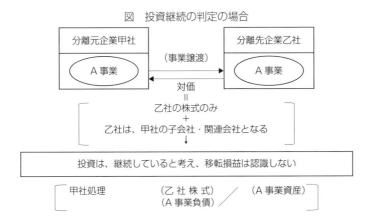

図　投資継続の判定の場合

③　対価が株式のみであるが分離先企業が子会社・関連会社以外の会社になった場合

　事業分離の分類を清算と考え，受け取った対価を時価で認識し，移転した資産・負債の簿価との差額を移転損益として認識する。

図　清算と判定された場合

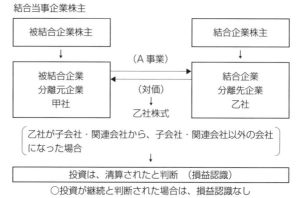

7　資産の現物出資等における移転元企業の会計処理

　現物出資は，実態として事業譲渡と大きく変わらないため，移転元企業は事業分離における分離元企業の会計処理に準じて行うことになる。

図　現物出資の場合

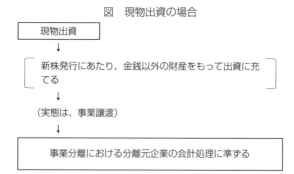

第1章 企業支援の会計と法務 33

図 結合企業と分離元企業の会計処理概要

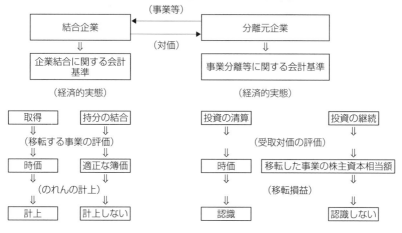

図 事業分離等会計基準の概要

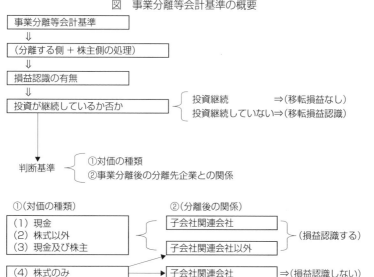

V 再編手法別会計処理

　組織再編の手法は，一般的に株式譲渡・譲受，事業譲渡・譲受，合併，株式交換・株式移転，会社の分割に類型化できる。株式譲渡，合併，会社分割，事業譲渡は，企業や事業そのものを直接売買し，直接的に取得する手法である。一方，株式交換・株式移転は株式の売買を通じ間接的に組織再編を行う手法である。

表　組織再編成の手法

手法		代価支払方法	承継方法
直接取得	株式譲渡	原則 現金	個別承継
	合併	原則 存続会社株式　対価柔軟化	包括承継
	会社分割	原則 承継会社株式　対価柔軟化	包括承継
	事業譲渡	原則 現金	個別承継
間接取得	株式交換	原則 親会社株式	ー
	株式移転	原則 親会社株式	ー

1　株式譲渡

　株式の取得又は第三者割当増資の引き受けにより，組織再編成に必要な株式を入手する基本的原型である。株式譲渡の特徴を纏めると以下の通りとなる。

- ・株主の異動のみであり，会社そのものの実態は変わらない。
- ・対価として資金が必要である。
- ・譲渡制限株式について取締役会の承認が必要な他は，特別な承認手続は不要である（ただし，公開会社においては，一定規模の相対取引について公開買付手続によることが求められる）。

・原則，時価取引であり，課税が発生する可能性がある。

2 合　　併
(1) 概要

　合併とは，2つ以上の会社が合併契約を締結して行う行為であり[16]，会計上はある企業と他の企業が合併により1つの報告単位になることを意味する。合併には吸収合併と新設合併があるが，新設合併は，上場申請の手続をやり直す必要や営業に関する官公庁の許認可，不動産登記の手続などすべて行う必要など，コストや事務手続の上で吸収合併より手間がかかるため，実務上はあまり利用されていない。

　また，会社法は，合併対価の柔軟化を進めてきた。その結果，存続会社の発行株式のみならず，親会社株式の交付（三角合併）も認められた（会749①二）。さらに100％の子会社間合併等の場合には，実務上，無対価による企業結合が，多用されている。

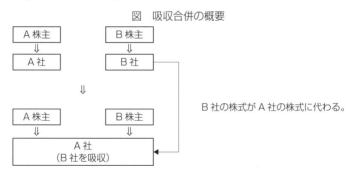

図　吸収合併の概要

　さて，合併の利点としては，個別の権利移転行為を要しないこと，つまり，相手の同意がなくても契約上の地位を承継することができることである。つまり，すべての権利義務が特段の移転手続を経ることなく，包括承継ができることである。また，株主や従業員等の人的資源も存続会社へ包括的に移転することになる。一方，包括的に資産・負債を承継するので偶発債務を切り

---

(16)　江頭憲治郎著「株式会社法」第4版　有斐閣　2011.12　780頁

離すことができない。したがって，合併相手先の財務内容について慎重に精査する手続が必要不可欠となる。合併の特徴を纏めてみると以下の通りとなる。

- 株主が統合し，株主構成が変動する。
- 会社の組織も統合される（純資産の部をそのまま引き継ぐことも可）。
- 株式を対価とするため，資金は不要である。
- 消滅会社及び存続会社において，株主総会の特別決議を要する。ただし，存続会社においては，簡易手続が可能。
- 消滅会社及び存続会社において債権者保護手続が必要となる。ただし，公告の方法を官報の外，定款規定の時事日刊紙によれば個別催告を省略できる。

(2) 合併の会計処理

取得と判定された合併の場合には，取得企業は，被取得企業を「時価」で受け入れる。100％親子会社関係のある合併では，取得企業は，被取得企業を「帳簿価額」で受け入れることになる。また，子会社間の合併の場合にも子会社の「帳簿価額」をそのまま受け入れることになる。

(1) 取得のケース

親子会社関係のない合併のケースの場合は，取得のケースが想定される。この場合は，取得企業は，被取得企業を時価で受け入れることになる。具体的には，

① 取得価額の算定（支払対価が株式の場合）

支払対価となる財の時価と取得した資産の時価のうち，より高い信頼性をもって測定可能の時価で算定する。

② 取得原価の配分

時価を基礎として資産・負債へ配分する。

③ のれんの識別

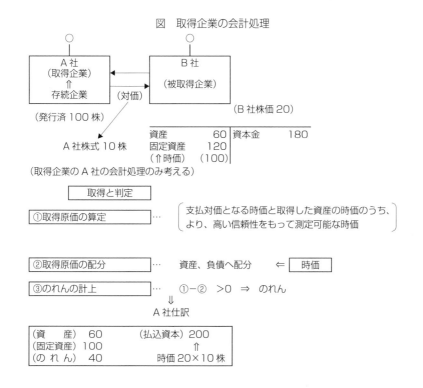

(2) 100%親子会社関係がある会社間での合併

　吸収する側である親会社の会計処理のみ考えることになる。100%親子会社関係のある合併は，共通支配下の取引等と判定される。取得企業は被取得企業を帳簿価額で受け入れることになる。従来，親会社が有していた子会社株式はその子会社が有している資産・負債に置き換わることになる。受入資産は帳簿価額で引き継ぎ，株式の帳簿価額の差額は損益に計上する。

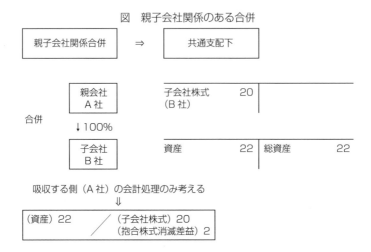

図　親子会社関係のある合併

(3) 子会社間での合併

　吸収する側の処理のみを考えるが，親会社にとっては，子会社への投資継続であり，100％親子会社関係のある子会社同士で合併が行われると共通支配下の取引等として適正な簿価で引き継ぐことになる。

　親会社の子会社に対する投資は形を変えて継続していくことになり，帳簿価額を維持していくことになるので損益は生じない。

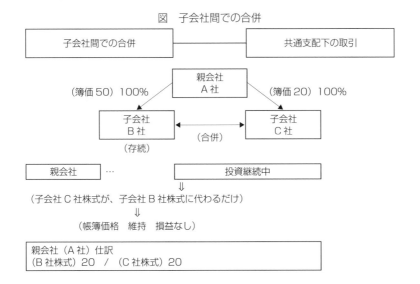

図　子会社間での合併

3　会社分割

(1)　概要

　複数の事業を行っている企業では，事業・経営の効率化や事業再編の一環として，事業そのものの分離独立や他社へ移転させることが検討される。

　会社分割とは，会社の事業の全部又は一部を，他の会社に包括的に承継させることによって会社を複数の会社に分割する制度である（会2㉙・㉚）。つまり，会社が事業に関して有する権利義務の全部又は一部を他の会社（新設会社）に承継させる行為である。

　分割には新会社を設立してそこへ事業を分離独立させる「新設分割」（会2㉚）と既存の会社へ事業を分離・移転させる「吸収分割」（会2㉙）がある。また，事業を分離する会社（分離元企業）を分割会社といい，分離された事業を引き継ぐ会社を「承継会社」という。

　また，「新設分割」には分割会社が単独で新設会社を設立する「単独新設分割」と複数の会社が新設会社を共同して設立する「共同新設分割」がある。

さて，承継会社は，引き継ぐ事業への対価として，通常，新株等を発行し，自社の株式を交付することになるが，株式を分割会社に割り当てる場合と分割会社の株主に割り当てる場合がある。前者を「分社型分割」といい，後者を「分割型分割」という。

旧商法では，会社分割において「分社型分割」を「物的分割」とし，「分割型分割」を「人的分割」として，区分していた。

会社法では，「物的分割」（分社型分割）のみを規定し，「人的分割」（分割型分割）については，物的分割を行うと同時に分割会社の株式を分割会社の株主に配当する構成となった。基本的には，合併と同様の考えであり，会社の分割とは，承継会社が分割会社の事業の一部を承継会社の株式を対価として自分の事業とする取引であるとされた。

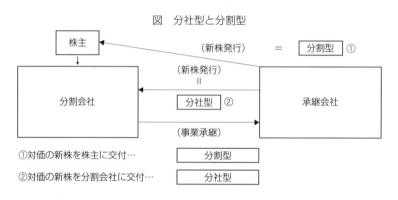

図　分社型と分割型

会社分割も合併と同様に個別の権利移転行為が不要であり，相手先の同意なく契約上の地位の移転が可能となる点が最大のメリットである。同時に偶発債務を切り離せないことも合併と同様である。分割の特徴は纏めてみると以下の通りとなる。

・株式を対価とするため，資金は不要である。
・承継会社の株式が発行されるため，割当先により新たな資本関係が生じる。
・分割会社及び承継会社（既存の場合）において，株主総会の特別決議

第1章　企業支援の会計と法務　41

を要する。ただし，双方において，一定の条件のもと，簡易手続が可能。
・分割会社及び承継会社（既存の場合）に債権者保護手続が必要となる。ただし，吸収分割の承継会社においては，公告の方法を官報のほか，定款規定の時事日刊紙によれば個別催告を省略できる。
・労働者保護手続が必要となる。

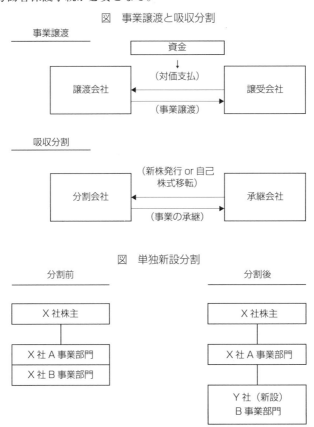

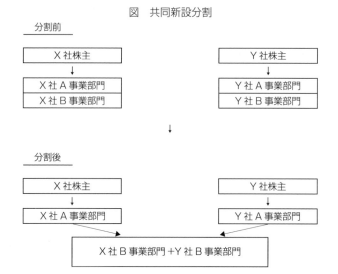

図　共同新設分割

(2) 会社分割の会計処理

① 吸収分割で，分割先が子会社・関連会社にならないケース

　分割の場合は分割する側と受入側の両者の会計処理を考えることになる。会社分割後，分割先が子会社・関連会社にならない場合は，分割する側では，譲渡される事業の消滅の認識を行うとともに取得した受入会社株式を時価で受け入れ，差額を移転損益とする。

　時価については，株式の時価と事業の時価のうち信頼性の高い方の時価を採用することになる。

　受入会社では，時価で事業を受け入れることになる。

② 吸収分割により，分割先が子会社になるケース

（分割側）

　分割側としては，継続か否かがポイントになる。分割後も受入会社を子会社として支配するため，移転した事業についても支配は継続している。したがって，損益は認識せずに移転した事業の簿価で受入会社の株式を受け入れることになる。

(受入側)

　受入側は，分割側に対して株式を発行しているため，払込資本等を増加させる処理をする。その際の払込資本の金額は引き継いだ事業の簿価となる。

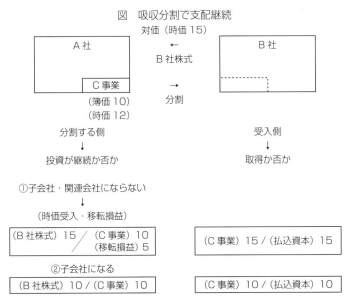

③　共同新設分割により新たに関連会社を設立するケース
(分割側)

　分割する側は，共同支配投資会社であり，共同支配企業への投資は継続しているため，損益は認識しない。共同支配会社への事業移転の対価として受け取った共同支配会社の株式は移転した事業の簿価を計上する。

(受入側)

　受入側は，受け継いだ事業の資産・負債を適正な簿価でそのまま引き継ぐことになる。

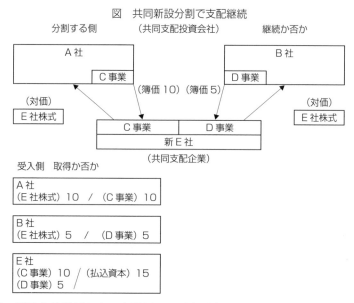

④ 親子会社関係がある会社間での吸収分割

　子会社間での分割になるため，共通支配下の取引等に該当する。子会社の帳簿価額をそのまま受け入れることになる。共通支配下の取引等の場合は，すべて「簿価」で会計処理が行われることになる。

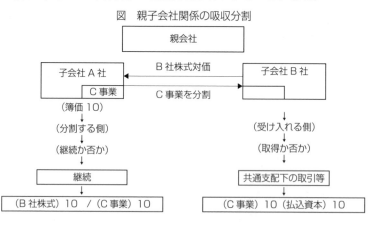

4 事業譲渡

(1) 事業譲渡とは

　事業譲渡とは，企業活動を行うために組織化され，有機的一体として機能する経営資源の譲渡をいう。旧商法では，営業譲渡という用語であったが，会社法では，「事業」という用語に統一して，事業譲渡とされた（会467）。

　「事業」とは，事業を構成する個々の財産だけではなく，得意先関係やノウハウ等の経済的価値のある事実関係を含む概念とされる。事業譲渡は，事業の全部だけではなく，重要な一部についても行うことができる。繰り返しになるが，「事業譲渡」とは組織化され，有機的一体として機能する経営資源の移転である。したがって，単なる事業用財産又は権利義務の集合の譲渡は，事業譲渡には当たらないと一般に考えられている。つまり，工場設備などの重要な営業上の資産を譲渡しても事業譲渡には当たらないことになる。

　事業譲渡を行う場合，株主や債権者保護の観点から，株主総会の特別決議が必要であり，また，反対株主には買取請求権が定められている（会467，469）。

(2) 事業譲渡の目的

　事業譲渡を用いる理由は次のように言われている。

- ・異種業種の分離，補助部門の分離，許認可関係の分離，責任会計の明確化等を目的として実質的な会社分割として行われる。
- ・合併に比して手続が簡略化でき，短期間で行うことができるため，実質的な合併手法として用いられる。
- ・経営の効率化が推進される。
- ・経営再建の手法として有効である。

5 株式交換

(1) 概要

　株式交換とは，株式会社がその発行済株式の全部を他の株式会社又は合同会社に取得させることを言う（会2三十一）。この手法により完全親子会社関

係とすることが可能となった。

株式交換は，完全子会社となる会社の株式を完全親会社となる会社に株式交換の日をもって移転・交換し，完全親会社となる会社が発行する株式を子会社の株主に割り当てることによって，完全子会社となる会社の株主が完全親会社の株主となることである。

言い換えると子会社となる会社の純資産を限度として子会社となる会社の株主に親会社となる株式を割り当てることにより100％子会社とする手法である。したがって，実質債務超過の会社については株式交換制度を利用することはできない。

図　株式交換

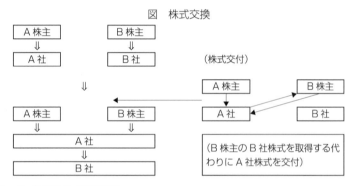

(2) **株式交換の会計処理**

合併と株式交換の相違点は，合併は，被合併会社を取り込む直接的な再編行為であるが，株式交換は，単にそれぞれの会社の株主構成が変化するだけである。株式交換の特徴を纏めると以下の通りとなる

・株主が統合し，株主構成が変動する。
・B社はA社の完全子会社となるが，会社の組織は統合されない。
・株式を対価とするため，資金は不要である。
・B社（完全子会社となる会社）及びA社（完全親会社となる会社）は，株主総会の特別決議を要する。ただし，完全親会社においては，簡易手続が可能。
・旧商法では，債権者保護手続は不要であったが，会社法では，対価の

柔軟化が導入されたことに伴い，完全親会社となる会社において債権者保護手続が必要となった（会799①三）。
・一定の要件を満たす場合，株式交換に伴う株主の課税は繰り延べられる。

① 取得のケース，親子会社関係がない会社間での株式交換のケース

　完全親会社になる側と完全子会社になる側に分けて会計処理を考える。親子会社関係がなく，取得と判定された株式交換の場合，取得企業は被取得企業をパーチェス法で受け入れる。繰り返しになるが，パーチェス法とは，被結合企業が受け入れる資産及び負債の取得価額を対価として交付する現金及び株式の時価とする方法である。

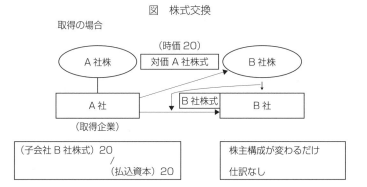

図　株式交換

② 共通支配下の取引等のケース，親子会社関係がある会社間での株式交換

　親子会社関係がある株式交換の場合には，取得企業は，被取得企業を帳簿価額で受け入れることになる。

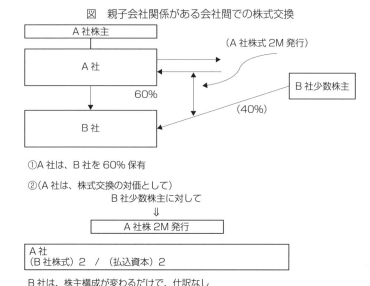

6 株式移転

(1) 概要

　株式移転とは，完全親会社を設立するために，完全子会社となる株主の所有する株式を株式移転によって設立する完全親会社に移転し，その代わりに完全子会社となる会社の株主に，完全親会社が完全親会社の株式を交付することにより，完全親会社の株主となるものである。純粋持株会社の設立に頻繁に利用されている。

　会社法では株式移転とは1又は2以上の株式会社が，その発行済株式の全部を他の株式会社に取得させることを言う（会2㉜）。

図　株式移転

第1段階：B株主・C株主がA社を設立

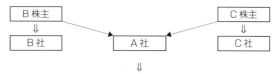

第2段階：B株主は、B社株をA社に渡し、代わりにA社株式を取得
　　　　　C株主は、C社株をA社に渡し、代わりにA社株式を取得

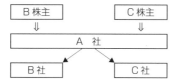

B社を取得企業、C社を被取得企業とする
A社はB社・C社の完全親会社

株式移転の特徴は以下の通りである。

- 株主が統合し、株主構成が変動する。
- B社及びC社はA社の完全子会社となるが、会社の組織は統合されない。
- 株式を対価とするため、資金は不要である（原則）。
- B社及びC社（いずれも完全子会社となる会社）において、株主総会の特別決議を要する（簡易手続は不可）。
- 債権者保護手続は不要である。
- 一定の要件を満たす場合、株式移転に伴う株主の課税は繰り延べられる。

(2) 株式移転の会計処理

① 取得のケース

完全親会社になる側と完全子会社になる側の会計処理を考えることに

なる。取得企業株式と被取得企業株式の取得原価は別々に算定されることになる。

・取得企業株式

取得企業株式の取得原価は，取得企業の適正な帳簿価額による株主資本の額に基づいて算定する。

・被取得企業株式

被取得企業の株式は，取得の対価に付随費用を加算して算定する。付随費用の取り扱いは，金融商品会計実務指針に従う。取得の対価となる財の時価は，取得企業が株式を交付したものとして算定する。

完全子会社になる側としては，株主の構成が変わるだけであるため，基本的に会計処理は必要ない。

② 共通支配下の取引等のケース

株式移転で共通支配下の取引等に該当する場合，完全親会社の会計処理を考えることになる。基本的に親会社であった会社の保有分と少数株主持分で区分けして取得価額を算定する。親会社の保有分は旧子会社の株式移転直前の株主資本の額に基づいて算定する。少数株主持分は外部との取引と考えるため，取得の対価（子会社株式の株式移転直前の適正な帳簿価額）に付随費用を加算して算定する。付随費用の取り扱いは，金融商品会計実務指針に従う。

株式移転による共同持株会社の設立にパーチェス法を適用する場合には，設立される共同持株会社自体が取得企業と判定されるのでなく，完全子会社の1つが取得企業となることに留意する必要がある。

7 無対価組織再編

(1) 概要

吸収合併や吸収分割は原則として有償取引であり，財産を承継させた場合には，その対価が交付されるのが原則である。その対価は，新株のみならず，自己株式，現金，社債，新株予約権等様々な財産が認められている。

外部との取引では，無対価の取引は考えにくいが，グループ内で行われる組織再編を考えた場合，むしろ現金のやり取りや株式発行の手間，そして事務コストの削減を考え，無対価で行うことが実務上，活用されている。

無対価組織再編としては，無対価合併，無対価分割，無対価株式交換がある。無対価組織再編の例としては，以下のケースが考えられる。

（合併）
① 親会社と100％子会社の合併
② 100％子会社同士の合併

（会社分割）
① 親会社の事業を100％子会社に移転
② 100％子会社の事業を他の100％子会社に移転
③ 100％子会社の事業を親会社に移転

(2) 無対価組織再編の会計処理

① 資産及び負債の会計処理

グループ内組織再編成の場合，完全親子会社関係や同一の親を持つ完全子会社同士の組織再編が多いと想定される。この場合，一般的には共通支配下の取引となるため，吸収合併消滅会社等から受け入れる資産及び負債は，吸収合併消滅会社等の適正な帳簿価額によって引き継ぐことになる。

② 増加資本の会計処理

・完全親会社が完全子会社を吸収合併

親会社は，子会社から受け入れた資産と負債の差額と子会社株式の帳簿価額との差額を特別損益（抱き合わせ株式消滅差損益）に計上する（企業結合等適用指針206）。

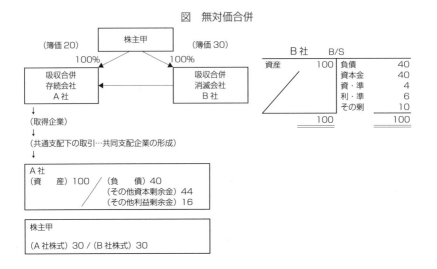

図　無対価合併

- 同一の親会社を持つ完全子会社同士の吸収合併の場合

　会社法上，吸収合併存続会社が合併に際して株式を発行しない場合には，会社法の規定に従い，吸収合併消滅会社の資本金及び資本準備金はその他の資本剰余金として引き継ぎ，利益準備金はその他の利益剰余金として引き継ぐ。

- 親会社（吸収分割会社）の事業を完全子会社（吸収分割承継会社）に移転する場合

　吸収分割会社である親会社で変動させる株主資本の内訳は，取締役会等の意思決定機関において定められた額（自己株式適用指針10）とする（企業結合等適用指針203-2(2)①，233，226，446）。

　吸収分割承継会社である完全子会社では，親会社で変動させた株主資本の額を会社計算規則第38条第2項に基づき，資本金及び資本準備金はその他資本剰余金として引き継ぎ，利益準備金はその他利益剰余金として引き継ぐ。

- 子会社（吸収分割会社）の事業を他の子会社（吸収分割承継会社）に移転する場合

吸収分割会社で変動させる株主資本の内訳は，取締役会等の意思決定機関において定められた額（自己株式適用指針10）とする（企業結合等適用指針203-2(2)①，233，226，446）。
　　　吸収分割承継会社である他の子会社では，吸収分割会社で変動させた株主資本の額を会社計算規則第38条第2項に基づき，資本金及び資本準備金はその他資本剰余金として引き継ぎ，利益準備金はその他利益剰余金として引き継ぐ。
・完全子会社（吸収分割会社）の事業を親会社（吸収分割承継会社）に移転する場合
　（吸収分割承継会社）
　　　移転事業に係る株主資本等相当額を払込資本とする。増加すべき払込資本の内訳は，会社計算規則第38条第2項に基づき，資本金及び資本準備金はその他資本剰余金として引き継ぎ，利益準備金は，その他利益剰余金として引き継ぐ。
　（吸収分割会社）
　　　変動させる株主資本の内訳は，取締役会等の意思決定機関において定められた額（自己株式等適用指針10）とする。（企業結合等適用指針203-2(2)③，221，226）。
・無対価株式交換
　　　無対価株式交換については，株式交換完全子法人の会計処理は，会社計算規則や企業結合等適用指針においても規定がない。したがって，現段階では，無対価会社分割に準じて会計処理すると思われるが，今後明確化されることを望むものである。なお，株式交換完全親法人については，変動する株主資本等の額をその他資本剰余金の額に計上する（計規39②但書）。[17]

---

(17) 東京CPA公認会計士業務資料集別冊27号 「グループ経営と会計・税務」
　　 2012.3　日本公認会計士協会東京会

8 簡易組織再編と略式組織再編

(1) 簡易組織再編

簡易組織再編とは，原則として株主総会の特別決議が必要な合併等の組織再編行為のうち，存続会社の与える影響が軽微な場合に例外的に株主総会の決議なく行うことが認められる仕組みである。

会社法では，合併，会社分割，株式交換等の組織再編行為に際して，発行する株式数や移転する資産が20％以下である場合には，小規模な組織再編ととらえ，会社に対する影響が軽微として，存続会社等の株主総会決議を不要とし（会796③），事業の譲渡に関しても20％を基準として簡易手続が可能な場合が定められている（会468②二）。旧商法ではこの基準が5％であった。その要件を緩和してより機動的な組織再編が可能となるように改正されたものである。

但し，例外的に以下の場合には要件に該当したとしても株主総会の決議が必要とされている（会796③但書）。

- 組織再編行為に際して，存続会社等において差損が生ずる場合（会795②）
- 存続会社等公開会社でない場合に対価として譲渡制限株式を交付する場合（会796①但書）

(2) 略式組織再編

ほぼ完全な支配関係にある会社間において組織再編を行う場合には，株主総会で組織再編行為が承認されないということはありえないであろう。そこで会社法は，被支配会社における株主総会の開催を不要とすることにより，迅速に組織再編を行うことを可能にしたのである。

具体的には，ある株式会社の総株主の議決権の90％以上を有している場合の当該他の会社を言う。要は，親子会社間において90％の支配関係にある状態の場合を特別支配会社として，略式組織再編を行える仕組みを設けている。略式組織再編においても簡易組織再編と同様の少数株主の保護規定を設けている。

9 債務超過会社を吸収合併できるか

　旧商法においては，債務超過会社を合併することは，既存株主に影響を与えることを理由に許されていなかった。会社法上は，第795条第2項で，差損が生ずる場合として，存続会社が承継する負債簿価が資産簿価を超える場合を明示し，債務超過会社の合併も認めている。結論としては，会社法上，債務超過会社を消滅会社とする吸収合併・新設合併は可能となる。[18]

　しかし，会社法第795条について，簿価ベースで債務超過であっても時価ベースで債務超過でなければ認められるとする対処規定であると解し，時価ベースに置き直し，債務超過会社であった場合には，取締役は株主代表訴訟の対象になる可能性があるとする意見もある。[19]

10 少数株主の保護

　会社法では簡易組織再編に対応して，少数株主の保護を図るため，以下の規定を定めている。

① 簡易組織再編に反対する株主の異議の通知

　吸収合併の存続会社においては，原則として議決権を行使できる株式の6分の1以上の株式を有する株主が，吸収合併等をする旨の通知又は公告の日から，2週間以内に存続会社等に吸収合併等に反対する旨を通知した時は，株主総会を開催して，特別決議が必要となる（会796④，309②十二）。

② 公正な価格による買取請求

　吸収合併等に反対の存続会社等の株主については，公正な価格により自己の株式を買い取るように請求できる（会797①）。

③ 無効の訴え

　合併契約書の内容が違法である場合など，吸収合併等が違法に行われ

---

(18) 相澤哲・葉玉匡美・郡谷大輔編著「論点解説・新会社法」商事法務　2006.6.30　672頁
(19) 渡邊顯・樋口達「企業再編の要点」商事法務　2006.1.30　75頁

た場合には，株主は，吸収合併等の無効の訴えを提起することができる（会 828①）。

Ⅵ 企業再建の現状

1 企業再建と法的整理
(1) はじめに
　民事再生法は大正 12 年（1923 年）に施行された和議法に代わって平成 12 年（2000 年）4 月 1 日に制定された。民事再生法の施行に伴って和議法は廃止されたが，民事再生法施行以降，企業再生システムが急速に構築された。平成 13 年「私的整理ガイドライン」の制定，DIP ファイナンス，再生ファンドの創設，平成 14 年金融再生プログラムの制定，平成 15 年全面改正会社更生法の施行と続いた。この一連の流れは，健全な市場経済の維持をするために必要とされる企業（事業）を再生させ，雇用を確保し，経済資源の最適分配を進展させるためのセーフティーネットの構築を目的としたものである。

(2) 法的整理と私的整理
　整理・再生には裁判所の関与のもとに行われる法的な整理と利害関係者の話し合いにより解決が図られる私的整理とがある。法的整理には，「破産」「特別清算」や「民事再生」「会社更生」がある。前者は，事業の廃止を前提として債権者の公正な残余財産の配分を目指すものであり，後者は企業の再建を通じて企業の利害関係者の救済を図ることを目指すものである。[20]

　私的整理とは，法律に規定された手続外で行われる整理手続である。債権者による調整，金融機関の斡旋等様々な手法があるが，その基本は，平成 13 年（2001 年）9 月全国銀行協会と経済団体連合会が中心になってまとめられた「私的整理のガイドライン」である。その主な内容は，

　① 主として金融債務について猶予・減免などをすることにより，経営困

---

[20] 大沼長清・井上久彌・磯邊和男編集「破産・再生・組織変更」ぎょうせい 2011.1.27

難な状況にある企業を再建するための限定的な私的整理手続である。
② 会社更生法や民事再生法などの手続では，事業価値が著しく毀損され，再建に支障を生じさせてしまう企業がある。
③ 対象企業の経営責任を明確にして，株主（特に支配株主）が最大限責任を果たすことを予定する。

ガイドラインは，金融機関中心の債権放棄により，早期企業再建を目的としたものであった。ただし，債権放棄を受けるためには厳しい条件があったため，中小企業向けには各都道府県の中小企業再生支援協議会における私的整理に代わっていった。

その後平成20年（2008年）10月より，事業再生ADR（Alternative Dispute Resolution＝裁判外紛争解決手続）が制定された。ADRとは，訴訟や法的倒産手続のように裁判所による強制力を持った紛争解決手続を利用することなく，当事者間の話し合いをベースとして紛争を解決しようとする手続の総称であり，このADRを事業再生に適用したのが事業再生ADRである。産業活力再生特別措置法の改正により，法務大臣の認可を受けたADR事業者が仲介役となり，債権者の話し合いにより債務者の再生を図る仕組みが出来上がった。[21]

私的整理ガイドライン，事業再生ADRと進展した手続は整理回収機構等による再生支援とともに一定の基準に基づく私的整理手続を構成している。

また，中小企業金融円滑化法が終了したことへの対応策として，簡易裁判所の特定調停制度を活用したスキームにより，比較的小規模な企業の再生支援が行われている。

---

[21] 事業再生ADR活用ガイドブック　事業再生実務家協会

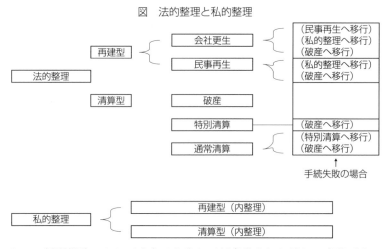

　さて，新聞報道によれば政府は企業が不振事業を切り離して事業再生しやすくするため，不良債権の放棄を取引銀行に求めるルールを緩和する方向である。会社更生法のように司法に頼ることなく再建できる「私的整理」の制度を見直すとのことである。債権放棄には銀行団全員の同意が必要であるが，多数決で受けられるように制度改定する。(22)

(3) 会社更生法の全面改正

　会社更生法は，平成14年（2002年）12月，昭和42年以来の大幅な改正が行われた。この改正は，事業価値の毀損を最大限防ぎ，手続のスピードアップ，債権者から債務者の立場に軸足を移したものと言える。

　会社更生法は基本的に裁判所管理による手続である。したがって，公正な手続であり，かつ，担保権も更生計画により弁済が求められるため，再建を目指す企業の便益を図ったものである。

　さらに平成21年（2009年）1月には，事業管財人を経営陣から選任することで直接的に事業再生に関与させ，事業価値の毀損を防ぎもって，早期の再生を目指す DIP（Debtor In Possession）型会社更生手続が始まった。今後は，

---

(22) 日本経済新聞　2014.4.29

企業規模に関わらず，早期の事業再生を目指して民事再生法手続と会社更生手続が選択されるであろう。

(4) DIPファイナンスの創設

いずれの手続を踏んだとしても事業再生のためには資金調達の道が必要である。DIPファイナンスとは，民事再生手続開始決定を得た会社等への再生支援のためのファイナンスとして誕生したものであり，共益債権として弁済は優先されることになる。金融機関としては，リスクが高かったため，当初は，政府系金融機関である日本政策投資銀行が平成13年（2001年）4月に，同7月に商工中金がDIPファイナンスを創設し，その後，みずほコーポレート銀行に始まり，そして一般銀行の開設も始まった。

(5) 事業再生ファンド

日本長期信用銀行の受け皿となったリップルウッド，日本債券信用銀行の受け皿となったサーベラスのように国内外の様々な事業再生ファンドが組成されている。機関投資家より集めた資金を再生案件に投資し，高い利回りを確保しようとするものである。事業再生には資金が必要であり，期待されるところである。

(6) 政府系関係機関による再生支援

整理回収機構は，当初，住専並びに破綻金融機関からの不良債権処理を行う機関として創設された。その後，平成13年（2001年）6月26日閣議決定「今後の経済財政運営及び経済社会の構造改革に関する基本方針」によって，企業再生業務機能が加わった。さらに平成14年10月の金融再生プログラムに基づき，新たに産業再生機構の創設が決まり，主に大規模企業向けの再生手続の担い手として誕生した。また，各都道府県単位で中小企業再生支援協議会が創設され，再生スキーム支援を行うこととなった。

産業再生機構は，41件の支援を終え，平成19年（2007年）3月に解散したが，同年発生したサブプライムローン問題に端を発した金融恐慌に対応すべく，平成21年（2009年）10月，企業再生支援機構が創設された。当初，この機構は地場の有力企業再生を意図されたものではあったが，日本航空を

支援し注目されたのである。

その後，平成25年（2013年）3月に改組され，地域経済活性化支援機構となり，事業再生の難易度が高い，地域の中核的な企業を重点的に再生支援が行われている。

以上のように平成12年（2000年）4月の民事再生法の施行以来，我が国のセーフティーネットは，行政・民間共同で急速に構築されてきたのである。

2 民事再生手続

(1) 概要

民事再生手続は，株式会社のみならず，あらゆる法人，又は個人企業も対象としている。民事再生法第1条では，「この法律は，経済的に窮境にある債務者について，その債権者の多数の同意を得，かつ，裁判所の認可を受けた再生計画を定めること等により，当該債務者とその債権者との間の民事上の権利関係を適切に調整し，もって当該債務者の事業又は経済生活の再生を図ることを目的とする。」としている。

裁判所は，あくまでも手続の円滑な進行と債務者の義務の履行を後見することを基本とするため，後見的再建型法的手続と言われている。

(2) 手続の申立てから手続開始まで

再生手続の申立ては，管轄裁判所に対し，添付書類とともに申立書を提出することから始まる。同時に費用を予納する。申立ては実質的破綻の前に申立てができ，申立権者は債務者と債権者となる（民再21）。

原則として業務遂行権・管理処分権は再生債務者に残ることになるが裁判所は必要に応じて，再生債務者の業務遂行・管理処分行為や再生計画の履行を監督し，否認権を行使する機関である監督委員（民再54）による監督命令を出すことができるものとされている。

また，裁判所は再生債務者の財産の管理又は処分が失当である時は保全管理命令を出し，管財人によって業務及び財産を管理することができるものと

されている（民再 64，81）。

(3) 債権調査，財産評定，再生計画の策定

再生債務者は，債権届出期間内に届出がされた債権についてその内容及び議決権を認めるか否かを認否書に記載し，裁判所に提出し，また，未届出債権についても自らが認める債権も認否書に記載する（民再 94〜113）。

再生手続開始後遅滞なく，一切の財産について再生手続開始の時における価額を評定し，その評定結果を基にして作成した財産目録，貸借対照表（民再 124）及び以下の事項を記載した報告書（民再 125①）を裁判所に提出する。

① 再生手続開始に至った事情
② 再生債務者の業務及び財産に関する経過及び現状
③ 法人の役員の財産に対する保全処分又は法人の役員に対する損害賠償請求権の査定の裁判を必要とする事情の有無
④ その他再生手続に関し必要な事項

また，原則として，再生債権の届出期間満了後裁判所の定める期間内に再生計画書を作成し，提出しなければならない（民再 163）。

(4) 再生計画の認可・履行

再生計画案は，議決権を行使することができる届出再生債権者で出席したものの過半数であって，かつ，議決権者の議決権総額の 2 分の 1 以上の同意によって可決される（民再 172 の 3）。再生計画の認可決定が確定したときに再生手続は終結し（民再 188①），裁判所の関与を離れ，再生債務者自身が再生計画を履行していくことになる。

さらに再生計画の確実な履行を確保するため，監督委員が選任されている場合には監督委員が再生債務者の再生計画の遂行を監督し（民再 186②），管財人が選任されている場合には管財人が再生計画を速やかに遂行する義務を負わせている。さらに監督委員が選任されている場合は，再生計画認可の決定が確定した後 3 年を経過したときに際し手続が終結する（民再 188②）。

3 会社更生法による手続

(1) 概要

　会社更生法第1条では「窮境にある株式会社について，更生計画の策定及びその遂行に関する手続を定めること等により，債権者，株主その他の利害関係人の利害を適切に調整し，もって当該株式会社の事業の維持更生を図ることを目的とする」と定めている。基本的には，大規模な株式会社への適用を想定している。

　会社更生手続は裁判所により選任された管財人により，財産管理，更生計画の策定，遂行が行われる。一方，民事再生手続は，再生債務者自身が手続を遂行する後見的再建型法的手続である点で大きく異なるものである。

(2) 手続の申立てから開始決定まで

　会社は，①破産手続開始の原因となる事実の生ずるおそれがある場合，②弁済期にある債務を弁済することとすれば，その事業の継続に著しい支障を来すおそれがある場合に更生手続開始の申立てを行うことができる（会社更生17）。

　通常，保全処分の申立ても行われ，裁判所が必要と認めれば保全命令を出すことになる（会社更生28）。保全処分の主な内容は，①旧債務の弁済禁止，②全財産の処分禁止，③借財の禁止である。保全管理命令の場合には，保全管理人が選任される（会社更生30）。会社の事業の経営並びに財産の管理及び処分する権利は，保全管理人が掌握することになる（会社更生32）。そして，保全管理人に代わって，管財人が選任され，会社の経営，財産の管理処分権も管財人に移ることになる（会社更生42，72，73）。

(3) 更生計画の認可

　管財人は，届出のあった債権・担保権について更生債権・更生担保債権と更生手続開始後に生じた共益債権とに分類する。また，倒産間際の一般債権者を害する行為等について，否認権を行使していったん流出した会社財産を取り戻すことができる（会社更生86〜98）。

　管財人は会社経営を行いつつ，財産・業務・債権者等について調査・報告

し，取締役の責任追及も行う（会社更生99〜103）。さらに裁判所が決めた期間内に更生計画案を作成・提出する（会社更生184）。更生計画案は，債権者・株主の決議を得て，可決されることになる（会社更生189）。更生計画案が可決されると裁判所は認可決定を出し，更生計画が発効する（会社更生199, 201）。

(4) 手続の完了

更生計画が発効されると管財人は会社の経営を行いつつ，更生計画に基づいて債務の弁済を行うことになる。更生債権は一般的に80%以上の切り捨てが行われることが多々ある。更生担保債権については担保価値の範囲内で全額が返済されることになる。

4 民事再生手続における財産評定と会計実務

再生債務者等は，再生手続開始後，遅滞なく，再生債務者に属する一切の財産につき再生手続開始時の時における価額で評定しなければならない（民再124）。その際，どのような評価基準で評定するかが大きなポイントとなる。

(1) 財産評定に関する評価規則

財産評定については，民事再生規則第56条で以下のように規定している。

① 法124条（財産の価格等の評定等）第1項の規定による評定は，財産を処分するものとしてしなければならない。ただし，必要ある場合には，併せて，全部又は一部の財産について，再生債務者の事業を継続するものとして評定することができる。

② 法第124条第2項の財産目録及び貸借対照表には，その作成に関して用いた財産の評価の方法その他の会計方針を注記するものとする。

さて，処分価値による財産評価による貸借対照表の作成が求められるのは，再生計画において再生債権者に対し，再生債務者の財産を清算した場合との比較でその価値以上の利益を与えなければいけないとする清算価値保障原則に基づくものである。

そもそも民事再生は企業再建のための債務（民事再生債権に対応）の整理手

続であり，開始決定や計画認可で事業年度が区切られるような制度ではない。また，財産評定によって資産の取得価額を切り替える制度ではない。財産評定による清算貸借対照表は，再生計画に対する重要開示情報として，位置づけられるのである。[23]

一方，会社更生手続では，その根底に企業体の再構築という基本的な考え方があり，会社更生開始決定日で事業年度が一度終了し，その後の認可日までが一事業年度とされる。また，更生認可日の決算で財産評定結果により，資産の新たな取得価額に切り替えることになる。

会社更生法では財産評定は，更生手続開始の時における時価によるものとされる（会社更生83②）。そして時価とは，処分価格ではなく，その財産を継続使用する場合の価値又は正常売却可能価額である。

(2) 再生計画確定と会計処理

開始決定日又は認可の確定した日の属する事業年度の決算で，再生計画に従った資産・負債関係の会計処理が織り込まれることになる。

① 負債確定・債務免除益の計上
② 資産の評価損の計上

金融機関等対策のため，売掛金や在庫の架空計上といったような粉飾があった場合，架空資産を損失処理する必要がある。

(3) 取得原価主義

民事再生法は，特に計算規定がないため，まず，会社法の計算規定に従うことになる。そして，会社法下の計算は，会社法第431条，会社計算規則第3条によって，公正なる会計慣行に従うことになる。

企業会計は取得原価主義を基本原則としている。しかし，会社計算規則第5条第3項で著しく時価が下がり回復可能性のない場合には，強制評価減並びに減損会計の適用が予定されている。

ただし，「固定資産の減損に係る会計基準の適用指針」は減損の兆候とし

---

(23) 野村智夫・竹俣耕一編著「企業再建・清算の会計と税務第4版」中央経済社 2011.1.20　163頁

て市場価格が著しく下落した場合として簿価の2分の1以下という基準となっている。したがって，簿価に比して10％，20％の下落では通常減損の対象にはならなくなってしまう。

さらに公正なる会計慣行である「継続企業の前提が成立していない会社等における資産及び負債の評価について」（日本公認会計士協会会計制度委員会研究報告第11号）によれば，民事再生会社は更生会社のように旧所有者から新所有者に事業等の譲渡が行われたと擬制することはできず，基本的に会計上すべての資産及び負債の評価替えをすることは適当ではないとされている。そしてあくまでも減損会計基準の範囲内での資産評価損計上を示唆している。

繰り返しになるが，会社法第431条並びに会社計算規則第3条では，会社の計算は公正な会計慣行に従うものとされる。会社法第431条は包括規定として「株式会社の会計は，一般に公正妥当と認められる企業会計の慣行に従うもの」とし，同じく，会社計算規則第3条では，「この省令の用語の解釈及び規定の適用に関しては，一般に公正妥当と認められる企業会計の基準その他の企業会計の慣行をしん酌しなければならない」とされている。したがって，民事再生会社にとって，公正なる会計慣行には研究報告第11号が該当することになる。[24]

(4) 民事再生における会計基準の検討点

民事再生手続と会社更生手続を考えた場合，両者とも企業の置かれた環境や目指す方向性に違いはない。あくまでも手続の違いだけであって，経済的には同一事象であろう。とすると民事再生手続においてもすべての資産の評価替えを行い，資本の再評価を行うべきである。

特に債務免除益の前提となった資産評価の結果から得られる資産評価損を全面的に処理しなければ債務免除益の一部が剰余金を構成し，極論を言えば株主配当金に回ることもゼロとは言い切れない。これは，会社法上も大いに問題のあるところであろう。[25]

会社更生手続並びに民事再生手続に対して同一事象に対して同一会計処理となるべく，「事業再生会計基準」の構築が必要である。[26][27]

5　会社更生手続における財産評定と会計実務
(1)　会社更生法の法的概要

　会社は，更生手続開始の申立て後，裁判所による更生手続開始決定により更生会社となり，裁判所の監督のもと，管財人の主導のもと財産評定・債権調査・更生計画等の更生手続が実施される。

　当該会社の事業年度は，まず，開始決定時に終了する。その後，更生会社となり，更生計画認可時に終了する。その後は，定款記載の時期に事業年度は終了することになる。

---

(24)　会計制度委員会研究報告第11号抜粋
　　「民事再生会社の場合には，民事再生手続きの開始決定によっても株主はその権利を喪失しないため，更生会社のように旧所有者から新所有者事業等の譲渡が行われたと擬制することは困難と考える。また，民事再生手続きの一環として，実施される財産評定は，清算を仮定した財務情報の提供にとどまるものであるため，財産評定を通じて財産の評価額を利害関係者が合意した合理的な評価額として確定させることができない。
　　このため，民事再生会社については，継続企業の前提が成立していない会社として位置付け，会計上すべての資産及び負債の評価替えを強制することは，適当でないと考えられる。」
　　「民事再生会社に代表される継続企業の前提が成立しているかどうか判断が困難な会社については，基本的にすべての資産の評価替えをする段階には至っていないため，実務上は継続企業を前提として財務諸表を作成せざるを得ないこととなる。この場合，継続企業を前提として財務諸表を作成することになるとしても，すべての資産を帳簿価額で据え置くことが当然認められるものではない。民事再生会社は，資産価値の劣化が著しい状況に陥っているものと考えられるため，これまで以上に資産の評価額に対する配慮が必要と考えられる。」

(25)　野村智夫・竹俣耕一編著「企業再建・清算の会計と税務第4版」中央経済社　2011.1.20　199頁

(26)　同上

(27)　ちなみに会社計算規則第5条第6項では以下のように規定している。
　　次に掲げる資産については，事業年度の末日においてその時の時価又は適正な価格を付すことができる。
　　　一　事業年度の末日における時価がその時の取得原価より低い資産
　　　二　市場価格のある資産（子会社及び関連会社の株式並びに満期保有目的の債券を除く。）
　　　三　前二号に掲げる資産のほか，事業年度の末日においてその時の時価又は適正な価格を付すことが適当な資産
　　以上の規定があるが，公正なる会計との関係で検討が必要である。

管財人は，更生手続開始後，遅滞なく，更生会社に属する一切の財産につき，その価額を評定し，開始決定時の貸借対照表と財産目録を作成し，裁判所に提出しなければならない（会社更生83①③）。また，更生計画の認定決定時にも認可決定時の貸借対照表と財産目録を作成し，裁判所に提出しなければならない（会社更生83④）。

　財産評定における評価額は，開始決定時の時価とされ（会社更生83②），開始決定時の貸借対照表は，すべて時価により計上されたものとなる。また，認可決定時の貸借対照表は取得原価を基本とする会社法の決算手続が行われるが，この場合，財産評定による評価額が取得原価とみなされる（会社更生施行規則1②）。また，のれんの計上が行われるケースもある。

　更生会社は，開始決定時の財産は時価で評定され，財産評定の結果を開始決定時及び認可決定時の貸借対照表に反映させるため，更生手続開始決定時点で全面的に評価替えされなければならない。[28]

　会社更生手続における財産評定は，更生担保権評価額と一致させることにより，債権者の権利調整を行う。そして，認可後の会社の取得価額とすることによって，会社法会計の基礎となっていく。

　一方，民事再生手続では，財産評定は，あくまでも清算価値保障の原則を確認するための手続であり，取得価額を評価替えすることが法定されているわけではない。つまり，両者の財産評定の意味合いは，全く，異なるものである。

(2) 債権調査と会計処理

　更生開始決定が出ると裁判所は公告を行い，かつ，知れている債権者に通知される（会社更生43）。債権者は定められた期間内に法定事項，各更生債権

---

[28] しかし，実務的には更生手続開始時点では，継続すべき事業の選択や処分等が未確定であり，すべての財産評定を織り込むことは困難であり，仮評定という形で決算を行うことになる。その後，確定した財産評定結果を開始決定時の財産評定に訴求することになる。ただし，暫定的な評価とはいえ，この開始決定日決算は，財政状況報告集会で管財人が報告する業務・財産の状況の基礎資料となり，債務超過の有無等の重要な判断材料となる。

の内容及び原因，優先権があるときはその旨，議決権の数等の届出を行うことになる（会社更生138，会社更生規則36）。

管財人は届出のあった債権をその種類ごとに区分し，債権の確定を行う。特に更生担保債権は，財産評定の結果を踏まえて，その免除を求める場合には，担保権者の了解を得る必要がある。

(3) 更生計画作成と更生計画認可

管財人は，債権の届出期間を終了した後，裁判所の定める期間までに更生計画案を裁判所に提出しなければならない（会社更生184）。更生計画が認可されると開始決定から継続してきた事業年度が終了する。更生計画では，財産評定の結果による評定損益と債務免除益が計上されることになる。

(4) 認可決定時におけるのれんの計上

会社更生法では，開始決定時の財産評定は個別財産の時価評価を意味する。一方，事業全体として価値が評価・算定され，個々の資産の時価総額と事業全体の価値との間に差額が生じることがある。その差額が「のれん」として計上される。

会計上，のれんの計上は有償取得の場合に限られるため，実際に取得の対価が支払われていない中では，事業価値を特定することはできず，困難と考えられる。しかし，会社更生においては，一般的にまずスポンサーが付き，そして，スポンサーの100%子会社化が図られ，又は複数のスポンサーによる入札等で債務引受額が決定される。つまり，実質的には営業譲渡と同一と考えられ，債務引受額は事業価値に対応する取得の対価として解釈される。ただし，会計上，評価益の計上を伴うのれんの計上については慎重であるべきとされる。

(5) 実務上の問題点

更生会社においては，通常，更生手続の開始決定後は，裁判所の監督下において管財人の主導により更生手続が実施され，その一環として行われる財産評定，債権調査の結果を反映した貸借対照表が作成される。財産評定における価額は時価と法定化されており，市場価格のない資産の評価替えにあた

っても，判断の介入する余地は避けられないと考えた上でのれんの計上が認められている。

つまり，更生会社の状況を貸借対照表に適切に反映させることが大前提であり，更生会社における資産及び負債の評価額の意味やのれんの計上に関する考え方をさらに明確にする必要がある。

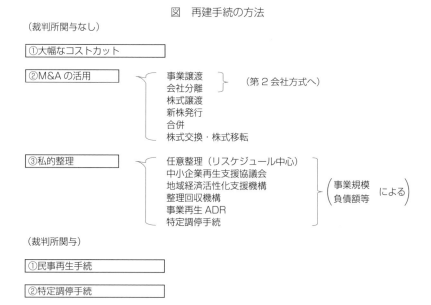

図　再建手続の方法

Ⅶ　清算手続と会計

繰り返しになるが，金融庁は，経営難の中小企業の転廃業を促すために様々な制度設計を計画している。その中には債務超過段階での廃業を選択させる施策も含まれている。また，組織再編においても解散等の状況は避けて通れないケースが多い。そこで最後に解散・清算について記したい。

1 解散の会計

(1) 解散とは

株式会社の解散とは,その会社の法人格の消滅を生じさせる原因となる事実を言う。ただし,合併の場合を除き,解散によって直ちに法人格が消滅するのではなく,解散後に行われる清算・破産手続の終了時に消滅する。

会社が解散した場合,清算人は,その就任後遅滞なく,清算株式会社の財産の現況を調査の上,解散日現在の貸借対照表及び財産目録を作成し,株主総会の承認を受けなければならない(会492①)。

(2) 財産目録の作成

財産目録は資産の部・負債の部,正味財産の部の3区分に分けて表示され,その内容を示す適当な科目に細分されることになる(会規144③)。また,財産の評価は原則として処分価格によることとされる(会規144②)。つまり,財産目録並びに財産目録を基礎として作成される貸借対照表は,原則として,処分価格・時価を反映したものとなる。

清算人は,清算手続を通じて財産を処分し,債務を弁済して最終的に株主へ分配することを職務としている。同時に清算株式会社は清算手続という財産の換価処分過程にあるため,その資産に付すべき金額は,基本的にその事業の清算を前提とした価額(処分価額)となる(会規144②)。つまり,継続企業を前提とした適正な期間損益計算に基づく計算書とは異なるということである。

(3) 貸借対照表の作成

解散日現在の貸借対照表は,財産目録に基づき作成しなければならない(会規145②)。貸借対照表は,資産,負債及び純資産の3区分で表示される。資産,負債については流動・固定の区分を行う必要はなく,また,純資産の部も「純資産」一項目で足りる。

仮に財産目録と同様,処分価格を付すことが困難な資産がある場合には,当該資産に係る財産評価の方針を注記しなければならない(会規145④)。

2 清算の会計

(1) 清算事業年度

① 清算とは

　清算とは，会社の法人格の消滅前に，会社の現務を結了し，債権を取り立て，債権者に対し債務を弁済し，株主に対して残余財産を分配する等の手続である（会481）。

　清算法人は，解散の日の翌日より，清算中の事業年度が生ずるが，この事業年度ごとに貸借対照表，事務報告，貸借対照表の付属明細書及び事務報告の付属明細書を作成しなければならない（会494①）。

　清算株式会社は，専ら清算事務の遂行を行うものであり，事務報告の中で清算事務の遂行に伴う財産処分に係る収益や清算費用を示す計算書を作成する。したがって，株主資本等変動計算書や損益計算書の作成は求められていない。要するに清算事務の中間報告的な性格を有するのである。

② 貸借対照表の作成

　清算中の各事業年度において作成する貸借対照表は，各事業年度に係る会計帳簿に基づき作成しなければならない（会施規146①）。会計帳簿は，解散日現在の処分価格がスタートとなるので清算中の各事業年度において作成する貸借対照表も処分価格を付したことになる。

　平成22年度税制改正によって清算所得課税が廃止になったことにより，税務上は，解散後の清算事業年度でも解散時の計算書類と同様に貸借対照表，損益計算書及び株主資本等変動計算書の作成が必要となった。それは，継続企業を前提とした従来の取得主義により作成されることが要求されている。

(2) 清算結了

① 決算報告

　清算株式会社は，清算事務が終了したときは，遅滞なく，法務省令で定めるところにより，決算報告を作成しなければならない（会507①）。

そして，株主総会に提出して，その承認を受ける必要がある（同条③）。
② 残余財産分配の会計処理
　　i　残余財産の一部を分配した場合には残余財産の前払いと考える。
　　ii　その後残余財産が確定し，最後分配を行ったときは，残余財産確定後に支払いを予定している未払費用や未払税金を差し引いて純資産が算定される。
　　iii　残余財産の最後の分配が行われたときは，株主に対する出資持ち分の分配として純資産が全額，差し引かれる。

残余財産の分配をもって清算事務は終了し，清算の結了によって会社は消滅する。

3　対象会社における資産及び負債の評価
(1)　評価替えの意義

清算人は，清算手続を通じて，財産を処分し債務を弁済して最終的には残余財産を株主に分配することになるため，解散決議を行った会社の資産及び負債は，通常の事業活動の中で回収又は返済されるものではなく，清算手続といった特殊な状況下における回収又は返済が予定されるものである。

このため，解散前の投資額（取得価額）に対する成果を清算手続の中で報告する意味はないこととなるため，解散会社においてはその資産及び負債の帳簿価格をすべて評価替えし，清算手続の実施状況を貸借対照表に適切に反映させる必要がある。

この場合，解散会社は，清算手続において財産を換価処分する過程にあるため，解散会社の資産に付すべき評価額は，基本的には事業の清算を仮定した処分価額を付すことになると考えられる。また，負債については，基本的に債権調査により確定された評価額や清算業務に必要な費用の合理的な見積額をもって計上することになると考えられる。なお，キャッシュ・フローを伴わない項目（繰延資産，経過勘定など）は，貸借対照表に計上されないこととなる。

第1章 企業支援の会計と法務 73

表 処分価額等の例(29)

科　　目	評価方法
現金・預金	解散日までの経過利息を未収入金に計上
金銭債権	個別債権残高から，貸倒見込額及び取立費用を控除した価額貸付金は解散日までの経過利息を未収入金に計上
たな卸資産	売却可能価額から売却費用を控除した価額
有価証券	市場性があるものは時価から売却費用を控除した価額市場性がないものは処分可能価額から処分費用を控除した価額
前払費用	契約解除による現金回収可能見込額を未収入金に計上借入金利息の前払は原則としてゼロ評価
土地（借地権を含む）	時価（近隣の取引価額又は公示価格等）から処分費用を控除した価額建物等を取り壊して更地として処分する場合はその取壊費用をさらに控除
その他の有形固定資産	処分可能価額から処分費用を控除した価額
無形固定資産	原則としてゼロ評価処分可能なものは処分可能価額から処分費用を控除した額
繰延資産	ゼロ評価
税務上の繰延資産	契約解除による現金回収見込額を未収入金に計上
未払金	リース契約の解除に伴う違約金を一括未払金計上契約解除により取得する固定資産は，その他の固定資産と同様の評価
借入金	解散日までの経過利息を未払金に計上
退職給付引当金	解散日現在での会社都合による要支給額を未払金に計上
法人税・住民税・事業税	事業年度開始日から解散日までの期間に係る所得金額に対する確定税額を未払金に計上清算所得に対する税額を見積り概算計上
偶発債務	割引手形の両建て計上保証債務の履行が確実に見込まれるものは履行額を未払計上

(2) 評価替えに用いられる価額

継続企業の前提が成立していない場合において評価替えに用いられる価額

は基本的にその法的手段によって区別されるが，解散では，早期の処分換価を仮定した処分価額となる。この場合，短期間における限られた相手との取引を想定した極めて例外的な取引価額を意味する。実務上も一定の制約下において合理的に算定された価額と考えられる。

(3) 清算における会計の役割

一般に公正妥当と認められる企業会計の基準は，継続企業を前提として設定されているため，減価償却に代表されるように，会社の資産及び負債をすべて時価評価することを想定していない。このため，解散会社のように継続企業の前提が成立していないことが明らかな会社が，従来と同様に，継続企業を前提に財務諸表を作成したのでは，財務諸表に当該会社の状況を適切に反映することは困難となる。

したがって，解散会社のように継続企業を前提として財務諸表を作成することが適当でない場合においては，継続企業を前提とする会計基準を適用するのではなく，会社の資産及び負債をすべて評価替えし，財務諸表の利用者に対し会社の状況を提供できるようにすべきものと考えられる。

参考文献

右山昌一郎著「会社の清算実務についての問題点」(財) 大蔵財務協会 2010.12
ひかりアドバイザーグループ編「会社清算の実務75問75答」㈱清文社 2010.9
大沼長清，井上久彌，磯邊和男編「設立・解散」㈱ぎょうせい 2007.1
高野総合会計事務所編「会社解散・清算の税務と会計」税務研究会出版局 2007.6
植木康彦「改正された清算中の法人税申告の実務」週刊税務通信 No.3140・No.3143
税務会計研究学会特別委員会緊急報告
特別委員会委員長　右山昌一郎「会社清算の税務会計」税務会計研究第23号 2012.9

---

(29) 会計制度委員会研究報告第11号『継続企業の前提が成立していない会社等における資産及び負債の評価について』日本公認会計士協会 2005 15頁 参考資料5

企業支援税制

第2章 企業設立（起業）・再生支援税制

税理士 藤曲 武美

はじめに

　企業支援税制は，企業の様々の発達段階（stages）において，支援の内容が異なる。企業には，人間のライフサイクルと同様に，起業，成長・発展，安定・成熟，衰退，再生又は廃業というライフサイクルが存在する。本稿では，この各段階のうち，起業と再生の段階に焦点を当てて，その段階での支援税制について検討する。

I 企業の再生と支援税制

1 企業再生のパターン

　企業再生の方法は，大別すると法的整理手続きによるものとそれ以外の私的整理手続きによるものに分類できる。法的手続きによるものは，会社更生法によるもの，民事再生法によるものが典型的なものであり，裁判所の監督があり，公正さが担保されているため，債権者が平等に取り扱われ損失負担に理解が得られる方法である[1]。税制面からも整理・再生手続きが円滑に進展するための支援的な措置が手当てされている。

一方，私的整理手続きによるものについては，「私的整理手続きガイドライン」に基づき，中小企業再生支援協議会案件や株式会社地域経済活性化支援機構案件，株式会社整理回収機構案件などが典型的なものである。法的整理手続きを利用すると時間，コストが相対的にかかること[2]，「倒産」の噂も広まって会社の信用が毀損してしまい，かえって早期の事業再生が困難になることも考えられ，私的整理手続きが，早期の事業再生を図る方策とされている。私的整理手続きによる場合も，民事再生手続きに準ずるものについては，民事再生手続きの場合とほぼ同様の税制上の支援が得られるように手当てされている。

なお，企業再生のパターンには清算型と呼ばれる方法もある。収益性などがある部門を第二会社に事業譲渡や会社分割した上で，不採算部門が残った旧会社を特別清算する第二会社方式といわれるものである。企業整理等については他稿で扱われるので本稿では清算型の企業再生のパターンについては触れないことにする。

2 債務者，債権者，役員等の関係者の税務

企業の再生手続きについては，上記のように様々な方法，パターンが用意されているが，いずれの場合も税制面における支援が重要である。再生手続きの過程で発生する多額の債務免除益等に対して通常の課税が行われては，債権者の債務免除額のうち一定額が税金に充てられることになり，債権者の納得は得られず，手続きの円滑な進展も到底期待できないことになってしまう。

そこで，各種の再生手続きの場面で債務会社，債権者，債務会社の役員等

---

[1] 会社更生法，民事再生法いずれも各手続きの開始の申立から終了，終結までの各手続きを法定しており，各手続きを裁判所の監督のもと行われるようになっている。

[2] 会社更生法，民事再生法とも各計画の認可の決定に至るまでには債権者の過半数の同意等が必要であり，そのために時間がかかることも少なからずある（更生法196，再生法172の3）。

の関係者に多額の課税が生じないようにし，円滑に企業の再生手続きを遂行するための税制上の支援措置が手当てされている。本稿は，このうち債務会社に対する支援税制を中心にして，法的整理手続き（会社更生手続き，民事再生手続き），それ以外の私的整理手続きに区分し，主な支援税制を比較して検討する。

なお，会社更生手続き，民事再生手続き，私的整理手続きに区分して検討するに当たって，各手続きに共通して適用がある支援税制については，最初に検討する会社更生手続きの区分で制度概要も含めて記述することとし，それ以下の区分では特に各手続きで問題となる点を中心に記述するにとどめることにする。

また，債権者，債務会社の役員等に対する再生支援税制は紙幅の都合や他の論稿との関係で部分的な検討にとどまらざるを得ないことをご承知おき頂きたい。

II 会社更生手続きと支援税制

1 事業年度の特例

会社更生法の適用を受けている更生会社の事業年度は，会社が定款で定めている事業年度とは異なる。更生手続開始の決定があった時に一旦，終了し，さらに更生計画認可の時に終了する（更生法232②)[3]。なお，更生計画認可の時までに，更生手続きが終了したときは，その終了の日に終了する（法基通14-3-1）。なお，会社更生法は法人税法13条1項ただし書の適用を妨げていないので，期間が1年を超えるときは，1年ごとに区分した期間による。

---

(3) 会社更生法232条2項は，「更生手続開始の決定があったときは，更生会社の事業年度は，その開始の時に終了し，これに続く事業年度は，更生計画認可の時（その時までに更生手続が終了したときは，その終了の日）に終了するものとする。」としている。

〈例〉定款上の事業年度（4/1〜3/31）

①更生手続開始の決定の時…×1年6月30日、②更生計画認可の時…×2年9月30日

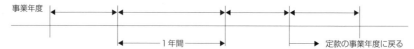

　この事業年度の特例は，会社更生法だけのもので，民事再生法には存在しない。会社更生手続きは，原則として経営陣の退陣など会社の新規再出発の要素が強いのに対して，民事再生手続きの場合は経営陣の続投など会社更生手続きに比較し，旧会社の引継ぎ要素が大きいこと，更生手続開始から認可の決定まで相当の期間を要することなどによるものと思われる。

　会社更生手続きの事業年度の特例は，後で触れる期限切れ欠損金の損金算入事業年度や欠損金の繰戻還付の適用事業年度に影響を及ぼすことに留意する必要がある。

2　評価損益の計上

　更生計画認可の決定があったことにより会社更生法83条に従って，資産の帳簿価額を増額又は減額した場合には，その価額を取得価額とみなすとしており，その増額又は減額した部分の金額は，益金の額又は損金の額に算入する（法法25②，33③）[4]。会社更生手続きによる場合は，会社更生法83条の評定に基づいて更生計画認可の決定があった事業年度に，評価益，評価損を計上することになる。

　民事再生手続きの場合は，後記するように，再生手続開始の決定時に損金経理を行い，損金の額に算入する方法（損金経理方式）と再生計画認可の決定があった時の資産評定による益金，損金の額に算入する方法（書類添付方

---

[4]　会社更生法施行規則1条2項は，「財産について法第83条第1項の規定により評定した価額がある場合における前項において準用する会社計算規則第5条の規定の適用については，法第83条第1項の規定により評定した価額を取得価額とみなす。」としている。

式)の2方法があるのと異なることに留意する必要がある。

3 更生手続開始の決定があったことによる債務免除等があった場合の期限切れ欠損金額の損金算入

(1) 制度の趣旨

　更生手続開始等の決定による債務免除等があった場合，その債務免除等による利益は法人税の益金の額になる。債務免除益等の益金の額が，青色欠損金額の繰越控除により控除できる範囲内の場合は，結果的には課税は生じないことになるが，更生手続開始の決定による免除益，評価益等は，通常は債務超過を解消する程度に達することから，青色欠損金額の繰越控除によるだけでは，課税所得が生じて更生計画を円滑に遂行することが困難になる。そこで法人税法59条1項は，期限切れになった過去の欠損金額の損金算入を認めることにより，その範囲で課税が生じないようにし，更生計画のスムーズな実現を図るための措置である。なお，この条文は平成17年度税制改正により法人税法に設けられたもので，それまでは，法人税法の規定ではなく，特別の税制上の措置として会社更生法等（会社更生法269③など）において定められていた。会社更生法で定められていた時の趣旨を述べた裁判例に次のようなものがある。

【裁判例】期限切れ欠損金額の損金算入の趣旨（大阪高判平2.12.19，判タ768号102頁，Z181-6624）

「本条項（事案当時の会社更生法269条3項のこと…筆者注）の立法趣旨は，窮境にあるが再建の見込みのある株式会社について，債権者，株主その他の利害関係人の利害を調整しつつ，その事業の維持更生を図ることを目的として，更生手続が開始されると，公正な更生計画を作成するため，管財人により会社の財産の価額の評定が行われる（会社更生法177条（事案当時の条文番号である。以下同じ…筆者注））ほか，更生計画においては，更生債権や更生担保権の減免が行われていることが多く，更生計画認可決定により，その内容どおりの債権の免除を受けたり（同法242条），届出がなされなかったために失権

する債権も生じ（同法241条），これらは更生会社の益金として計上されることになるが，このような評価益や債務免除益を，税法上，所得の計算において実質的に益金に算入することは，更生会社に対し，酷であるうえ，債権者の犠牲において課税がなされることになり，ひいては更生計画の遂行にも支障が生ずることから，その部分を課税の対象から除外することとしたものであること，しかし，その全額を課税の対象から除外することは一般の場合と著しい不均衡を生ずること等から，更生手続開始前から繰越されている欠損を填補する限度内で，これを認めることとしたものと解される。」

(2) 制度の概要

内国法人について更生手続開始の決定があった場合において，その内国法人が次の①から③に掲げる場合に該当するときは，その該当することとなった日の属する事業年度（「適用年度」という。）終了の時における前事業年度以前の事業年度から繰り越された欠損金額の合計額（法令116の3，以下便宜的に「期限切れ欠損金」という。）のうち，次の①から③の合計額に達するまでの金額は，適用年度の所得の金額の計算上，損金の額に算入する（法法59①）。ここにおいて，適用年度は，通常は，債務免除等が確定した時と考えられるため，更生計画認可の時の属する事業年度と考えられる。

① 更生手続開始の決定があった時において，その内国法人に対し会社更生法に定める更生債権を有する者（その内国法人との間に連結完全支配関係がある連結法人を除く。）からその更生債権につき債務の免除を受けた場合（債権が債務の免除以外の事由により消滅した場合でその消滅した債務に係る利益の額を含む。）…その債務の免除を受けた金額（その消滅した債務に係る利益の額を含む。）

② 更生手続開始の決定があったことに伴い，その内国法人の役員等（役員，株主等又はこれらであった者をいい，その内国法人との間に連結完全支配関係がある連結法人を除く。）から金銭その他の資産の贈与を受けた場合…その贈与を受けた金銭の額及び金銭以外の資産の価額

③ 資産の評価益に係る規定（法法25②，会社更生法又は金融機関等の更生手続の特例等に関する法律の規定に従って行う評価換えに係る部分に限る。）による評

価換えをした場合…この評価換え規定により，適用年度の所得の金額の計算上，益金の額に算入される金額がある場合には，益金の額に算入される金額から損金の額に算入される金額（資産の評価損の損金算入・法法33③）を控除した金額。この金額には，「控除した金額」と規定されていることからマイナスがないことに留意する必要がある[5]。

(3) 期限切れ欠損金

上記のとおり本稿で便宜的に期限切れ欠損金としたものは，適用年度終了の時における前事業年度以前の事業年度から繰り越された欠損金額の合計額である（法令116の3）。

なお，この欠損金額の合計額は，実務的には適用事業年度の別表五（一）「利益積立金額及び資本金等の額の計算に関する明細書」の期首現在利益積立金額の合計額として記載されるべき金額のマイナスである金額による（法基通12-3-2）。

(4) 各種の欠損金額の損金算入の適用順序

更生手続開始の決定による債務免除等があった場合の期限切れ欠損金の損金算入は，青色欠損金額の繰越控除及び災害損失欠損金額の繰越控除に優先して適用される。この適用順序については，会社更生法で本規定に相当するものが定められていた時に，適用順序について争われた裁判例（大阪高判平2.12.19・確定）があり，この判決により，それまでの通達（平成3年12月改正前の法基通14-3-1の16）の取扱いが変更されて期限切れ欠損金の適用が優先することになった。

【裁判例】欠損金額の損金算入の順序（大阪高判平2.12.19，判夕768号102頁，Z181-6624）

「本条項（事案当時の会社更生法269条3項のこと…筆者注）の立法，改正の経緯及び立法趣旨と，本条項は，更生手続開始前から繰越されている欠損金につき，所得の金額の計算上「益金の額に算入しない」と規定しており，その

---

(5) 大澤幸宏編著「法人税基本通達逐条解説（七訂版）」税務経理協会1079頁

文言を素直に解釈すれば，本条項は，更生会社の評価益等のうち，累積繰越欠損金に達するまでの金額を，法に基づく所得金額の計算上，益金の額に算入しない旨を定めたものと解されること，また，右評価益等は，本質的には更生会社の利益であることは否定できないにしても，評価益は，管財人や債権者等利害関係人が手続開始の時点における正確な会社の財産状態を把握するとともに，更生担保権の範囲を画することにより観念的清算を行うために会社更生法によって評価換が義務付けられ，その結果として生ずるものであり，必ずしも更生会社自体に直接利益を生じさせることを目的とするものではないこと，また，債務免除益も，具体的取引により生ずるものではなく，前記会社更生手続きの目的達成のために会社更生法242条，241条により，更生計画の認可によって当然生じるものであって，観念的清算手続による利害関係人の権利の一律的調整の結果として生じるものであり，その時点で直ちに更生会社に個別的利益を対価として発生させるものではないこと等からすれば，本条項は，会社更生手続において発生する評価益及び債務免除益を，前記累積繰越欠損金を填補する限度内で法による所得計算上，益金に算入しないとすることによって，それを非課税とする趣旨の規定と解するのが相当である。」

「本条項の趣旨を右のように解するとすれば，更生会社の累積繰越欠損金が，(イ)更生手続開始前に発生した青色申告欠損金と，(ロ)更生手続開始後に発生した青色申告欠損金と，(ハ)それ以外の欠損金（会社更生欠損金）とから構成されている場合に，一定額の評価益等が生じた場合には，まず，右評価益の中から（ハ）の会社更生欠損金の額に達するまでの金額を除外（益金不算入）して，所得金額を算出し，次いでそこから，(イ)，(ロ)の青色申告欠損金を控除すべきであると考えられる。」

平成2年大阪高裁判決は，会社更生法の該当条文の立法の経緯，立法趣旨によれば，「本条項は，会社更生手続において発生する評価益及び債務免除益を，前記累積繰越欠損金を填補する限度内で法による所得計算上，益金に算入しないとすることによって，それを非課税とする趣旨の規定と解するの

が相当である。」とし，まずもって期限切れ欠損金額によって評価益及び債務免除益等を課税対象から除外することにあるとした。

(5) 切り捨てられる青色欠損金額

法人税法59条1項の適用になる欠損金は，平成23年改正後はいわゆる期限切れ欠損金に限定されずに設立当初からの欠損金額とされた。設立当初からの欠損金額とは，更生手続開始の決定があった時で債務免除等があった日の属する事業年度（「適用年度」という。）終了の時における前事業年度以前の事業年度から繰り越された欠損金額の合計額をいう（法令116の3）。すなわち，青色欠損金額，災害損失欠損金額の繰越控除の適用に当たっては，改正後の当初からの欠損金額で法人税法59条の会社更生，民事再生等の場合の欠損金の損金算入措置の適用を受けた金額については，たとえ前9年以内に開始した事業年度のものであっても，法人税法59条の適用を受けたものは，法人税法57条，58条の繰越欠損金額の算定に当たってはないものとして計算することとされた（法法57⑤）[6]。

4 更生手続きの開始があった場合の欠損金の繰戻還付

(1) 制度の趣旨

この制度の趣旨は，解散，事業の全部の譲渡，更生手続きの開始があった場合には，多額の欠損金額が生ずるケースが考えられるが，それ以降の事業年度においては控除できるだけの所得金額は存在しない場合も少なくないため，欠損金額の繰越控除制度を補充するものとして設けられたものである。

(2) 制度の概要

内国法人につき解散（適格合併による解散を除く。），事業の全部の譲渡，更生手続きの開始その他これらに準ずる事実が生じた場合（内国法人の連結事業年度において生じた場合を除く。）において，その事実が生じた日前1年以内に終了したいずれかの事業年度又は同日の属する事業年度（欠損事業年度）に

---

[6] この意味で平成23年改正後は「期限切れ欠損金」という表現は正確ではないが，本稿では記述上の便宜から使用している。

おいて生じた欠損金額があるときは，法人は，その欠損事業年度開始の日前1年以内に開始したいずれかの事業年度の所得に対する法人税の額のうち欠損金額相当額について，その事実が生じた日以後1年以内に税務署長に対して欠損金額の繰戻還付の請求をすることができる。ただし，還付所得事業年度から欠損事業年度までの各事業年度について連続して青色申告書である確定申告書を提出している場合に限る（法法80④）。申告要件については，青色欠損金額の繰戻還付の場合とは異なり，欠損事業年度にかかる青色申告書を申告期限までに提出することはその要件とされていない（平3.6.12裁決，裁事集41集240頁）。

なお，繰戻還付の請求は，その事実が生じた日以後1年以内に税務署長に対して行うものとされており，この期限についても，事後的な税務調査により，所得金額等に変動が生じたため，1年を超えて行った請求については，やむを得ない事情として認められる余地はないとされている（平10.9.3裁決，裁事集56集274頁）。

(3) 解散等の事実

解散等の事実が生じた場合とは，次のような事実をいう（法令154の3）。

① 解散。合併による解散（適格合併によるものは除かれる。）。
② 事業の全部の譲渡。
③ 会社更生法等による更生手続きの開始。ここにいう更生手続きの開始とは，更生手続きの開始の決定があった日ではなく，更生手続開始の申立てをした日をいう（法基通17-2-3）。
④ 事業の全部の相当期間の休止又は重要部分の譲渡で，これらの事実が生じたことにより青色欠損金額の繰越控除の適用を受けることが困難となると認められるもの（法令154の3）。
⑤ 再生手続開始の決定（法令154の3）。

これらの解散等の事実については，そのような事実があったかどうかが問題になるので，会社更生手続きとは直接に関係のない問題であるが簡単に触れておく。

「事業の全部の相当期間の休止」については，「残財の販売などの事業閉鎖等に付随する行為以外の商行為の全て」を休止することを意味し，「相当期間の休止」とは，事業の閉鎖等企業の消滅に匹敵する事態によって一定期間休止する場合をいうとしている（昭 62.5.29 裁決，裁事集 33 集 124 頁）。

事業の「重要部分の譲渡」に該当するかどうかについては，清算手続きを予定する会社が，継続予定事業部分の大部分を設立した子会社に営業譲渡した事案について，このような営業譲渡は，「営業譲渡後も実質的に営業が継続していると認められる」とする課税庁の主張に対して，「営業譲渡の相手方が譲渡者の完全な支配下にある会社であるからといって，営業譲渡の効力が当然に無効であると解する根拠はない」として，解散等の場合の青色欠損金額の繰戻還付の適用を認めた裁決例がある（昭 63.10.7 裁決，裁事集 36 集 158 頁）。

5　仮装経理に基づく過大申告の更正に伴う税額の還付・控除

(1)　仮装経理に基づく過大申告の場合の更正に伴う法人税額の還付と税額控除

いわゆる粉飾決算等の仮装経理に基づく過大申告の場合に，その後の事業年度において修正経理をした確定申告書を提出し，税務署長が更正を行った場合は，過大法人税額の還付又は税額控除が行われる。

(2)　還付について

仮装経理による過大申告した法人税のうち過大分の税額（仮装経理法人税額）につき税務署長が更正したときは，次のような一定の場合を除き，還付されない（法法 135①）。

①　更正事業年度の開始の日前 1 年以内に開始する事業年度の所得に対する法人税の確定法人税額があるときは，その金額に達するまでの仮装経理法人税額は還付される（135②）。

②　更正の日の属する事業年度開始の日から 5 年を経過する日の属する事業年度の確定申告書の提出期限が到来した場合には，仮装経理法人税額

を還付する。

　なお，残余財産の確定，合併による解散，破産手続開始の決定による解散，連結納税の承認を受けた時等についてもそれらに係る申告期限までに還付する（法法135③）。

③　次の事実が生じた場合には，その事実が生じた日以後1年以内に，税務署長に対し，仮装経理法人税額の還付を請求することができる。この場合は，還付請求書を提出しなければならない（法法135④，⑥）。

ⅰ更生手続開始の決定があったこと
ⅱ再生手続開始の決定があったこと
ⅲこれらの事実に準ずる事実とされる次の事実（法令175②）

　ⅰ）特別清算開始の決定があったこと

　ⅱ）再生計画認可の決定に準ずる事実等（法令24の2①に規定する事実）

　ⅲ）債権者集会の協議決定で合理的な基準により債務者の負債整理を定めているものや，これに準ずるもので行政機関，金融機関その他第三者のあっせんによる当事者間の協議によるもの（法規60の2）

　この取扱い規定は，平成21年度税制改正で定められたもので企業の再生過程の資金手当てを考慮したものである。

(3) 税額控除

　法人の仮装経理に基づく過大申告の場合の更正の請求に伴い，税務署長が減額更正した場合において，上記(2)の原則として還付しない規定の適用があったときは，更正に係る仮装経理法人税額は，更正の日以後に終了する各事業年度の所得に対する法人税の額から控除される。なお更正の日の属する事業年度開始の日から5年を経過する日の属する事業年度の確定申告書の提出期限が到来し，それまでに控除されなかった仮装経理法人税額は上記(2)②の還付がされる（法法70）。

(4) 税額控除額の記載

　当期の法人税額からこの税額控除をする場合は，更正通知書に記載された仮装経理法人税額のうち，前期以前の法人税額からまだ控除されていない金

額を申告書別表一の「仮装経理に基づく過大申告の更正に伴う控除法人税額」欄に記載する。

Ⅲ　民事再生手続きと支援税制

1　事業年度について

　民事再生手続きの場合は，民事再生法等において事業年度について特別の定めがないことから，その法人が定款等で定めた事業年度の変更やみなし事業年度が生ずることはない。
　この点は，会社更生手続きの場合と異なるので注意する必要がある。

2　評価損益の計上

　民事再生手続きの場合は，再生手続開始の決定時に評価損について損金経理を行い，損金の額に算入する方法（損金経理方式）と再生計画認可の決定があったことに伴う資産評定時に評価益，評価損を益金，又は損金の額に算入する方法（書類添付方式）の2方法があることに留意する必要がある。
　前者の損金経理方式は，法人税法33条2項を受けて，法人税法施行令68条1項の「法的整理の事実」が生じた場合に評価損が計上できる定めによるものである。この場合の法的整理の事実とは，「更生手続における評定が行われることに準ずる特別の事実をいう」ものとされ，その特別の事実には，民事再生法の規定による再生手続開始の決定があったことにより，同法124条1項の評定が行われることが該当する（法基通9-1-3の3）。この特別の事実には，産業活力再生特別措置法において債権放棄を含む計画が認定された場合の資産評定も該当する（国税庁HP文書回答事例「産業活力再生特別措置法において債権放棄を含む計画が認定された場合の資産評価損の計上に係る税務上の取扱いについて」平15.4.17回答参照）。
　法人税法施行令68条による損金経理方式による場合は，評価損の計上のみであり，評価益の計上はできない。したがって，後記するように期限切れ

欠損金の損金算入規定の法人税法59条2項3号に該当しないことになる。

一方，書類添付方式の場合は，再生計画認可の決定等があった場合において再生計画認可の決定があった時の価額により評定しているときは，その評価損，評価益について損金の額，又は益金の額に算入するものである（法法25③，33④）。

この方式の場合は，評価益の計上又は評価損の計上の規定の適用を受けることになるから，後記の期限切れ欠損金の損金算入規定の法人税法59条2項3号に該当することになる。

書類添付方式の場合は，原則として，確定申告書に評価益，又は評価損関係書類の添付がある場合に限り，適用がある。

二つの方法のうちいずれかを取るかは選択になるが，同一事業年度に再生手続開始の決定と再生計画認可の決定が行われた場合は，再生計画認可の決定時の書類添付方式によるものとされる（法令68②）。

3 再生手続開始の決定があったことによる債務免除等があった場合の期限切れ欠損金額の損金算入

(1) 制度の趣旨

会社再生手続等による債務免除等があった場合，その債務免除等による利益は法人税の益金の額になる。債務免除益等の益金の額が，青色欠損金額の繰越控除により控除できる範囲内の場合は，結果的には課税は生じないことになるが，会社再生等による場合の免除益，評価益等は，通常は債務超過を解消する程度に達することから，青色欠損金額の繰越控除によるだけでは，課税所得が生じて再生計画を円滑に遂行することが困難になる。そこで本制度は，期限切れになった過去の欠損金額の損金算入を認めることにより，その範囲で課税が生じないようにし，会社の再生計画のスムーズな実現を図ることにしている。

(2) 制度の概要

内国法人について再生手続開始の決定があったことその他これに準ずる事

実が生じた場合において，その内国法人が次の①から③に掲げる場合に該当するときは，その該当することとなった日の属する事業年度（「適用年度」という。）前の各事業年度において生じた期限切れ欠損金額のうち次の①から③に掲げる金額の合計額に達するまでの金額は，適用年度の所得の金額の計算上，損金の額に算入する（法法59②）。

① 再生手続開始の決定等があった時においてその内国法人に対し再生債権等を有する者からその債権につき債務の免除を受けた場合（その債権が債務の免除以外の事由により消滅した場合でその消滅した債務に係る利益の額が生ずるときを含む。）…その債務の免除を受けた金額（その消滅した債務に係る利益の額を含む。）（法法59②一）

② 再生手続開始の決定等があったことに伴いその内国法人の役員等から金銭その他の資産の贈与を受けた場合…その贈与を受けた金銭の額及び金銭以外の資産の価額（法法59②二）

③ 再生計画認可の決定があったこと等の場合において，資産の価額につき評価益の益金算入（法法25③），又は評価損の損金算入（法法33④）の規定の適用を受ける場合…評価益の益金算入により適用年度の所得の金額の計算上，益金の額に算入される金額から評価損の損金算入により適用年度の所得の金額の計算上，損金の額に算入される金額を減算した金額（「減算した金額」とあることからマイナスがある点に留意する必要がある。）（59②三）

(3) 期限切れ欠損金

期限切れ欠損金とは，次の算式により計算した金額である（法令117の2）。法59条2項3号に掲げる場合に該当する場合には，期限切れ欠損金の額は①の金額となる。

　　　期限切れ欠損金 ＝ ① − ②

① 適用年度終了の時における前事業年度以前の事業年度から繰り越された欠損金額の合計額

＊実務的には適用事業年度の別表五（一）「利益積立金額及び資本金等の

額の計算に関する明細書」の期首現在利益積立金額の合計額として記載されるべき金額のマイナスである金額である（法基通12-3-2）。
② 青色欠損金額の繰越控除又は災害損失欠損金額の繰越控除の規定により適用年度の所得の金額の計算上損金の額に算入される欠損金額

(4) 各種の欠損金額の損金算入の適用順序

再生手続き等の決定があった場合の期限切れ欠損金の損金算入の適用順序は，上記(2)①，②の場合と③の場合，すなわち③の評価益又は評価損の益金算入（法法25③）又は損金算入（法法33④）の規定の適用の有無で異なり，次のようになる。

① 上記(2)①，②の場合

期限切れ欠損金の損金算入措置は，青色欠損金額の繰越控除及び災害損失欠損金額の繰越控除の後に適用される。

② 上記(2)③の場合

期限切れ欠損金の損金算入措置は，青色欠損金額の繰越控除及び災害損失欠損金額の繰越控除に優先して適用される。

両者において取扱いが異なる理由は，直接には，法人の資産の価額につき評定を行い，税務上で評価益（法法25③），評価損（法法33④）の計上を行っているかどうかによる。更生手続開始の決定の場合で述べたように，法的整理手続きの必要性により一律に計上された評価益についての課税を回避することに期限切れ欠損金を優先的に損金算入する趣旨があるからである。

ところで，法人税法33条2項の再生手続開始の決定があった場合（法令68①，法基通9-1-3の3）の損金経理方式では，税務上，評価益の計上はできないので59条1項3号の適用がないのは当然であるが，仮に，再生計画認可の決定により資産評定している場合でも，評価損益関係書類の添付要件を満たさない場合や法人の有する資産の全てが評価損益計上の対象とならない資産（法令24の2④）に該当するケースでは59条1項3号の適用がないことになる（法基通12-3-5）。

第 2 章　企業設立（起業）・再生支援税制　91

(5) 平成 25 年度改正による期限切れ欠損金控除額の是正

　平成 23 年改正（大法人等一定の法人について青色欠損金の損金算入限度額を適用前所得金額の 80% とした改正）に対応した措置をめぐって，次のようなケースにおいては，更生手続き等の場合の期限切れ欠損金の損金算入（法法 59①，②三適用）と再生手続きのうち法人税法 59 条 2 項 3 号に該当しない場合の期限切れ欠損金の損金算入（法法 59②一，二適用）との二つの控除制度の間で不整合が生ずることが明らかになった。

　不整合が生ずるケースは，期限切れ欠損金の損金算入前のその事業年度において，債務免除益等からなるもの以外の所得金額（図表の場合：30）がある場合である。

　改正前では，59 条 2 項 1，2 号適用の制度においては，まず青色欠損金の繰越控除（20% 制限有り）が適用され，その事業年度の青色欠損金の繰越控除適用後の所得金額（図表の場合：20）が債務免除益等の金額（図表の場合：70）に満たない場合には，その事業年度の所得金額が 0 になるまで欠損金の損金算入が認められることとなっていた。

　一方，同様なケースでも 59 条 1 項，2 項 3 号適用の制度では，その事業年度の債務免除益等以外の所得金額（図表の場合：30）の 20% がその事業年度の所得金額（図表の場合：6）に残ることになる。この不整合を是正するために平成 25 年度税制改正により次のような改正が行われた。

　法人税法 59 条 2 項 1，2 号の民事再生等一定の事実による債務免除等があった場合に青色欠損金等の控除後に期限切れ欠損金等を損金算入できる制度について，青色欠損金等の控除前の所得金額（図表の場合：100）が債務免除益相当額（図表の場合：70）を超える場合における期限切れ欠損金等の損金算入額は，青色欠損金等の控除後の所得金額（図表の場合：20）からその債務免除益相当額を超える部分の金額（図表の場合：30）の 20% 相当額（図表の場合：6）を減算した金額を限度とするとされた。

　なお，もともと青色欠損金額の損金算入制限の改正の適用を受けないことになった中小法人等については，当然に改正はない。この改正は，平成 25

年4月1日以後に開始する事業年度から適用になった。

〈図　表〉　期限切れ欠損金の損金算入制度の是正

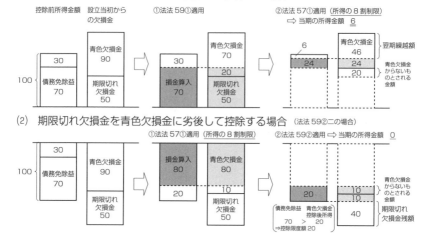

【問題点】　期限切れ欠損金の損金算入制度における控除制度額が債務免除益等相当額とされているため，上記(2)の場合では，青色欠損金の損金算入制度の適用後の所得金額のうち債務免除益等相当額までは全額控除されてしまう。

(税制調査会（平成24年度　第7回）資料より)

〈法人税法59条2項抜粋〉

「内国法人について…（略）…その該当することとなった日の属する事業年度（略）前の各事業年度において生じた欠損金額（略）で政令で定めるものに相当する金額のうち当該各号に定める金額の合計額（当該合計額がこの項及び第62条の5第5項（現物分配による資産の譲渡）（第3号に掲げる場合に該当する場合には，第57条第1項（青色申告書を提出した事業年度の欠損金の繰越し）及び前条第1項，この項並びに第62条の5第5項）の規定を適用しないものとして計算した場合における当該適用年度の所得の金額〔図表の場合：20〕（第3号に掲げる場合に該当しない場合で，かつ，当該内国法人が当該適用年度終了の時において第57条第11項各号に掲げる法人に該当しない場合において，同条第1項及び前条第1項，この項並びに第62条の5第5項の規定を適用しないものとして計算した場合における当該適用年度の所得の金額〔図表の場合：100〕）が当該合計額〔図表の場合：70〕

を超えるときは，その超える部分の金額〔図表の場合：30〕の100分の20に相当する金額を控除した金額〔図表の場合：6〕〕を超える場合には，その超える部分の金額を控除した金額〔図表の場合：14〕〕に達するまでの金額は，当該適用年度の所得の金額の計算上，損金の額に算入する。」

※この項目の説明は，大法人の青色欠損金の繰越控除限度を控除前所得金額の80％で説明しているが，平成27年度税制改正により，繰越控除限度額については，平成27年度から65％，平成29年度から50％に改正される。

4　再生手続開始時の欠損金の繰戻還付

内容的には，会社更生法適用手続きの場合で記載した内容と変わりがない。会社更生法の場合は，事業年度の特例があるため，更生手続きの開始の申立てをした日前1年以内に終了したいずれかの事業年度又は申立日の属する事業年度において生じた欠損金額があるときに適用がある。これに対して民事再生手続きの場合は，事業年度の特例規定がないため定款どおりの事業年度を基礎にして，再生手続開始の決定日前1年以内に終了したいずれかの事業年度又は再生手続開始の決定日の属する事業年度において生じた欠損金額があるときに適用がある（法法80④，法令154の3）。

5　仮装経理に基づく過大申告の更正に伴う税額の還付・控除

内容的には，会社更生法適用手続きの場合で記載した内容と変わりがない。

次の事実が生じた場合には，その事実が生じた日以後1年以内に，税務署長に対し，仮装経理法人税額の還付を請求することができる。この場合は，還付請求書を提出しなければならない（法法135④，⑥）。

(1)　会社更生法の更生手続開始決定
(2)　民事再生の手続開始決定
(3)　これらの事実に準ずる事実とされる次の事実（法令175②）
　①　特別清算開始の決定があったこと
　②　再生計画認可の決定に準ずる事実等

③　債権者集会の協議決定で合理的な基準により債務者の負債整理を定めているものや，これに準ずるもので行政機関，金融機関その他の第三者のあっせんによる当事者間の協議によるもの（法規60の2）

　この取扱い規定は，平成21年度税制改正で定められたもので企業の再生過程の資金手当てを考慮したものである。

　会社更生手続きの場合は，事業年度の特例の適用があるので更生手続開始決定時の事業年度で直ちに修正経理して還付請求書を提出することになり，民事再生手続きの場合は，通常の事業年度で修正経理を行い，還付請求書を提出することになる。

Ⅳ　私的整理手続きと支援税制

1　企業再生税制の適用がある私的整理手続き

　企業再生税制の適用がある再生手続きに準ずる私的整理手続きとは，次の要件を満たすものである（「再生計画認可の決定に準ずる事実等」という。法令24の2①，68の2①）。

(1)　一般に公表された債務処理を行うための手続きについての準則（公正かつ適正なもので，特定の者が専ら利用するためのものでないもの）に従って再生計画が策定されていること。

(2)　公正な価額による資産評定が行われ，その資産評定に基づく実態貸借対照表が作成されていること。

(3)　上記(2)の実態貸借対照表に基づく債務超過の状況等により債務免除等をする金額が定められていること。

(4)　2以上の金融機関が債務免除等をすることが定められていること（政府関係金融機関，株式会社地域経済活性化支援機構又は株式会社整理回収機構（「RCC」）は単独放棄でも可）。

(注)　再生計画が上記(1)の準則に従って策定されたものであること，及び上記(2)，(3)の要件に該当することにつき第三者機関等が確認する必要がある（法令24の

2①一ロ，法規8の6①）。

上記の要件を満たす具体的ケースには，次のようなものがある。

① 「『中小企業再生支援協議会の支援による再生計画の策定手順（再生計画検討委員会が再生計画案の調査・報告を行う場合）』に従って策定された再生計画により債権放棄等が行われた場合の税務上の取扱いについて」（国税庁HP・文書回答事例・平17.6.30及び平24.3.28回答）

② 「『RCC企業再生スキーム』に基づき策定された再生計画により債権放棄等が行われた場合の債務者側の税務上の取扱いについて」（国税庁HP・文書回答事例・平17.8.26及び平23.9.29回答）

③ 「特定認証紛争解決手続に従って策定された事業再生計画により債権放棄等が行われた場合の税務上の取扱いについて」（国税庁HP・文書回答事例・平20.3.28及び平21.7.9回答）

④ 「株式会社企業再生支援機構が買取決定等を行った債権の債務者に係る事業再生計画に基づき債権放棄等が行われた場合の税務上の取扱いについて」（国税庁HP・文書回答事例・平21.11.6回答）

（株式会社企業再生支援機構法が改正され，株式会社企業再生支援機構は株式会社地域経済活性化支援機構に改組されている。）

この場合に適用がある企業再生税制とは，再生手続きに準ずる私的整理手続きにおいて債務免除等が行われた際，その債務者である法人について，資産の評価益の額又は評価損の額を益金の額又は損金の額に算入する措置（法25③，33④），及びこの場合に欠損金額の損金算入について期限切れ欠損金額（債務免除益等の額に達するまでの金額に限る。）の損金算入を青色欠損金の損金算入等に優先する措置をいう（法法59②三）。

2 企業再生税制の適用がない私的整理手続き

たとえば，中小企業再生支援協議会が定める準則に従って策定された再生計画により債権放棄等が行われるものであるが，債権放棄を行う金融機関が1行のみであるような場合は，再生計画において「2以上の金融機関が債務

免除等をすることが定められていること（政府関係金融機関，株式会社地域経済活性化支援機構又は株式会社整理回収機構は単独放棄でも可）」という要件（法法25③，法令24の2①四）を満たさないため，企業再生税制の適用はないことになる。

しかしながら，法人がその子会社等に対して債権放棄等をした場合において，その債務免除等が多数の債権者によって協議の上決められる等その決定について恣意性がなく，かつ，その内容に合理性がある（合理的な再建計画に基づくもの）と認められる次のような事実があった場合には，原則として，期限切れ欠損金の損金算入規定の適用ができることとされている（法基通12-3-1(3)）。

(1) 法人税法施行令117条の①再生手続開始の決定があったこと，②特別清算開始の命令があったこと，③破産手続開始の決定があったこと以外において法律の定める手続きによる資産の整理があったこと。

(2) 主務官庁の指示に基づき再建整備のための一連の手続きを織り込んだ一定の計画を作成し，これに従って行う資産の整理があったこと。

(3) 上記(1)及び(2)以外の資産の整理で，例えば，親子会社間において親会社が子会社に対して有する債権を単に免除するというようなものでなく，債務の免除等が多数の債権者によって協議の上決められる等その決定について恣意性がなく，かつ，その内容に合理性があると認められる資産の整理があったこと。

このようなケースでは，企業再生税制の適用はないが，本件再生計画が合理的な再生計画に該当するものであれば，債権放棄をした金融機関にあっては寄附金に該当せず（法基通9-4-1，9-4-2），また，債務免除を受けた債務会社にあっては期限切れ欠損金の損金算入規定（法法59②一，二）の適用ができる。なお，この場合には，法人税法59条2項3号には該当しないので，期限切れ欠損金を青色欠損金等に優先して控除することはできないことになる。

V 適用年度の前事業年度以前の事業年度から繰り越された欠損金額の合計額

1 前事業年度以前の事業年度から繰り越された欠損金額の合計額

　期限切れ欠損金を計算する場合の適用年度終了の時における前事業年度以前の事業年度から繰り越された欠損金額の合計額は、実務的には適用事業年度の別表五（一）「利益積立金額及び資本金等の額の計算に関する明細書」の期首現在利益積立金額の合計額として記載されるべき金額のマイナスである金額である（法基通12-3-2）。

　何故、この金額によるのかについては、裁判例では次のように判示されている。

【裁判例】繰越された欠損金額の合計額（大阪地判平1.3.28、判時1347号24頁、Z169-6274）

「更生手続開始直前事業年度の申告書別表五（一）の5欄（現行の④欄であり、現行通達は「期首現在利益積立金額の合計額」①欄とされているが実質的には同一の数値である。…筆者注）に記載されるべき欠損金額をもって、累積繰越欠損金の額と事実上推定することとしているが、これは、すべての場合に、会社設立一期から更生手続開始直前事業年度までの欠損金額及びそのうち繰越されている部分の金額を確定することは事実上困難であり、この場合に、累積繰越金額に最も近い金額を認定しようとすれば、申告書別表五（一）の5欄記載の金額によるしかないうえ、同欄記載の金額は、前記積立金等の内部留保を通算したのちの金額であり、右金額を基準とすることが、むしろ本条項の趣旨に沿うという面もあること、また、同欄記載の金額は、申告書別表四の1欄記載の各期の利益金額（所得金額）の中から、税務調整上は、各期の益金とされるものの、実質的にみて企業収益を構成しない、いわゆる社外流出分等を除いた金額であり、法23条による受取配当等の益金不算入、法26条による還付金等の益金不算入等の規定により、逆に各期の利益金額（所得金

額)を算定する上では,益金に算入されないものの,申告書別表五(一)の5欄の金額算定上は加算される金額もあるものの,全体としてみると,同欄記載の金額は,概ね申告書別表四の1欄記載の金額の累積額より少なくなる(利益が減少する)のが通常であり,したがって申告書別表五(一)の5欄記載の金額をもって,累積繰越欠損金の額とすることは,一般的にみて,納税者にとって不利益とはならないこと等の理由によるものと認められ,とすれば,右基本通達は,本条項の合理的,実効的な運用を期するという正当な目的に出たものであり,その解釈も本条項の趣旨,目的に適合するというべく,会社設立一期から,更生手続開始直前事業年度までの,申告書別表四の1欄の記載の金額の累積(欠損)額が正確に算定できる場合はともかく,それを算定しえない以上は,右基本通達に従い,更生手続開始直前事業年度における申告書別表五(一)の5欄記載の金額をもって,累積繰越欠損金の額と事実上推定するほかないと考えられる。」

別表五(一)の記載金額を使用することの理由は,次のように整理できる。

① 設立当初からの別表四①欄の各事業年度の所得金額及び欠損金額を全て集計して,文言どおりの「前事業年度以前の事業年度から繰り越された欠損金額の合計額」を算定することは,実務上困難であること。

② おそらく,文言どおりの「前事業年度以前の事業年度から繰り越された欠損金額の合計額」よりは利益が少なく,すなわち欠損金額の合計額が多く計算されることが推測され,納税者に有利であること。

③ 期限切れ欠損金額の合計額を控除する趣旨からすると,実際に留保されている金額をベースにすることも,制度の趣旨に合致しているともいえること。

2 別表五(一)の記載金額による問題点

別表五(一)の利益積立金額により,「前事業年度以前の事業年度から繰り越された欠損金額の合計額」を算定することについては,現時点では,上記裁判例では想定されていなかった事態が生じているといえる。たとえば法

人が自己株式を取得すると，取得対価の額が取得資本金額を超える部分は利益積立金額が減額されることになる。その他にも，たとえばグループ法人税制の寄附金，受贈益の損金不算入，益金不算入，及びそれに伴う株式の取得価額調整などにより，直接的に，かつ多額に利益積立金額を減少することも可能である。これらを考慮すると別表五（一）の利益積立金額は，「前事業年度以前の事業年度から繰り越された欠損金額の合計額」を全く反映していない場合も考えられることになる。

上記の趣旨からすれば，「前事業年度以前の事業年度から繰り越された欠損金額の合計額」を増額させるための自己株式取得などがあった場合は，別表五（一）の利益積立金額をそのまま利用することができるかは疑問である。

3　実際の「前事業年度以前の事業年度から繰り越された欠損金額の合計額」の適用

上記に紹介した大阪地裁判決の判示からすると，仮に「前事業年度以前の事業年度から繰り越された欠損金額の合計額」が，設立当初からの申告書が存在し，実際に算定できる場合は，その算定した金額によることは可能であると考えられる。別表五（一）の利益積立金額は，実際の欠損金額の合計額を算定することが困難なことから認められているといえることから，その金額が計算できる場合は，それによることができると考えられるが，多くの場合は，会社にとっては別表五（一）の利益積立金額による場合の方が有利であると考えられる。

Ⅵ　59条1項と59条2項の相違点の合理性

1　59条1項と59条2項の主な相違点

同じ期限切れ欠損金の損金算入の規定である法人税法59条1項（更生手続開始の決定があった場合において，債務免除を受けた場合等…以下「59条1項」という。），同条2項（再生手続開始の決定があった場合において，債務免除を受けた場

合等…以下「59条2項」という。）であるが，内容的には異なることが何点かある。

(1) 欠損金額の損金算入額の計算の相違

59条1項の場合は，期限切れ欠損金の損金算入額は，次のうちのいずれか少ない金額である。

① 期限切れ欠損金額の合計額
② 債務免除額，役員等から贈与を受けた金銭等の額，更生計画認可の決定に伴う資産の評価換えによる評価益算入額から評価損算入額を控除した金額の合計額

一方，59条2項の場合は，次のうち最も少ない金額である。

① 期限切れ欠損金額の合計額
② 債務免除額，役員等から贈与を受けた金銭等の額，再生計画認可の決定に伴う資産の評定による評価益算入額から評価損算入額を減算した金額の合計額
③ 適用年度の所得金額*

明らかに異なる点は，59条2項の場合は，適用年度の所得金額の制限が入っている点である。

> *59条2項第3号の適用がある場合は，上記③の「適用年度の所得金額」は，青色欠損金の損金算入適用前の金額である。なお，59条2項第3号適用がない場合については，平成25年度改正により，適用年度の青色欠損金適用前の所得金額が上記②の合計額を超える場合は，超える部分の金額の100分の20相当額を適用事業年度の所得金額から控除した金額となる。

(2) 評価損益額の計算の相違

上記(1)の計算をする際の評価損益額の計算においても両者には違いがある。

59条1項の場合は，評価損益額の計算は，次のように計算される金額である。

「債務免除額，役員等から贈与を受けた金銭等の額，更生計画の認可決定

に伴う資産の評価換えによる評価益算入額から評価損算入額を控除した金額の合計額」

一方，59条2項の場合は，次のように計算される金額である。

「債務免除額，役員等から贈与を受けた金銭等の額，更生計画の認可決定に伴う資産の評定による評価益算入額から評価損算入額を減算した金額の合計額」

すなわち，59条1項の場合は評価損が評価益を上回る場合でもマイナスにはならないということである。したがって債務免除益や役員等から贈与を受けた金銭等の額から評価損を減額することはない。

一方，59条2項の場合は評価損が評価益を上回る場合はマイナスになる。したがって債務免除益や役員等から贈与を受けた金銭等の額から減額することになり，限度額が減少することになる。

(3) 欠損金の控除順序の相違

欠損金の控除順序はすでにふれたとおり，59条1項（59条2項3号適用の場合を含む。）の場合は，期限切れ欠損金の損金算入が青色欠損金，災害損失欠損金の損金算入に優先して適用される。一方，59条2項の場合は，再生計画認可の決定に伴う資産評定による資産の評定がある場合（59条2項3号適用の書類添付方式の場合）に限り，期限切れ欠損金の損金算入が青色欠損金，災害損失欠損金の損金算入に優先して適用されるが，そうでない再生計画開始決定時の属する事業年度における損金経理方式の場合は，青色欠損金，災害損失欠損金の損金算入が期限切れ欠損金の損金算入に優先して適用される。

〈図　表〉　59条1項，59条2項の相違点

項目	会社更生手続き（法法59①）	民事再生手続き（法法59②三・書類添付方式）*	民事再生手続き（法法59②一，二・損金経理方式）
事業年度	事業年度の特例有り	定款の事業年度	定款の事業年度
財産評定	更生計画の認可決定時	再生計画の認可決定時	再生計画の開始決定時
資産評定等	「みなし取得価額」規定有り。帳簿価額の増額又は減額	資産評定による評価換え	損金経理により帳簿価額の減額
評価損益の処理	更生計画の認可決定時の属する事業年度でみなし取得価額の処理により，評価益，評価損の計上（法法25②，33③）	再生計画の認可決定時の属する事業年度で別表添付で評価益，評価損の計上（法法25③，33④）	再生計画の開始決定時の属する事業年度で損金経理により，評価損の計上（法法33②，法令68①，法基通9-1-3の3）。評価益の計上なし。
期限切れ欠損金の損金算入の適用順序等	①期限切れ欠損金を優先して損金算入（法法59①） ②評価益の範囲で評価損を控除して期限切れ欠損金を適用（法法59①三）。マイナスはない。	①期限切れ欠損金を優先して損金算入（法法59②三，法令117の2） ②評価益から評価損を減算して期限切れ欠損金を適用（法法559②三）。マイナスは他の項目から控除。	青色欠損金を優先して損金算入（法法59②一，二）
期限切れ欠損金の損金算入額の計算	適用年度の所得金額を限度としない。	適用年度の所得金額を限度とする。	適用年度の所得金額を限度とする。
欠損金の繰戻還付（法法80④）	①更生手続開始の申立日（法基通17-2-3） ②事業年度の特例により還付事業年度を判定	①再生手続開始の決定日 ②通常事業年度で還付事業年度を判定	
仮装経理に基づく過大申告の更正に伴う税額の還付・控除（法法135④，⑥）	更生手続開始の決定日以後1年以内に還付請求書の提出	再生手続開始の決定日以後1年以内に還付請求書の提出	

＊民事再生手続きに準じた私的整理に該当する場合も含まれる。

2　相違点の合理性

　上記の図表のとおり，59条1項，59条2項（書類添付方式），59条2項（損金経理方式）により，微妙に課税上の相違点が存在する。会社更生法と民事再生法では対象範囲，目的等に違いがある。特に，民事再生手続きの場合は旧経営陣が続投できるのに比し，会社更生法の場合は，原則として旧経営陣は退陣することになっていた。ところが，平成20年12月に発表された東京地方裁判所判事による論文[7]を契機にして，いわゆるDIP型会社更生手続きが行われるようになってきて，会社更生法手続きの場合でも旧経営陣が続投するケースが生じてきている。このような状況を考慮すると，果たして，上記のような微妙な相違点を維持する合理性があるのか疑問である。

　59条1項と59条2項の相違点の整理から，期限切れ欠損金の優先適用など会社更生法に基づく場合が，他の方法に比較して税制上優遇されていることは明らかであるが，会社更生手続きに比べて，はるかに適用件数が多い民事再生手続きや民事再生手続きに準じた私的整理手続きより税制上優遇すべき合理性があるかは疑問である。

　また，事業年度や評価益・評価損の取扱いなどにおける微妙な取扱いの相違が本当に合理性のある取扱いの相違であるかも疑問である。明確な合理性のない取扱いの相違は執行上の混乱を招くだけでなく，各手続に対する税の中立性の観点からも問題であると考えられる。

Ⅶ　債権者，役員等に係る再生支援税制

　最初に述べたように，債権者，債務会社の役員等に対する再生支援税制については，関係項目の確認に留めたい。ただし，債権者の再生支援税制のうち寄附金税制，特に法人税基本通達9-4-2（子会社等を再建する場合の無利息貸付け等）については，後記Ⅷで若干検討する。

---

(7)　難波孝一ほか「会社更生事件の最近の実情と今後の新たな展開」NBL 895（2008.12.15），10頁

1 債権者に係る再生支援税制

債権者に係る再生支援税制のうち主なものとしては次のような項目がある。

(1) 貸倒損失の計上（法基通 9-6-1, 2）
(2) 再生支援損失等（債権放棄，無利息融資等）の寄附金除外処理（法基通 9-4-1, 2）。法基通 9-4-1 は子会社等を整理する場合の損失負担等であり，再生支援は法基通 9-4-2 になる。
(3) 未収利子の帰属時期の特例（法基通 2-1-25）
(4) DES（適格現物出資を除く。）の場合の債権に係る譲渡損失の取扱い（法基通 2-3-14）
(5) 個別評価金銭債権に係る貸倒引当金の繰入（法法52①，法令96①）

2 債務会社の役員等に係る再生支援税制

(1) 保証債務の履行に伴う譲渡所得の特例（所法64②）
(2) 未払賞与等の辞退した場合の処理（所基通64-2）
(3) 源泉徴収関係
  ① 支払者が債務免除を受けた場合の源泉徴収（所基通181～223共-2）
  ② 役員が未払賞与等の受領を辞退した場合の源泉徴収免除（所基通181～223共-3）
  ＊いずれも1年を経過し支払が一旦は確定した未払配当，未払役員賞与に係る源泉税は過誤納金には該当しない。この場合に所得税法64条1項の適用がある。
(4) 後記する平成25年度，26年度税制改正により手当措置された
  ① 私財提供の場合の課税の特例（措法40の3の2）
  ② 特定の債務免除を受けた場合の総収入金額不算入（所法44の2①）
  ③ 債務処理計画に基づく評価損失等の必要経費算入（措法28の2の2）

Ⅷ　再生支援損失等（債権放棄，無利息融資等）の寄附金除外処理（法基通9-4-2）

1　債権放棄等と寄附金課税

　寄附金の額は，寄附金，拠出金，見舞金その他いずれの名義をもってするかを問わず，法人が金銭その他の資産又は経済的な利益の贈与又は無償の供与（広告宣伝及び見本品の費用その他これらに類する費用並びに交際費，接待費及び福利厚生費とされるべきものを除く。）をした場合におけるその金銭の額若しくは金銭以外の資産のその贈与の時における価額又は当該経済的な利益のその供与の時における価額によるものとするとされている（法法37⑦）。

　したがって，法人税法37条にいう寄附金とは，「名義のいかんや業務との関連性の有無を問わず，法人が贈与又は無償で供与した資産又は経済的利益，換言すれば，法人が直接的な対価を伴わないでした支出を広く指称するものと解すべき」である（広島高判昭57.9.30）。

　そこで，経済的利益の無償の供与等に当たることが肯定されれば，それが法人税法37条7項かっこ内所定のものに該当しないかぎり，それが事業と関連を有し法人の必要な費用といえる場合であっても，寄附金性を失うことはないことになる。

　このような寄附金の意義からすれば，たとえ，親会社による経営危機に陥った子会社等の整理又は再建のためにする経済的利益の無償供与であるとしても，無償供与である以上，厳密には法人税法の寄附金の概念に含まれそうである。

2　法基通9-4-1，2の趣旨

　上記のように，法人が経営危機に陥った子会社等や取引先等の整理を行うために，債権放棄や債務の引き受け等の損失負担を余儀なくされる場合がある。また，子会社等の倒産等を防止するために損失負担，債権放棄及び無利

息貸付け等を行うことがある。親会社等によるこれらの損失負担が無償による経済的利益の供与等であるとして、寄附金の額とされて損金不算入とされることになれば、親会社等に新たな税負担が生じて子会社の整理や再建等を実現することは著しく困難に陥ることになる。このため、親会社によるこれらの損失負担等がやむを得ず行われるもので相当な理由があると認められるときは、寄附金の額に該当しないとする取扱いが設けられており、この取扱いを定めたものが、法人税基本通達9-4-1、9-4-2である。この通達の趣旨は次のとおりである。

【裁判例】法基通9-4-1、9-4-2の趣旨（東京地判平19.6.12、税資257号順号10725、Z257-10725）

「法人による金銭債権の放棄は、その全額の回収ができないことが明らかとなったことを理由として行われる場合、すなわち貸倒れの場合は、貸倒損失として損金に算入することができることはいうまでもない（法人税基本通達9-6-2参照）。これに対し、回収が可能であるのに放棄をすれば、債務者に経済的な利益を無償で供与したことになるから、法人税法37条7項の規定する寄附金に該当する。しかし、（略）、そのような債権放棄であっても、客観的にみてその費用性が明白であると認められれば、寄附金に該当しないということができる。金銭債権の放棄が寄附金に該当しない（客観的にみて明白に費用と認められる）例として、子会社など資本関係、取引関係、人的関係、資金関係等において密接なつながりのある会社が業績不振に陥り、その子会社等を整理するに当たり、あるいはその倒産を防止するために（再建のために）、債権を放棄する場合が挙げられる。このような場合、債権放棄などの支援を行わなければ、かえって支援する側の法人自身が将来的に大きな損失を被ることがあり得るからである。基本通達9-4-1及び同9-4-2は、このような観点から、一定の要件の下において債権放棄等が寄附金に該当しないことを定めたものであると解され、その趣旨は正当である。」

3 法基通9-4-1, 2の基本的考え方

子会社等整理損失,子会社等再建支援損について,寄附金の額に該当しないという取扱いである法人税基本通達9-4-1, 2について以下,基本的考え方,基本的論点について触れる。

(1) 貸倒損失との関係

法人が関係会社等の整理のために,又は再生に係る支援策として債権放棄を行った場合に,貸倒損失該当性又は寄附金該当性に係る事実認定をどのような順序で行うべきかが問題になる。この点について,まず,貸倒損失に該当するかどうかの事実認定を先に行い,その次に寄附金該当性を判断すべきことは,理論的に明らかである。なぜならば,法的であれ,経済的であれ債権が消滅し貸倒損失の要件を満たしていれば,債権そのものが消滅していて存在しないのであるから,債権放棄したとしても債権が消滅しているという事実を追認したに過ぎず,経済的利益の供与を行ったとはいえないため寄附金に該当する余地がないからである。

したがって,まず,債権そのものが消滅しているかどうかを確認することになる。債権そのものが回収不能な債権として消滅している場合は,原則として貸倒損失の事実が生じていることになる。そこで,債権そのものが回収不能な債権として消滅していると認定できない場合には,次に,寄附金該当性が問題になる。債権放棄等が,倒産の危機に瀕している関係会社の整理,再生等のためにやむを得ず行われるもので相当な理由があると認められるときは,法基通9-4-1, 2の取扱いに該当して,寄附金に該当しないことになる。

(2) 条文解釈との関係

法人税基本通達9-4-1, 9-4-2は,「損失負担等をしなければ今後より大きな損失を蒙ることになることが社会通念上明らかであると認められるためやむを得ずその損失負担等をするに至った等そのことについて相当な理由があると認められるときは,その損失負担等により供与する経済的利益の額は,寄附金の額に該当しないものとする。(法基通9-4-1)」,「無利息貸付け等が例

えば業績不振の子会社等の倒産を防止するためにやむを得ず行われるもので合理的な再建計画に基づくものである等その無利息貸付け等をしたことについて相当な理由があると認められるときは，その無利息貸付け等により供与する経済的利益の額は，寄附金の額に該当しないものとする。(法基通9-4-2)」と定めている。

　債権放棄等が，倒産の危機に瀕している関係会社の整理，再生等のためにやむを得ず行われるもので相当な理由があると認められるときは，寄附金の額に該当しないという取扱いについて，法人税法37条7項の条文の解釈をどのようにするかという問題がある。

　二つの解釈方法がある。一つは，これらの債権放棄等の損失負担は，法人税法37条7項かっこ書の除外費用として解釈するというものである。この解釈は，かっこ書で列挙されている広告宣伝・見本品費用及び交際費・福利厚生費は例示であって，明らかに法人の費用とすべきものであれば法人税法37条の寄附金の額からは除かれると解するものである[8]。このような解釈を示した裁判例としては次のものがある。

　【裁判例】37条7項かっこ書を例示と捉えたもの（東京地判平19.6.12，税資257号順号10725，Z257-10725）

「法人税法37条7項の括弧書が，『資産又は経済的な利益の贈与又は無償の供与』であっても，『広告宣伝及び見本品の費用その他これらに類する費用並びに交際費，接待費及び福利厚生費とされるべきもの』（以下「広告宣伝費等」という。）は寄附金からは除くこととしているのは，広告宣伝費等の支出は，その費用としての性格が明白であるため，全額を損金に算入することとして差し支えがないからである。

　以上の趣旨からすると，たとえ広告宣伝費等には当たらない支出であっても，その費用性が明白であるものは，寄附金には該当せず，損金算入限度額の制限を受けることなく全額を損金に算入することができると解することが

---

(8)　岡村忠生「法人税法講義［第3版］」成文堂158頁（2007年）

できる。…（中略）…債権放棄であっても，客観的にみてその費用性が明白であると認められれば，寄附金に該当しないということができる。金銭債権の放棄が寄附金に該当しない（客観的にみて明白に費用と認められる）例として，子会社など資本関係，取引関係，人的関係，資金関係等において密接なつながりのある会社が業績不振に陥り，その子会社等を整理するに当たり，あるいはその倒産を防止するために（再建のために），債権を放棄する場合が挙げられる。」

いま一つの解釈方法は，昭和53年3月30日大阪高裁判決の判示に基づいた平成10年通達改正前の法人税基本通達9-4-2の記述などが典型的なものである。すなわち，改正前通達は，子会社等の再建のための無利息融資について「その貸付けは正常な取引条件に従って行われたものとする。」と定めており，37条7項かっこ書は，かっこ内で列挙されているものに限定されており，列挙されている以外の費用は含まれないという限定説を前提とした解釈である。この解釈方法によれば，法基通9-4-2の無利息融資等をかっこ書の費用として寄附金から除外するのではなく，そもそも正常な取引としてとらえ，利息収入を認識しないとする解釈になる。この解釈方法の問題点は，債権放棄の場合には適用し難いことである。無利息融資のように収益を認識しないのと異なり，債権放棄の場合は必ず，債権放棄に伴う損失を認識せざるを得ないからである。そこで，平成10年改正により，法基通9-4-2の支援策に債権放棄等も含まれることを明らかにするとともに通達の文言を「寄附金の額に該当しない」と改正している。もっとも行政庁職員による通達逐条解説においては，依然として「税務上も正常な取引条件に従って行われたものとして取り扱い」と解説しており，通達改正前と同様に考えている記述が行われている[9]。なお，裁判例では，昭和53年3月30日大阪高裁判決を踏襲してその後の裁判例でも次のように限定説に立っている記述のものが多いように思われる。

---

(9) 大澤幸宏編著「法人税基本通達逐条解説（七訂版）」税務研究会出版局868頁

【裁判例】債権放棄等と限定説（東京高判平4.9.24，行裁集43巻8・9号1181頁，Z192-6972）

「法人が第三者に対して債権の放棄等を行う場合であっても，その債権の回収が可能であるのにこれを放棄するというのではなく，その回収が不能であるためにこれを放棄する場合や，また，法人が第三者のために損失の負担を行う場合であっても，その負担をしなければ逆により大きな損失を被ることが明らかであるため，やむを得ずその負担を行うといった場合，その経済的利益の供与につき経済取引として十分首肯し得る合理的理由がある場合には，実質的にみると，これによって相手方に経済的利益を無償で供与したものとはいえないこととなるから，これを寄附金として扱うことは相当でないものと考えられる。(10)」

(3) 債権放棄等が寄附金に該当するか否かの要件

　法人税基本通達9-4-2によれば，子会社等に無利息融資，債権放棄等（無利息融資等という）をした場合に，その無利息融資等による損失負担が，寄附金に該当しないといえるためには，「その無利息貸付け等が例えば業績不振の子会社等の倒産を防止するためにやむを得ず行われるもので合理的な再建計画に基づくものである等その無利息貸付け等をしたことについて相当な理由があると認められるときは」，寄附金の額に該当しないとしている。このことから，法基通9-4-2の取扱いの要件は，①その債権放棄等がやむを得ず行われるものであること（必要性）と，②その債権放棄等について相当な理由があること（相当性）が必要である。すなわち，会社がその債権放棄をすることは，会社の経営判断に基づいて任意に行うことができるが，それが寄附金に該当せず損金に算入するものとして認められるについては，上記二つの要件を満たす必要がある。この要件は法基通9-4-1の場合も同様である。

---

(10) この判示については，無限定説の立場からの批判（増井良啓「関連会社に対する売上値引きの寄付金該当性」ジュリスト1044号144頁）がある。

【裁判例】法基通9-4-1, 2の要件（大阪高判平17.2.18, 税資253号順号9454, Z253-9454）

「債権放棄等（無利息貸付け等）が寄附金に該当しないといえるためには, 当該債権放棄等がやむを得ず行われるものであること（必要性）と, 当該債権放棄等について相当な理由があること（相当性）が必要である。すなわち, 会社がその債権を放棄をすることは, 会社の経営判断に基づいて任意に行うことができるが, それが寄附金に該当せず損金に算入するものとして認められるについては, 上記の要件を満たす必要があるというべきである。」

必要性の要件については, 子会社等が倒産の危機に瀕しているかどうかということであり, その債権放棄等を行わなければ, 倒産してしまうような危機的状況にあることをいうものと解される。

(4) 要件の具体化

子会社等に対する債権放棄等に係る寄附金に該当しない要件である「必要性」と「相当性」については, 実務的にはさらに細目化されて次のようになっている*。実務的には, これらのチェック項目に基づき, これらの項目に該当することを示す客観的な資料による根拠づけが必要である。

通達等の文言から, 裁判例では, 「必要性」の要件とされていたものは, 実務上のチェック項目では, 「損失負担の必要性」と整理されており, 「相当性」の要件とされていたものは, 「再建計画等（支援内容）の合理性」と整理されている。

① 損失負担の必要性

ⅰ 損失負担等を受ける者は, 事業関連性のある「子会社等」に該当するか。
ⅱ 子会社等が経営危機に陥っているか（倒産の危機にあるか）。
ⅲ 損失負担等を行うことは相当か（支援者にとって相当な理由はあるか）。

② 再建計画等（支援内容）の合理性

ⅰ 損失負担等の額（支援額）は合理的であるか（過剰支援になっていないか）。
ⅱ 整理・再建管理はなされているか（その後の子会社等の立ち直り状況に応じて支援額を見直すこととされているか）。

ⅲ 損失負担等をする支援者の範囲は相当であるか（特定の債権者等が意図的に加わっていないなどの恣意性がないか）。

ⅳ 損失負担等の額の割合は合理的であるか（特定の債権者だけが不当に負担を重くし又は免れていないか）。

＊国税庁 HP タックスアンサー「No.5280　子会社等を整理・再建する場合の損失負担等に係る質疑応答事例等」・チェック項目等参照。

(5)　経営危機等の判断の厳格性

上記(4)のチェック項目のうち，損失負担の必要性の最も重要な要素は，「①ⅱ子会社等が経営危機に陥っているかどうか」であり，その判断は極めて厳格である。相当額の債務超過にある子会社が，倒産の危機にあったとまではいえないとし，債権放棄額を寄附金の額とした裁判例に次のようなものがある[11]。

【裁判例】倒産の危機の認定（東京地判平 19.6.12，税資 257 号順号 10725, Z257-10725)

「原告は，平成 14 年 3 月期において○○（原告の支援対象の子会社…筆者注）が 9 億円を超える債務超過の状態にあった以上，○○が倒産の危機にあったことは当然であると主張する。確かに，一般的には，債務超過の状態にあることは倒産の危機にあることの指標であるといえるが，仮に決算上債務超過の状態にあったとしても，その会社の置かれた現実の状況の下では，事業を継続し自力で再建できる場合もあると解される。○○についてみても，同社は，平成 8 年 3 月期以降毎事業年度債務超過の状態にあり，平成 10 年 3 月期以降はその金額もほぼ同じようなレベルにありながら，営業を継続していたのであるから，平成 15 年 3 月当時も債務超過の状態にあったというだけでは，直ちに倒産の危機にあったということはできず，その経営状況を個別に検討する必要があるというべきである。」

「以上の点にかんがみれば[12]，平成 15 年 3 月の時点において，○○が決算

---

(11) 比較的最近の裁判例としては他に東京高判平 18.1.24，大阪高判平 17.2.18 などがある。

書上債務超過の状態にあったことを考慮しても，同社が倒産の危機にあったとまで認めることはできない。したがって，その余の点について判断するまでもなく，本件債権放棄は，○○の倒産防止のためやむを得ず行われたものということはできないといわなければならない。」

「確かに，原告の経営判断として，自己の投資拡大のために子会社に対する債権を放棄するという選択はあり得るところであり，その当否は論評の限りではない。しかし，前記において検討したとおり，法文上寄附金に該当するものについてその寄附金該当性を否定するためには，客観的にみて費用性が明白であるといえなければならないのであって，子会社の倒産防止のための債権放棄についてこれをみれば，前提として子会社の倒産の危機という事実が認められなければならないことは，既に述べたとおりである。したがって，原告の上記主張には理由がない。」

また子会社等の赤字相当額を補填した「値引き」が，「倒産の危機に陥っていない」状況下で行われたものにすぎないとされたものもある。

【裁判例】債権放棄等と限定説（東京高判平4.9.24，行裁集43巻8・9号1181頁，Z192-6972）

「法人が債権の放棄等を行う場合であっても，例外的に，実質的にみると経済的利益の無償供与とはいえない場合があり得ることは前記のとおりである。しかし，原審証人K及びGの各証言によれば，本件値引きが行われた当時，T製鋼の業績は悪化していたものの，倒産や解散が差し迫っているというような危機的状況が切迫した状態にまでは至っていなかったと認められ，右業績の悪化によりX社自体の経営，信用にも重大な支障が生ずることが懸念される状況にあったことはうかがわれるものの，本件全証拠によっても，その時点で本件売上値引きを行わなければ，X社の死活にかかわるような経営，信用の危機に陥る切迫したおそれが明らかに存したとまでは到底認められず，また本件売上値引きにつき経済取引として十分首肯し得る合理的理

---

(12) 金融機関の対応状況，キャッシュフロー分析，再建計画の考え方・実行状況，設備投資の状況などを検討したところにかんがみればということである。

由があったとは認められない。」

　このように，法基通9-4-1，2に係る「必要性」要件の主たる内容である支援対象会社が「経営危機に陥っているかどうか」は，その債権放棄等を行わなければ，支援対象会社が倒産に至るような厳格な状況を意味する。したがって，親会社等による弁済猶予や無利息融資等により，倒産に至らず営業が継続できる場合などは，原則として債権放棄の必要性はないことになる。このような厳格な取扱いは，支援している親会社等からすれば，にわかに納得し難い適用要件であるように思われるが，法基通9-4-1，2の取扱いの趣旨からすればやむを得ないところである。

4　寄附金と企業再生の方法

　著しく業績が悪化し，倒産の危機等に瀕した子会社等や倒産の危機とまでは至らないまでも，現状のままでは将来において，より多額の損害を親会社等が被ることが明らかである場合の企業の再建・再生の方法には，様々な方法がある。いわゆる民事再生法などの法的手続きや民事再生法の法的整理に準ずる私的整理に基づくものなどがある。法的手続きや中小企業再生協議会案件のように所定のルートに乗っているものはよいが，そうでないものは，法基通9-4-1，2の適用が困難な場合が多い[13]。

　債務超過に陥った子会社等の再生や整理については，単純な債権放棄等だけでなく，合併，分割等のグループ企業の組織再編成による打開策も併せて検討する必要がある。その際には，法人税法57条2項～4項の適格合併等に伴う欠損金の引継ぎ，制限措置を踏まえた対処も必要になる。組織再編成も，債務超過に陥った子会社等の整理，再生にとって有効な打開策であることを考慮した，慎重かつ総合的な対処策を検討すべきである。

---

(13)　株式会社地域経済活性化支援機構，中小企業再生協議会，株式会社整理回収機構，株式会社企業再生支援機構などの各案件の場合の法基通9-4-1，2の適用，及びいわゆる平成17年改正後の企業再生税制の適用については，国税庁HP・文書回答事例を参照。なお，いわゆる平成17年企業再生税制の適用要件と法基通9-4-1，2の適用要件は微妙に異なることに留意する必要がある。

IX 平成25年度・26年度税制改正における再生支援税制

中小企業金融円滑化法の終了[14]対策として，中小企業の事業再生をよりスムーズに行うために事業再生税制の見直しが平成25年度税制改正により行われた。

1 特定再生ファンドによる債務免除等の場合の期限切れ欠損金の損金算入等

⑴ 中小企業等の事業再生に伴う評価損益計上，期限切れ欠損金等の損金算入の概要

内国法人について再生手続開始の決定その他これに準ずる事実が生じた場合において，債権者から債務免除，役員等からの資産贈与，法人税法の評価損益計上の規定の適用を受けた時は，債務免除益等に対する課税が生じないようにし，事業再生計画をスムーズに進めるために，期限切れ欠損金の損金算入，評価損益の計上ができることとされていることについてはすでに述べたとおりである（法法59②，25③，33④）。この場合の再生手続開始の決定に準ずる事実には，「2以上の金融機関等が債務免除することが定められていること」が要件とされている（法令24の2①四，117①四）。

⑵ 見直しの内容

中小企業者等に対する金融の円滑化を図るための臨時措置に関する法律の廃止に伴い，次の措置が講じられる。

これまでは事業再生ファンドが単独で行った債務免除については，「再生手続開始の決定に準ずる事実」に含まれていなかった。そこで，青色申告書を提出する中小企業者について平成25年4月1日から平成28年3月31日までの間に再生計画認可の決定があったことに準ずる一定の事実が生じた場

---

[14] 中小企業金融円滑化法は平成25年3月末をもって終了したため，ソフトランディング対策が問題となり，税制面からの支援措置が手当てされた。

合で，かつ，2以上の金融機関等が有するその中小企業者に対する債権が債務処理に関する計画によって特定投資事業有限責任組合（特定再生ファンド）の組合財産となる場合において，その中小企業者が債務処理に関する計画に従って，資産の評価換えをし，又は債務の免除を受けたときは，資産の評価損益の計上又は期限切れ欠損金の損金算入ができることとする。この場合の特定投資事業有限責任組合とは，一定の基準に適合する中小企業者の事業の再生に資する投資事業有限責任組合として内閣総理大臣（金融庁長官）及び経済産業大臣が指定するものをいう。

〈図　表〉　再生ファンドによる債権放棄と期限切れ欠損金の損金算入
（事業再生法人）

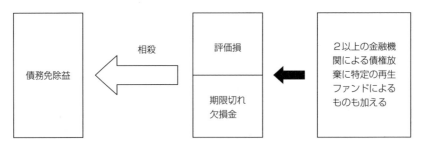

2　少額資産に係る評価損益計上

内国法人について再生計画認可の決定その他これに準ずる事実が生じた場合において，その有する資産，負債の価額の評定に関する定めに基づいて行う資産評定から除外される資産に，これまでは評価差額が1,000万円未満（債務額が10億円未満の場合は100万円未満）の資産等を含めていたが，評価差額が少額で多数有している資産について評価損益が計上できないことになってしまっていた（平25改正前法法25③，法令24の2④五）。このため中小企業の場合，評価差額100万円未満の資産に係る評価損を計上できないことになっていた[15]。

そこで，評定対象資産からの除外資産に関する資産を次のように改正した（平25改正後法令24の2④五，68の2③）。

(1) 法人税法施行令133条（少額の減価償却資産の取得価額の損金算入）の適用を受けた減価償却資産
(2) 同令133条の2（一括償却資産の損金算入）の適用を受けた減価償却資産
(3) その他これに類する減価償却資産

(3)の「これに類する減価償却資産」は，耐用年数が経過した減価償却資産で備忘価額になっているような資産が該当するものと考えられる。

この改正の趣旨は，少額の評価差額も計上できるようにするのと，上記の少額減価償却資産については基本的に評価益が計上されるものであるから，その計上の煩雑さを考慮したものと考えられる。

これらの評価損益計上について少額資産の適用除外の見直しは，平成25年4月1日以後に再生計画認可の決定等に準ずる事実が生じたものについて適用になる。

3　私財提供の場合の課税の特例

平成25年度税制改正においては，債務会社そのものの支援税制ではないが，中小企業者の経営者（取締役等の役員）個人のみなし譲渡課税に対する特例が設けられた。中小企業者に保証債務を有する当該役員が金融機関でなく直接にその中小企業者に対して行う私財の無償提供について所得税法59条のみなし譲渡課税を行わないようにするものである（措法40の3の2）。この改正は，平成25年4月1日から28年3月31日までの中小企業者に対する資産の贈与について適用がある。

4　個人版事業再生税制の創設（平成26年度税制改正）

平成25年度税制改正に引き続き，中小企業者向け（個人版）の対策が手当

---

(15) この例としては，運送業の車両を100台保有している場合に1台当たりの評価差額を80万円とすると100台で8,000万円の評価損が計上できないことになる。

てされた。

(1) 特定の債務免除を受けた場合の総収入金額不算入

個人が破産法の免責許可の決定，再生計画認可の決定があった場合その他資力を喪失して債務を弁済することが著しく困難である場合に債務の免除を受けたときは，その経済的利益の額は，各種所得の金額の計算上総収入金額に算入しない（所法44の2①）。

なお，当該経済的利益の額のうち，本規定を適用しないで計算した場合の各種所得の金額の計算上生じた損失の金額の合計額については，本規定を適用しない（所法44の2②）。

本改正措置は，改正前においては所得税基本通達36-17で定めたものを租税法律主義の観点から所得税法本法で手当てしたものである。

(2) 債務処理計画に基づく評価損失等の必要経費算入

すでにふれたとおり，法人税においては，再生計画認可の決定があったことその他これに準ずる事実が生じた場合には，評価損の損金算入（法法33④）の措置があり，債務免除益との相殺が可能であった。この個人版ともいえる税制が手当てされた。

青色申告書を提出する個人が，一般に公表された債務処理を行うための手続きの準則に基づき策定された一定の要件を満たす計画に基づいて債務の免除を受けた場合には，その個人の不動産所得，事業所得，山林所得を生ずべき事業の用に供される減価償却資産等につき，当該準則に基づき評定が行われているときは，その資産に係る評価損については，不動産所得，事業所得，山林所得の金額の計算上，本規定適用前の所得金額を限度として必要経費に算入される（措法28の2の2）。

ここに一定の要件を満たす計画のその要件とは，法人税法の評価益の益金算入，評価損の損金算入の場合の「再生計画認可の決定に準ずる事実（法令24の2①）」に規定する計画である。

〈図　表〉　債務処理計画に基づく減価償却資産の評価損の必要経費算入
○「企業再生税制」（個人版）の概要

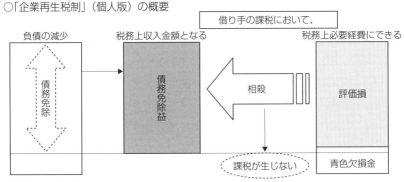

（金融庁HP「平成26年度税制改正について」より）

X　起業支援税制

1　アベノミクス（日本再興戦略）と企業の新陳代謝の必要性

　平成25年6月14日閣議決定された日本再興戦略によると，中小企業・小規模事業者の新陳代謝の促進が重要施策として提示されている。

　日本再興戦略によれば，我が国の起業・創業を大幅に増加させ，開業率が廃業率を上回る状態にし，開業率・廃業率が米国・英国レベル（10％台）[16]になることを目指すとともに，経営者の高齢化・後継者難が一層深刻化する中で，経営者の世代交代，親族外への事業承継等による有用な経営資源を移転促進することより，中小企業・小規模事業者の新陳代謝を促進するとしている。以下においては，現行税制における起業支援税制の概要と問題点について検討する。

2　エンジェル税制

　創業後間もない（設立後3年未満，又は設立後10年未満）中小企業者で研究

---

[16]　わが国の開業廃業率は4.5％程度といわれている。

者あるいは新事業活動従事者が従業員の 10% 以上であるなどの一定の要件を満たす場合には，その中小企業者の株式を取得した個人投資家に対して，その投資額について寄附金控除又は投資額の全額をその年の他の株式譲渡益から控除するなどの投資優遇措置が設けられている（措法 37 の 13, 41 の 19）。

また，その投資した株式について損失が生じた場合は，翌年以降 3 年間にわたって繰越控除ができる措置が手当てされている（措法 37 の 13 の 2）。

これらの措置は，直接には個人投資家に対する投資支援税制で，基本的には設立後間もない中小企業者の資金調達を促進する措置である。エンジェル税制の各措置の概要について確認する。

(1) 寄附金控除の特例の適用

① 寄附金控除の特例

居住者等の個人が次に掲げる特定新規株式を払込みにより取得した場合において，その年中に払込みにより取得した特定新規株式の取得に要した金額について所得税法の寄附金控除の適用を受けることができる（措法 41 の 19①）。

② 寄附金控除額

特定新規株式への投資額（総所得金額等の合計額×40% と 1,000 万円のいずれか低い金額）－ 2,000 円

③ 特定新規株式

ⅰ 設立 3 年未満の中小企業者の株式であること

ⅱ 中小企業者が設立後の年数に応じて次の要件を満たすこと

設立経過年数 (事業年度)	要　件
1 年未満かつ最初の事業年度を未経過	研究者あるいは新事業活動従事者*が 2 人以上かつ常勤の役員・従業員の 10% 以上。
1 年未満かつ最初の事業年度を経過	研究者あるいは新事業活動従事者が 2 人以上かつ常勤の役員・従業員の 10% 以上で，直前期までの営業キャッシュ・フローが赤字。

1年以上〜 2年未満	試験研究費等（宣伝費，マーケティング費用を含む）が売上高の3%超で直前期までの営業キャッシュ・フローが赤字。又は，研究者あるいは新事業活動従事者が2人以上かつ常勤の役員・従業員の10%以上で，直前期までの営業キャッシュ・フローが赤字。
2年以上〜 3年未満	試験研究費等（宣伝費，マーケティング費用を含む）が収入金額の3%超で直前期までの営業キャッシュ・フローが赤字。又は，売上高成長率25%超で直前期までの営業キャッシュ・フローが赤字。

＊新事業活動従事者とは新規製品やサービスの企画開発に従事する者や，新規製品やサービスが市場において認知されるために必要となる広告宣伝や市場調査の企画を行うものをいう。

(2) 株式譲渡益からの控除特例

① 株式等の譲渡所得の控除

特定中小会社の特定株式を払込みにより取得をした者のその年中の株式等の譲渡所得の計算において，特定株式の取得に要した金額の合計額を控除する（措法37の13）。

② 特定株式

i 設立10年未満の中小企業者の株式であること

ii 中小企業者が設立後の年数に応じて次の要件を満たすこと

設立経過年数 （事業年度）	要　件
1年未満	研究者あるいは新事業活動従事者が2人以上かつ常勤の役員・従業員の10%以上。
1年以上〜 2年未満	試験研究費等（宣伝費，マーケティング費用を含む）が収入金額の3%超。又は，研究者あるいは新事業活動従事者が2人以上かつ常勤の役員・従業員の10%以上。
2年以上〜 5年未満	試験研究費等（宣伝費，マーケティング費用を含む）が収入金額の3%超。又は，売上高成長率が25%超。
5年以上〜 10年未満	試験研究費等（宣伝費，マーケティング費用を含む）が収入金額の5%超。

(3) (1), (2)の特例の共通要件

上記(1)の特定新規株式，(2)の特定株式ともその株式の発行会社は次の要件を満たしている必要がある。

① 特定の株主グループからの投資の合計が6分の5を超えない会社であること。この場合の特定の株主グループとは，発行済株式総数の30％以上を保有している株主，その親族及びその関係会社等をいう。なお，発行済株式総数の50％超を保有している株主グループがいる場合には，その株主グループの保有している株式数だけで発行済株式総数の6分の5を超えなければ，この要件を満たしているとみなされる。

② 大規模法人（資本金1億円超等）及び大規模法人と特殊の関係（子会社等）にある法人（「大規模法人グループ」という。）の所有に属さないこと。ここに大規模法人グループの所有に属さないとは，発行済株式総数の2分の1超を，一つの大規模法人グループに保有されていないこと及び発行済株式の総数の3分の2以上を，複数の大規模法人グループに保有されていないことをいう。

③ 未登録・未上場の株式会社で，風俗営業等に該当する事業を行う会社でないこと。

(4) 認定投資事業組合経由の投資等の場合

認定投資事業組合経由又はグリーンシートエマージング銘柄に投資する場合で，株式譲渡所得からの控除特例を利用する場合は，上記(2)②ⅱ，(3)①の要件を満たす必要はない。なお，寄附金控除の特例を受ける場合には直接投資と同様に全ての要件を満たす必要がある。

(5) 特定株式の譲渡損失の繰越控除

上記の特定新規株式，特定株式を発行会社が上場等する前日までの期間内に譲渡した場合の譲渡損失額，又は当該期間内に当該会社の解散等により特定株式が株式としての価値を失ったことによる譲渡損失額とみなされる金額については，その年の株式等の譲渡益と相殺した後に，なお譲渡損失額が計算されるときは，その損失額を翌年以降3年間繰り越すことができる（措法

39の13の2①，④)。

なお，特定株式，特定新規株式について払込取得時に上記(1)，(2)の特例の適用を受けている場合には，その特定株式，特定新規株式の譲渡所得の金額の計算上，適用控除額相当額を取得価額から控除する調整計算が行われる。

3　平成26年度税制改正による支援措置

平成26年度税制改では，アベノミクスの成長戦略に基づき，起業による事業者の新陳代謝を促進する観点から，ベンチャー投資促進税制が手当てされている。これらの制度は，特に2009年のリーマンショック以後，次の表のようにベンチャー投資額が著しく減少していることを考慮して措置されたものである。

〈図　表〉　ベンチャー投資額等の推移

	投融資金額（億円）	社数（社）
2007年度	1,933	2,579
2008年度	1,366	1,294
2009年度	875	991
2010年度	1,132	915
2011年度	1,240	1,017
2012年度	1,026	824

（一般社団法人ベンチャーエンタープライズセンター「2013年度ベンチャーキャピタル等投資動向調査の結果（速報）」より）

このような状況を踏まえて，ベンチャー投資を促進するための税制上の措置が平成26年度税制改正により創設された。この支援税制措置の特徴は，これまでのエンジェル税制が個人投資家に対するものであったのに対し，法人企業によるベンチャー投資を促進することにある。

(1) ベンチャー投資促進税制（新事業開拓事業者投資損失準備金）の概要

平成26年1月20日（産業競争力強化法施行日）から平成29年3月31日までの間に産業競争力強化法が規定する特定新事業開拓投資事業計画について

認定を受けた投資事業有限責任組合に出資をしたものが、それにより取得したベンチャー企業の株式の帳簿価額の 80% 以下の金額を準備金として積み立てた場合は、その金額は損金の額に算入する。準備金積立額は、ファンドの存続期間にわたって毎事業年度、洗い替え処理を行う（措法 55 の 2）。

〈図　表〉　ベンチャー企業投資促進税制の概要

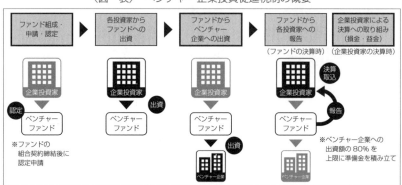

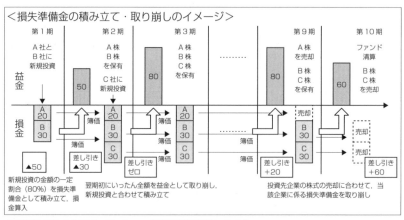

（経産省 HP「企業のベンチャー投資促進税制」より）

(2) 創業促進のための登録免許税の軽減

　個人が、産業競争力強化法に規定する認定創業支援事業計画に係る認定を受けた市区町村において、同計画に記載された特定創業支援事業による支援

を受けて株式会社の設立をする場合には，株式会社の設立の登記（同法の施行の日から平成28年3月31日までの間に受けるものに限る。）に対する登録免許税の税率を，1,000分の3.5（最低税額7万5千円）（本則1,000分の7（最低税額15万円））に軽減する。

(3) 所得拡大促進税制の設立企業に対する効果

　直接は，起業を支援する税制ではないが，設立時の従業員採用については確実に適用がある税制があるので紹介する。

　青色申告書を提出する法人が，平成25年4月1日から平成30年3月31日までの間に開始する各事業年度において国内雇用者に対して給与等を支給する場合において，次の①～③の要件を全て満たすときには，その雇用者給与等支給増加額の10％の税額控除ができる（措法42の12の4）。ただし，控除税額は，当期の法人税額の10％を限度とする。中小企業者等については，当期の法人税額の20％になる。

① 法人の雇用者給与等支給増加額（雇用者給与等支給額から基準雇用者給与等支給額を控除した金額）の基準雇用者給与等支給額に対する割合が2％～5％（中小法人は2％～3％）以上であること。

② 雇用者給与等支給額が前事業年度の雇用者給与等支給額を下回らないこと。

③ 平均給与等支給額が前事業年度の平均給与等支給額を超えること。

　上記要件において，平成25年4月1日以降に新たに事業を開始した場合の基準雇用者給与等支給額は，事業を開始した事業年度の雇用者給与等支給額の70％に相当する金額とされている。このため，新規に事業を開始した場合には必ず①，②の要件は自動的に満たすことになる。また，平均給与等支給額についても，前事業年度等がない場合（新たに事業を開始した場合等）は，計算上の月別支給対象者の数を合計した数は1として計算することとされており，結局は上記①から③の全ての要件を満たすことになるようにされている。

4 法人事業税の免除措置

　地方税である法人事業税の減税により創業支援税制を手当てしている県もある。長野県では，長野県内で創業，新規開業した場合に法人事業税を免除，軽減する措置を設けている。

　この支援税制における創業とは，事業を営んでいない個人が新たに長野県内に中小法人を設立して事業を開始することをいう。また，新規開業とは，長野県外で事業を行う個人又は法人が対象で，

(1) 県内に事務所又は事業所を有しない法人が県内に中小法人を設立し，事業を開始する場合
(2) 県内に事務所又は事業所を有しない中小法人が県内に本社移転し，事業を開始する場合
(3) 県内に事務所又は事業所を有しないで事業を行う個人が県内に中小法人を設立し，事業を開始する場合

で，事業の開始に伴い，県内に住所を有する雇用保険の一般被保険者である者を1名以上雇用する場合をいうとされている。いずれの場合も，「性風俗関連特殊営業を営む法人」は対象外である。また，課税免除を受けるには，事業年度の終了の日まで1名以上雇用を継続している必要がある

　減免額は次のとおりである。

① 創業・新規開業から3年間…全額課税免除
② 4年目…課税額の3分の2免除
③ 5年目…課税額の3分の1免除

　なお，地方法人特別譲与税となる「地方法人特別税」は，課税免除の対象にはならない。

　同様の措置は大阪府も手当てしていたが，平成25年3月31日までの適用で廃止された。

5 エンジェル税制の問題点
(1) 対象企業の範囲の制限

エンジェル税制を利用する企業数は年間（2013年度）で48社しかなく，この制度を使った投資額も最大でも年間11億円程度である[17]。このように利用実績が低い原因の一つは，エンジェル税制の適用対象となる企業の範囲が限定されていることにあると思われる。適用対象企業に対する制限で問題であると考えられるものをあげると次のような点がある。

① 設立後年数の制限

寄附金控除の特例の場合では，投資対象となる企業は設立3年未満であることにされている。株式譲渡益からの控除特例の10年未満に比較しても短すぎるのではないかと考えられる。事業が軌道に乗るまでの期間はもう少し長期間でみてもよいと考えられる。

② 営業キャッシュ・フローが赤字の制限

寄附金控除の特例の場合では，投資対象となる企業は営業キャッシュ・フローが赤字であることが要件とされている。おそらくは，緊急に資金が必要な場合を想定して，そのような企業に対する投資を促進するものとして寄附金控除の特例を設定しているものと考えられ，創業3年未満で営業キャッシュ・フローが赤字である場合は緊急の資金調達の必要性が極めて大であるとの考え方に基づいて特に寄附金控除の特例の適用を認めて資金調達を可能にしようとしたものと考えられる。しかし，一般に設立後の事業を軌道に乗せ，成長していくためには多額の資金需要が生ずるはずである。単純に営業キャッシュ・フローが赤字であるという制限を特例適用の要件に加える必要があるのかは疑問である。

③ その他の制限要件

エンジェル税制の寄附金控除の特例，株式譲渡益からの控除の特例においては，(イ)研究者又は新事業活動従事者が2人以上かつ常勤役員・従

---

[17] 日本経済新聞2014.5.3朝刊の記事による。同記事によれば，英国の類似制度の数十分の1～100分の1程度の利用度であるとしている。

業員の 10% 以上，㈣試験研究費が売上高の 3%（ケースによっては 5%）超，㈦売上高成長率が 25% 超などの要件が付されている。これらの要件も起業全般を支援する観点からみると厳格すぎるように考えられ，緩和すべきである。

(2) 寄附金控除の特例の金額制限

エンジェル税制の寄附金控除の特例では，投資額の上限が総所得金額の 40% と 1,000 万円のいずれか低い金額とされている。この上限も，事業に対する投資という点を考慮すると引き上げてもよいのではないかと考えられる。

6　起業支援税制の充実化

現行税制における起業支援税制の概要と問題点を見てきたが，再生支援税制などに比較し，起業を促進する税制は貧困であるといわざるを得ない。本当に「起業・創業を大幅に増加させ，開業率が廃業率を上回る状態にし，開業率・廃業率が米国・英国レベル（10% 台）になることを目指す」のであれば，起業のための補助金，低利融資等の資金面からの支援措置の手当が必要なのは当然のことながら，税制面の支援措置もより一層充実化する必要があると考えられる。

その場合の主な着眼点にふれると次のとおりである。

(1) 起業促進税制の考え方

起業促進税制というとエンジェル税制が想起されるように，ベンチャー企業，ベンチャービジネスに対する支援税制が現行の支援税制のメインである。新技術や高度な知識を軸に，大企業では実施しにくい創造的・革新的な経営を展開するいわゆるベンチャー企業の育成が重要であることは間違いがなく，ベンチャー企業に対する支援税制を充実化すべきであることは当然のことといえる。しかし，日本再興戦略のいう我が国の起業・創業を大幅に増加させ，開業率が廃業率を上回る状態にし，開業率・廃業率が米国・英国レベル（10 % 台）を目指すという観点からすると，起業支援税制は，ベンチャー企業支

援税制にとどまらず，起業一般に対する支援税制が必要ではないかと考える。その点，現行の起業支援税制はベンチャー支援を目的としたエンジェル税制，平成26年度税制改正で手当てされた法人版のエンジェル税制ともいえるベンチャー投資促進税制（新事業開拓事業者投資損失準備金）以外に目立った支援税制は存在しないといえる。

　法人設立の登録免許税の軽減や地方税ではあるが新設法人の法人事業税を減免するような起業一般を支援する税制の充実化が必要ではないかと考える。

(2) 起業一般に対する支援税制の必要性

　エンジェル税制等のベンチャー支援税制に比較して，起業一般に対する支援税制は国税としては，法人設立に対する登録免許税の軽減程度でほとんど手当てがされていない。起業一般に対する支援税制を検討する必要がある。

　その場合には，中小法人等の起業後一定期間（3年から5年）の法人税率等を軽減する措置も検討に値する。その場合に従業員の雇用を行っていることを要件とすることも考えられる。また，起業直後の収益，資金見込みが不明確なことを踏まえて，役員給与の定期同額給与の適用の柔軟化なども検討すべきであろう。

　さらには，設立後間もない企業に対して投資した一般投資家に対しては，寄附金控除の特例，株式譲渡益からの控除特例などのエンジェル税制で手当てされているが，オーナーとして投資している者のリスクテイクに対する税制面からの措置があってもよいのではないかと考える。制度的には，オーナーとしての投資額の一定額をその者の他の所得から控除するか所得控除するかなどが考えられる。

(3) 円滑な廃業，転業との関連

　日本の企業において新陳代謝が進まない理由の一つは，起業率と密接に関連する廃業率の低さがある。日本の中小企業の場合は，経営者が会社の債務について，個人財産を担保提供し，連帯保証している例が多く，引くに引けない状況になってしまっている。そのため，不採算事業から円滑に撤退し，新規事業に移行できない状況がある。したがって，日本企業の新陳代謝を進

めるには，円滑に廃業，転業ができるように各面からの法制上の整備が重要である。税制面においても前半で述べた企業再生や他稿でふれている企業整理などの支援税制（第二会社方式など）の整備が重要である。

企業支援税制

第3章　企業清算支援税制

成蹊大学教授　成道　秀雄

はじめに

　本章では，企業再生と同様に，企業清算においても，税制上の支援のあり方について考察するものである。その内容は大きく2つに分けている。平成22年度の税制改正による企業の解散・清算事業年度での清算所得課税から通常所得課税への移行と完全子法人の完全親法人への現物分配を中心に考察することとする。

I　解散・清算事業年度の所得課税

　平成22年度の税制改正でもって，解散事業年度以後の清算所得課税を廃止して，通常の所得課税に移行した。
　この通常の所得課税への移行の趣旨は，平成22年度の税制改正前の清算所得課税では，(1)解散事業年度前に通常所得課税，清算事業年度に清算所得課税が行われることから，意図的に何れかの事業年度に所得を移して課税上有利に取引をすすめることによる租税回避を防止すること，例えば，解散事業年度前に含み益を実現させて青色欠損金と相殺したり，あるいは清算事業

年度に債務免除を行うことによって，その益金算入を逃れたりすること，(2)その遅延期間において過大な役員給与や過大役員退職金を支給したり，また多額の交際費を支出している事例があるが，これを是正することができないこと，(3)平成22年度の税制改正によりグループ法人単体課税制度が創設されたことにより，一定の資産譲渡，現物配当においては損益の繰延べ，または青色欠損金の引き継ぎが認められることになったことにより，財産法から損益法に変更する必要が生じたことがあげられている。そこで租税回避とみられる行為に対しては，それを防止するために，解散・清算事業年度においても通常の所得課税とすることとしたのである。

平成22年度税制改正後の通常の所得課税では，解散事業年度，清算事業年度共に益金の額から損金の額を控除して課税所得を求めることになる。なお，清算事業年度において残余財産がないと見込まれる場合には期限切れ欠損金の使用ができる。これは，納税原資がないのに課税することの不具合を考慮しての手当である。

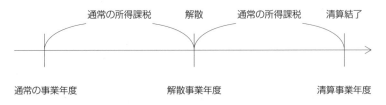

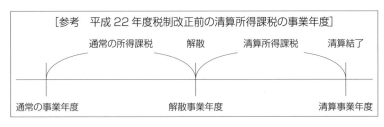

さらに，先に述べたようにグループ法人単体課税制度が創設されて，完全親法人と完全子法人との間の資産譲渡損益は繰り延べられるが，完全子会社の残余財産が確定し，完全支配関係が消滅した場合には，その時点で譲渡損

益が実現し,かつ,完全子会社の繰延欠損金を,完全親会社が引き継ぐことになる(法法57②)。

そこで,平成22年度税制改正後の通常の所得課税においての解散・清算事業年度での所得課税のパターンを示して,その課税関係を検討することとする。

[1] まず最初に,債務超過で含み損を有していて,解散事業年度,清算事業年度に至る場合として次の例を示す。

B/S(事業年度末)

資　　産 5,000 (譲渡代金 4,000)	借　入　金	6,500
利益積立金 △2,500 (注)	資本金等の額	1,000
7,500		7,500

(注) 税務上の青色欠損金 △500,期限切れ欠損金 △2,000

債務免除益2,500－資産の譲渡損1,000－青色欠損金500－期限切れ欠損金1,000＝0

要するに,債権者からの借入金6,500のうちの4,000は,資産の譲渡代金で返済可能であっても,残りの借入金2,500は残余財産がないことから返済不能であり,その分は債権者が債権放棄せざるを得ず,そのために清算法人に債務免除益2,500が生ずることになる。しかし,納税適状でないために,期限切れ欠損金の使用を認めたといえる。特に清算事業年度が数年に渡る場合には,清算の手続がスムーズに進むようにとの意味もあろう。

一方,改正前の清算所得課税によると,残余財産の時価はゼロ(資産の譲渡代金4,000－借入金6,500)とし,それに資本金等の額1,000を減算し,結局のところ清算所得はゼロとなる。

改正後の通常所得課税による所得と改正前の清算所得課税による所得の何れもゼロとなる。

[2] 次の例は債務超過で含み益を有していて,解散事業年度,清算事業年度に至る場合である。

```
                    B／S
資  産  5,000（譲渡代金 6,000）│借 入 金      6,500
利益積立金 △2,500（注）        │資本金等の額   1,000
                    ─────            ─────
                     7,500             7,500
```

(注）税務上の青色欠損金 △500，期限切れ欠損金 △2,000

債務免除益 500 ＋ 資産の譲渡益 1,000 － 青色欠損金 500 － 期限切れ欠損金 1,000 ＝ 0

　この例では，資産の譲渡代金が 6,000 となっても，借入金の額が 6,500 で 500 上回ることから，残余財産がないものとされるので，期限切れ欠損金の 1,000 を使用することができ，課税所得が生じない。

　一方，改正前の清算所得課税では，残余財産の時価をゼロ（資産の譲渡代金 6,000 － 借入金の額 6,500）とし，資本金等の額 1,000 を減算し，結局のところ清算所得はゼロとなる。

　この例では，改正後の通常所得課税の所得と改正前の清算所得課税の所得の何れもゼロで，同じ結果となる。

　[3] 次の例は資産超過で含み益のある場合である。残余財産が 1,500（資産の時価 8,000 － 借入金の額 6,500）あるので期限切れ欠損金を用いることはできず，資産の譲渡益が 1,000 生ずることから，青色欠損金 500 を控除して課税所得が 500 となる。

```
                    B／S
資  産  7,000（譲渡代金 8,000）│借 入 金      6,500
利益積立金 △1,000（注）        │資本金等の額   1,500
                    ─────            ─────
                     8,000             8,000
```

(注）税務上の青色欠損金 △500，期限切れ欠損金 △500

資産の譲渡益 1,000 － 青色欠損金 500 ＝ 500

　一方，改正前の清算所得課税によると，残余財産の時価が 1,500（資産の譲渡代金 8,000 － 借入金の額 6,500）で，資本金等の額 1,500 を減算し，結局のところ清算所得はゼロとなる。

　この例では，改正後の通常所得課税の方が改正前の清算所得課税よりも不利ということになる。

[4] 次例では資産超過で含み損のある場合である。

改正後の通常所得課税によると，残余財産の時価は500（資産の譲渡代金6,000－借入金の額5,500）であるが，資産の譲渡損1,000（資産の簿価7,000－資産の譲渡代金6,000）を有している場合であり，課税所得はゼロとなる。

B／S

資　　産　7,000（譲渡代金　6,000）	借　入　金	5,500
利益積立金 △1,000（注）	資本金等の額	2,500
8,000		8,000

（注）税務上の青色欠損金 △500，期限切れ欠損金 △500

改正前の清算所得課税によると，残余財産の時価が500で，資本金等の額2,500を減算し，結局のところ清算所得はゼロとなる。

この場合は改正後の通常の所得課税と改正後の清算所得課税の何れにおいても変わらず所得はゼロとなる。

以上の4つの例のパターンで改正前の清算所得課税と改正後の通常の所得課税を比較したが，[3]においては通常所得課税の方が清算所得課税よりも不利となっている。要するに，残余財産がないと見込まれる時だけでなく，期限切れ欠損金を使わなければ不利になってしまうということである。

通常所得課税制度に移行し，最終清算事業年度末に残余財産が少しでもあれば，期限切れ欠損金を使用することはできないこととなったが，残余財産がないということは，その多くが事業に失敗し，借り入れの返済もままならず，債権放棄を受けたということであろう。要するに債権者等に損害を与えて解散・清算に至る場合が多い。経営者としての責任を全うしなかったともいえよう。それに対して債権者からの借り入れを返済して残余財産があるということは，債権者等に損害を与えずして清算を結了したことを意味することになる。経営者としての責任は，株主に対する責任は別として，少なくとも債権者を含めての第三者に対して責任を全うしたともいえる。心情的には，むしろ後者において期限切れ欠損金の使用を認めるべきともいえる。それゆえ，残余財産があるか否かに係わらず，清算事業年度の期限切れ欠損金の使用

を認めるということも検討されるべきである。怠慢経営ともいえるものに対してむしろ有利に働くような取り扱いは課税の公平性からみれば問題である。

[5] 清算所得課税から通常所得課税に移行するに際して，課税適状の点から残余財産がない場合においては，期限切れ欠損金の使用が認められた。しかし，たとえ期限切れ欠損金の使用が認められても，マイナスの資本金等が存在する場合においては，依然として課税所得が発生することがあり得ることから，平成23年度の税制改正では，マイナス資本金等の額を期限切れ欠損金に加える措置が講じられた。

マイナスの資本金等の額が生じる場合としては，株主に対する配当性向を高めるために，積極的に自己株式を購入していった場合で，平成18年度の税制改正で，自己株式の帳簿価額を資本金等の額から控除することとなり，上場企業が自己株式を購入する場合には，みなし配当が生じないので，自己株式の帳簿価額を資本金等の額から控除すると多額なマイナス資本金等の額となる場合もあり得るわけである。

ここで上記 [1] で自己株式を購入してマイナス資本金等の額が2,000生じた場合を想定してみる。

B／S（事業年度末）

資　　　産 3,000（譲渡代金 2,400）	借　入　金	6,500
利 益 積 立 金 △2,500	資本金等の額	1,000
資本金等の額 △2,000		
7,500		7,500

課税所得金額＝債務免除益4,100－資産の譲渡損600－青色欠損金500－期限切れ欠損金3,000（マイナス資本金等の額1,000を含む）＝0

[6] [5] では，自己株式を購入することによってマイナスの資本金等の額となった場合に，債務免除益の額を青色欠損金の額と期限切れ欠損金の額では相殺しきれない事態が生じるため，そのマイナスの資本金等の額を期限切れ欠損金の額に含める手当てがなされたことを述べたが，さらに粉飾決算等で実在性のない資産がある場合においても同様の事態が発生し得る。

国税庁の質疑応答事例によると，残余財産がないと見込まれる次のアから

ウの手続が行われていれば，裁判所又は独立した第三者機関が関与して調査が行われているため，実在性がないことの客観性はかなり高いものといえるとしている。

　ア　清算型の法的整理手続である破産または特別清算の開始決定がなされた場合
　イ　再生型の法的整理手続である民事再生または会社更生の開始決定後，清算手続が行われる場合
　ウ　公的機関が関与し，または一定の準則に基づき独立した第三者が関与して策定された事業再生計画に基づいて清算手続が行われる場合

　さらに，帳簿書類等の調査により，次のようにその計上根拠等が判明した場合と判明しなかった場合を分けて，たとえ判明しなかった場合であっても，調査の客観性のもと，実在性のない資産の帳簿価額に相当する金額を，その事業年度が青色申告であるか否かに係わらず，期限切れ欠損金とすることが適当であるとしている。

(1) 過去の帳簿書類等を調査した結果，実在性のない資産の計上根拠が明らかとなった場合

　更正期限内の事業年度中に生じたものであれば，その原因に応じた修正経理を行い，かつ，その修正経理を行った事業年度が青色申告であれば青色欠損金，その事業年度が青色申告でなければ期限切れ欠損金とされる。

　更正期限を越えるものについては，その原因に応じた修正経理をして，その修正経理を行った事業年度が青色申告であるか否かに係わらず期限切れ欠損金とする。

(2) 過去の帳簿書類等を調査した結果，実在性のない資産の計上根拠が明らかとならなかった場合

　上記のように裁判所の関与する破産等の法的整理手続または公的機関が関与若しくは第三者機関が関与する私的整理手続を経て，資産につき実在性のないことの客観性がかなり高いとされれば，実在性のない資産がいつの事業年度に発生したかが特定できないとしても，それに伴って過大となっている

利益積立金額を適正な金額に修正すべきとしている。そこで修正経理を行った事業年度の確定申告で，その実在性のない資産の帳簿価額に相当する金額を過去の事業年度から繰り越されたものとして処理することで，その事業年度が青色申告であるか否かに係わらず期限切れ欠損金としている。

　実在性のない資産の生じた原因が粉飾決算のような場合には，その所在の原因を積極的に明確化することをしない場合もあり得よう。実在性がないのに実在性があるかのように，あえて修正経理をしない場合である。とすれば，解散法人に課税所得が生じて納付通知書が届くことになろう。しかし解散法人において納税資金がないのであるから滞納処分となり，結局のところ解散法人と関係のある者に二次的に納税義務が生じることになるのであろうか。国税徴収法第34条では，法人が解散した場合に，その法人に課されるべき又は納付すべき国税を納付しないで残余財産の分配又は引き渡しをした場合には，財産を分配した清算人あるいは分配を受けた者が第二次納税義務者としている。しかし，実際のところ清算人は財産を分配しておらず，また分配を受けた者も存在していないのである。しかし，実在性のない財産であることの証明の機会を十分に与えられていながら意図的にそのことを明らかにしなかったとすれば，その明らかにしなかった者，それが清算人又は株主ということになろうが，第二次納税義務者とみなされることとなろう。ここでは，実在資産があって課税所得が発生し，残余財産も分配されたとみなされて第二次納税義務が生ずることになろう。この場合には二重課税が生じることになるが，やむを得ないということであろう。

　なお，株式会社が国税を完納しないで清算結了の登記をしても，株式会社等は清算のために必要な範囲においてなお存続し，国税の納税義務を負っている（大正6.7.24参照）。たとえ清算結了の登記がなされていても，国税が完納されていない場合には，清算人及び残余財産の分配又は引き渡しを受けた者は，第二次納税義務を負うことになる（国徴通34-13）。

　また，後述するが，第二次会社方式で納税者が事業譲渡によって特殊な関係にある個人又は同族会社（これに類する法人を含む）に移管し，かつ，その

譲受人が同一とみられる場所において同一又は類似の事業を営んでいる場合において、その納税者がその事業に係る国税を滞納し、その国税に対する滞納処分をしてもなおその徴収すべき額に不足すると認められるときは、その譲受人は、譲受財産（取得財産を含む）を限度として、その滞納に係る国税の第二次納税義務を負う。ただし、その譲渡が滞納に係る国税の法定納期限より一年以上前にされている場合は当たらない（国徴38）。

II 残余財産がないと見込まれることの判定
―未払法人税の取り扱い―

　残余財産がないと見込まれるか否かは、解散した法人が当該事業年度終了の時において債務超過の状態にあるか否かで判断するとされている（法基通2-3-8）。ここで、清算事業年度に発生する法人税等の額を、残余財産があると見込まれるか否かの判定に考慮されるべきか否かであるが、国税庁では、平成24年11月に質疑応答事例で、未払法人税等の額を控除して判定してよいことを明らかにしている。微妙な判定のときに、未払法人税等の額を控除できるか否かは大きな意味があるといえよう。

　国税庁の質疑応答事例では、資産11,000（含み益150,000）、負債111,000、期限切欠損金が100,000を有した法人をあげて、資産の含み益150,000を有している法人が、清算事業年度に含み資産を譲渡して含み益150,000を実現している。

① 解散時

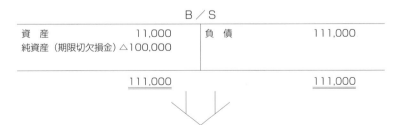

② 土地譲渡時

(借) 現　金　161,000　　(貸) 資　産　　11,000
　　　　　　　　　　　　　　　　譲渡益　150,000

(注1) 土地譲渡益 150,000－期限切れ欠損金 100,000

③ 残余財産確定時

B／S

資　産	161,000	負　債	171,000
		(未払法人税等	60,000 (注2) を含む)
純 資 産	△10,000 (注3)		
	171,000		171,000

(注2) 法人税率を40％として，150,000 に 40％を乗じて計算される。
(注3) 純資産の額 50,000－当期損失（法人税の額）60,000

　残余財産確定時では，債務超過が 10,000 であるので債務免除益が 10,000 発生するとともに，期限切れ欠損金が 10,000 であるので相殺されて課税所得がゼロとなる。

　質疑応答事例の説明では，「"残余財産がないと見込まれるとき"に該当するか否かは，法人の清算中に終了する各事業年度終了の時の実態貸借対照表によって判断することになるが，一般的に，実態貸借対照表を作成するに当たっては，事業年度終了の時において有する資産に係る含み損益，退職が見込まれる従業員に将来支給する退職金など，その時において税務上損益の実現が認められないものであっても，法人の清算に当たって実現が見込まれる損益まで考慮して作成がされているため，未払法人税等についても清算中の事業年度（適用年度）において税務上認められないものではあるが，実態貸

借対照表の作成時（平成 23/11 末）の状況で将来発生が見込まれるものであることから，その実態貸借対照表に計上しているものと考えられる」としている。要するに会計学的アプローチから未払法人税等も負債として認識している。

　取引相場のない株式の評価で，1株当たりの純資産価額（相続税評価額によって計算した金額）の算定には，課税時期の属する事業年度に係る法人税額，消費税額，事業税額，道府県民税額及び市町村民税額のうち，その事業年度開始の日から課税時期までの機関に対応する金額は負債に含まれるとされており（昭和47直資3-16・昭和58直評5外・平2直評12外・平11課評2-2外・平12課評2-4外・平18課評2-27外改正），上記未払法人税に対する扱いと同様となっている。

　なお，ここでいう実態貸借対照表においては，法人の有する全ての資産の価額を，事業年度末の処分価額で計上することになろう。それに対して後述の子法人が清算されて親法人が資産を現物分配でもって引き継ぐような場合には，その資産を使用収益する前提での処分価額ということになる。

Ⅲ　現物分配による清算

　平成22年度の税制改正で，現物分配が組織再編成の一類型として位置づけられ，一定の要件を満たして適格現物分配に該当するとされれば，その移転資産を分配直前の帳簿価額で譲渡したものと扱われて，譲渡損益を認識しないこととした。グループ内の完全子法人の解散，清算で，その完全子法人の残余財産を現物で行った場合においても，同様に扱われることになる。

　ここで一定の要件とは，現物分配直前において現物分配法人と被現物分配法人との間で完全支配関係があることをいう。他の組織再編成と異なり，その後の完全支配関係の継続見込要件は課されていない。

　ところで，平成22年度税制改正以前においては適格現物分配を用いることはできなかったわけで，その代りに救済合併，すなわち子法人を吸収合併

することが行われていた。しかし，合併によると，被合併法人の資産，負債を包括的に承継することになるので，潜在的債務も含むというリスクがあった。そこで子法人の事業譲渡も方策として考えられないわけではないが，含み資産の譲渡益課税もあり得ることになる。適格現物分配では合併に見られるようなリスクを伴うことはなく，また事業譲渡のような資産の含み益の実現を回避することができる。

ここで，完全子法人を清算するための組織再編成で適格合併と適格現物分配による場合の相違を事例をあげてみることとする。

まず適格合併で，完全子法人の資産の移転前の貸借対照表は次の通りとする。

B／S

現　　金	300		資本金等の額	1,000
土　　地	1,200 (時　価　1,500)		利益積立金	500
	1,500			1,500

完全子法人であることから，合併に際して新株の発行は行われない。それゆえ，完全親法人が完全子法人からの自己株式を保有することはない。

完全親法人が有していた完全子法人株の帳簿価額は1,000であり，合併後に完全子法人株は消却されて，マイナスの資本金等の額が1,000計上されている。

　　完全親法人の税務処理

　　　　（借）資本金等の額　1,000　　（貸）完全子法人株式　1,000

完全親法人は完全子法人から資本金等の額1,000と利益積立金500を引き継ぐことになるが，上記マイナスの資本金等の額が1,000と相殺されて，結局のところ利益積立金の額500のみを引き継ぐことになる。適格合併であることから，みなし配当が生じることはない。

　　完全親法人の税務処理

　　　　（借）現　　　　金　　300　　（貸）資本金等の額　1,000
　　　　　　　土　　　　地　1,200　　　　　利益積立金　　　500

結局のところ，次のように整理される。

(借) 現　　　　　金　　300　　(貸) 利 益 積 立 金　　500
　　　土　　　　　地　1,200　　　　完全子法人株式　1,000

　一方，適格現物分配では完全親法人は完全子法人から以下のように資産等を引き継ぐことになる。

　ここで，完全子法人の残余財産の分配に係るみなし配当の計算における「資本金等の額のうち交付の起因となった株式に対応する金額」を1,000とする。すなわち，完全親法人が完全子法人の設立に伴う出資額が（完全子法人株の購入額）1,000であり，完全子法人の資本金等の額の1,000と一致している。

　現金に係わるみなし配当額は100（受取配当金500×300／1,500）で，土地に係わるみなし配当額は400（受取配当金500×1,200／1,500）となり，現金に係わるみなし配当額に対してのみ源泉所得税の額が20（100×20％）となる。現金に係わる受取配当額100は益金不算入となり，また土地の適格現物分配に係わる受取配当額400も益金不算入となる。

完全親法人の税務処理

(借) 現　　　　　金　　280　　(貸) 受 取 配 当　　500
　　　源 泉 所 得 税　　 20　　　　完全子法人株式　1,000
　　　土　　　　　地　1,200

　以上の適格合併と適格現物分配を比較すると，適格合併ではみなし配当は生じないが，適格現物分配ではみなし配当が生じる。しかし，適格現物分配でもみなし配当は源泉所得税は支払われるものの益金不算入とされる。そして，先に述べたように，合併であれば潜在的債務を引き継ぐというリスクがあり，現物分配であれば非適格合併特有の資産調整勘定や負債調整勘定が生じることはない。適格現物分配は実質は資産譲渡でありながら，適格合併と同様に完全子法人の繰越欠損金を引き継ぐことができる。適格現物分配であっても実質的には適格合併と同じであることから，繰越欠損金の引き継ぎを認めているのである。

Ⅳ　第二会社方式による企業清算

　第二会社方式は企業の清算というよりも再生のために採られる方式であるが，そのまま清算とすると，債権者の債権放棄が寄附金として認定されるリスクがあることから，そこにワンクッションを置いて採られる方式という面もある。そこで以下に例をあげて考察することとする。

　X社のA，Bの事業のうちBの事業の業績が悪化し，このままではAの事業に悪影響を与え，共倒れは必至であることから，Bの事業を清算して再スタートを切ることとした。完全親会社P社からのB事業に対する貸付金の免除を打診しているのであるが，当社には返済原資もあることから，P社の寄附金として認定される可能性もあり，よりよい返事は貰えていない。

　そこで，P社に受け皿会社Y社を設立して貰い，そこに分割型分割でA事業を移管して，B事業のみを当社に残して清算することを検討している。当社X社の貸借対照表は次の通りであり，資産300と負債300をY社に移管することになる。

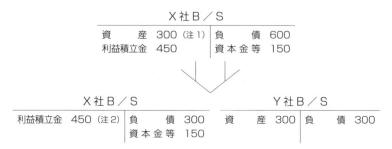

（注1）簿価＝時価とする
（注2）青色欠損金150，期限切れ欠損金300

　もっともP社とX社は完全支配関係にあり，そのままであればP社の寄附金で損金不算入，X社の受贈益で益金不算入とされるおそれがあるので，法人税基本通達9-4-2でもってX社の合理的な再建計画とみなされ，寄附

金と認定されないようにしなければならない。それに対して第 2 会社方式によれば，債権放棄は X 社の特別清算の過程で法的に切り捨てられる。法人税基本通達 9-6-1(2) では，特別清算に係る協定の認可の決定があった場合には，その金銭債権を切り捨てることが可能となる。よって，P 社が X 社に残している 300 の金銭債権を債権放棄して貸倒損失を計上し，一方，X 社は債務免除益 300 を計上することになるが，残余財産が見込まれていないので，青色欠損金 150 と期限切れ欠損金 150 でもって債務免除益と相殺することができる。ただ，このような債権放棄が寄附金認定を逃れるための租税回避行為とみなされないような十分な配慮が必要とされよう。そのためには，P 社が X 社の資産，負債を移管するために新たに Y 社を設立しているが，A 事業をそのまま継続するというようなことはできるだけ避け，P 社の他の既存会社に移管し，他の既存会社の事業との相乗効果が期待できるとよいであろう。要するに他の既存会社に A 事業を移管することの必要性が問われるであろう。

V 外国子法人の清算

内国親法人が外国子法人を清算する場合，内国親法人の税務処理は日本の法人税法でもって課税関係を律するが，外国子法人においてはその所在地国において課税権があるので，その所在地国の法人税でもって課税関係が律せられる。

そこで，外国子法人が清算されて残余財産が分配されれば，その残余財産の価額が内国親法人のその対応資本金等の額を超える部分がみなし配当の額とされ，さらに外国子法人株式の帳簿価額にみなし配当の額を加え，それから残余財産の価額を控除した額が株式譲渡損益となる。すなわち外国子法人の消滅損益となる。なお，我が国のグループ法人単体課税制度では外国子法人はその対象範囲から除かれているために外国子法人が内国親法人の 100% 子法人であっても，その株式譲渡損は損金算入とされる。

内国親法人が外国子法人の発行株式数又は議決権のある株式数の25％以上，かつ分配の確定日以前6カ月以上継続する場合に，配当金の額の95％が益金不算入となる。もしこの海外子会社配当益金不算入規定が適用されれば，外国子法人の清算に伴うみなし配当に源泉課税が行われても，日本親法人において外国税額控除は適用できない。

　また，内国親法人が外国子法人の残余財産確定の前に債権放棄したような場合には，その債権放棄に相当の理由がないような場合には，外国子法人に対する寄附金として扱われるおそれがある（法基通9-6-1）。もし日本親法人が外国子法人の発行済株式数の50％以上を保有している場合で寄附金とされれば，移転価格税制との平仄をはかり，その全額が損金不算入となる。

　ここで内国親法人が受け入れる残余財産の額に対応する資本金等の額をどのように決定するかについては，日本の法人税法でもって外国子法人の資本金等の額を計算しなければならない。ここで外国子法人の所在地国の会社法等の規定が我が国の会社法等のそれとほとんど変わらないということであれば問題が少ないかもしれないが，それでも以前に減資や自己株式を取得していたりすると，その計算が複雑になるであろうし，さらに以前に買収した外国子法人であったりすると，正確にその資本金等の額を求めることは不可能に近いかもしれない。実際には外国子法人の所在地国の会社法上の資本金等の額を我が国の会社法上での資本金等の額と同額とみなして，みなし配当や株式譲渡損益を計算しているようである。課税庁も，特に重大な弊害がなければ，それを認めているようである（83頁　南波洋　海外子会社の清算に伴う税務上の留意点　旬刊経理情報　2009年5月10日，20日合併号　No.1215）。

　また，外国子法人が，いわゆるタックスヘイブン国に所在する場合で，清算時の所得（例えば含み資産の含み益の実現による）が非課税とされるときには，我が国において合算課税されることとなろう。

　さらに，タックスヘイブン国に外国子法人，通常の法人課税が行われる国に外国孫法人が存在し，その外国孫法人が清算されて，その清算に伴う所得の一部がみなし配当として外国子法人に移転した場合には，そのみなし配当

部分については日本の親法人の合算所得から控除される。ここでは法人グループ内での二重課税の排除がなされている。すなわち外国孫法人での1回の課税で終了している。

VI 米国税法における清算所得課税

ここで米国税法における清算に伴う税務処理について示しておく。

まず、清算法人においては、あたかも株主に資産を清算時の公正な市場価値で譲渡したものとして、譲渡損益を計上する。実質的には資産の評価損益を計上することになる。例えば土地の清算時の時価が9億円、簿価が6億円であるとすれば、時価の9億円で譲渡したものとみなして評価益3億円を計上することになる。

そして負債についての債務免除益（income from discharge of debtedness）は、債務超過時（insolvent）に生じた場合に、その債務超過額を限度にして益金不算入となる（IRC108(a)(1)(B), (a)(3)）。債務免除益は原則益金算入であるが（IRC61(a)(12)）、特則として益金不算入とされている。この場合の「債務超過の額」とは、清算法人の債務が債務免除直前の資産の時価を超える額とされている（IRC108(a)(3)）。この手当は、納税原資に対しての配慮といえる。例えば債務免除益の額が5億円で債務超過の額が3億円であるとすると債務免除益の額の2億円が益金の額に算入される。ここでの清算所得は土地の評価益の3億円と債務免除益の額の2億円の合計5億円となる。

ただ、債務免除益の額であるが、我が国においては青色欠損金の額と期限切れ欠損金の額が控除された債務免除益の額ということになるように、米国税法においても、租税属性の減額（reduction of tax attributess）（IRC108(b)）をして、残りの債務免除益に対して益金不算入となる。

この租税属性の減額について次に述べておく。その内容は米国税法独自のものもあるので、我が国に容易に適用できるものではないことに留意する必要はある。

① 純事業損失（net operating loss（IRC108(b)(2)(A)）
② 繰越一般事業税額控除（general business credit（IRC108(b)(2)(B)）
③ ミニマムタックス税額控除（minimum tax credit（IRC108(b)(2)(C)）
④ 純キャピタルロス繰越額（net capital loss carryover（IRC108(b)(2)(D)）
⑤ 資産の基準価格（basic reduction）（IRC108(b)(2)(E)）
⑥ 受動的活動損失（passive activity loss）（IRC108(b)(2)(F)）
⑦ 外国税額控除（foreign tax credit carryovers（IRC108(b)(2)(G)）

まず①純事業損失は，当該事業年度に存在すれば減額され，減額後も債務免除益が存在するのであれば，繰り越されてきた純事業損失が控除される。なお，純事業損失は20年の繰越控除期間となっている。

次に①の繰越純事業損失を全て控除しても債務免除益が残っているのであれば，②繰越一般事業税額控除額を当てることになる。この繰越一般事業税額控除とは，債務免除を行った事業年度へ繰り越された，あるいは繰り越される税額控除のうち内国歳入法第38条（GENERAL BUSINESS CREDIT）に掲げられている一般事業税額控除である。例えば投資税額控除（investment credit）などである。

次に③ミニマムタックス税額控除の額が減額される。ミニマムタックス税は特定の法人や高額所得者が特別償却や特別税額控除を利用することによって租税を回避させていることに対処する税で，試算税額（tentative minimum tax）が通常税額（regular tax）に係る税額を超過した額であり，その超過額を通常税額に加算して納税することになる。そこでミニマムタックス税額控除とは，将来において逆に通常の税額が試算税額を上回った場合には，税額控除の対象となる（IRC53(b)）。

次に④純キャピタルロス繰越額が減額される。純キャピタルロス繰越額とは，投資目的で保有している有価証券や個人的に使用している財産の売却から生じる損失で5年間の繰越が認められているものである。米国税法では事業損失とキャピタルロスに分けて繰越控除の処理を定めているが，我が国の法人税法ではそれを一緒にして欠損金の繰越控除として処理している。

次に⑤資産の基準価格とは減価償却資産未償却残高及び土地等の税務簿価であり，債務免除を行った翌事業年度に保有する資産の基準価格を減額することになる。その減額には内国歳入法第1017条の(a)(2)が適用される。
　次に⑥受動的活動損失の額が減額される。受動的活動損失とは，納税者が実質的に関係していない事業から生じた損失であり，受動的活動に係わる損失が利益を超えた場合にその超えた額が繰越控除される（IRC469）。
　最後の⑦では，外国税額控除の額が減額される。この外国税額控除の額は，債務免除を行った事業年度へ繰り越された，又はその事業年度から繰り越された外国税額（内国歳入法第27条で認められた外国税額控除額を算定するために用いられる外国税額をいう）のことをいい，控除限度額を超えた外国税額は5年間の繰越が認められている。
　これらの7つの租税属性の額は一定の調整がなされて債務免除益の額から減額される。もしこのような減額がなされた後でも債務免除益に控除しきれない額があれば，その控除しきれない額は益金不算入となる。我が国においては，先に述べたように債務免除益から青色欠損金や期限切れ欠損金を控除して，なおも債務免除益の額が残れば課税されることになるが，米国税法においては課税されないということになる。
　債務免除益を益金不算入としているのは，債務免除益は資産譲渡益等とは異なり，債権者の配慮によって生じるものであり，租税属性の額を控除したところの債務免除益の残額に課税することは酷であるという考えによろう。
　租税属性の額の多い企業と少ない企業と比較して，租税属性の額の多い企業は，どちらかといえば利害関係者に対して大きな損害を与えているのであろうが，それらの企業に対して有利に働くことのないように，債務免除益の残額の多寡に関係なく，益金不算入としているのであろう。
　一方，株主においては，清算法人株式と交換に分配時の公正な市場価値の資産を取得したものとして譲渡損益を計上して課税される（IRC331(a)，334(a)）。例えば，土地の譲渡収入が9億円あって，負債の額12億円から債務免除された額5億円を差し引いて7億円を返済した残額の2億円が株主に分

配されるとなれば，株主の清算法人の株式の取得価額が1億円とすれば，その差額の1億円が譲渡益として課税されることになる。

以上は原則処理であって，株主が清算法人の株式を80%以上保有している場合には，清算子法人と親法人の何れにおいても，譲渡損益を計上して課税されることはない（IRC332）。それゆえ，清算法人の有する各資産の税務簿価がそのまま親法人に引き継がれることになる（IRC334(b)）。我が国においては完全支配関係において同様な規定がある。米国税法では組織再編税制だけでなく連結納税制度においても80%基準が用いられている。

米国税法では，資産の価額と借入金の金額でもって清算所得を計算していることから，我が国の改正前の財産計算方式に近いといえる。しかし，債務免除は債務超過であれば，その債務超過（我が国の青色欠損金と期限切れ欠損金の合計と考えてよいであろう）を解消するまでは資産の増加をもたらさないことから，債務超過の額を限度に収益の額に含めないことで納税原資に配慮しているところは，我が国の改正後の取り扱いに近い。

米国の企業清算支援税制は我が国の清算所得課税と比較すれば，我が国の改正前の財産方式に改正後の損益方式を加味したスタイルとなっている。

おわりに

会社清算支援税制で完全清算ということであれば，納税原資がないのに課税されるというようなことがなければ特に税制での手当ては必要がないのではないか。残余財産の分配でみなし配当部分と資産の譲渡損益部分に対して適正な課税が行われるだけのことである。それに対して子法人が清算されて，その残余財産が親法人に引き継がれる場合が問題といえる。子法人の残余財産を帳簿価額で引き継がせる方法としては，適格合併，適格分割，適格現物分配が考えられる。帳簿価額で引き継げば残余財産の含み益に課税されないので，組織再編成の支援に資するといえよう。ただ，適格現物分配では完全親子関係でなければ適格とされないこととなっている。このことはグループ

単体課税制度での仕組みと平仄を合わせたものといえる。しかし，完全親法人でなくとも子法人の主要事業を引き継ぐような場合には，適格現物分配として帳簿価額の引き継ぎを認めてよいように思われる。この点については適格合併，適格分割との関係にも考慮して再検討されるべきである。

　また，現物分配であっても適格であれば青色欠損金の引き継ぎを認めたことからすれば，適格合併と同様に期限切れ欠損金の引き継ぎも認めるべきである。ただし，この場合には青色欠損金と同様に完全親子関係での適格現物分配に限られる。

企業支援税制

第4章　組織再編支援の税制

一橋大学准教授　吉村　政穂

Ⅰ　はじめに

「日本再興戦略」（平成25年6月14日閣議決定）では，過小投資，過剰規制及び過当競争の是正が目標として掲げられ，その取組の一つとして事業再編・事業組換の促進が打ち出された。

　「国内の過当競争構造を解消し，思い切った投資によりイノベーションを起こし，収益力を飛躍的に高めることなどを通じて，例えば技術でもビジネスでも世界で勝ち抜く製造業の復活を目指す。

　このため，事業再編や事業組換を促進し，経営資源や労働移動の円滑化を支援する。特に，「攻め」の企業経営に向けた経営者の思い切った判断をこれまで以上に強力に促すため，株主などのステークホルダーからの経営改善の働きかけを呼び込む仕組みを導入する一方，組織再編に伴う財務上の負担の軽減策や失業なき労働移動をこれまで以上に手厚く支援する。」[1]

税制との関係では，「収益力の飛躍的な向上に向けた経営改革の促進」と

---

(1)　日本再興戦略（平成25年6月14日閣議決定）27頁。

いう見出しの下,「思い切った投資によるイノベーションを可能とするよう,収益力の飛躍的な向上に向けた戦略的・抜本的な事業再編（スピンオフ・カーブアウトを含む。）を強力に促進し,こうした事業再編を推進する企業に対する税制措置や金融支援などの支援策を検討し,必要な措置を講ずる」と表明していた[2]。

　この内容を具体化すべく,平成26年1月20日に施行された産業競争力強化法は,生産性を著しく向上させることを目指した複数事業者による事業再編を「特定事業再編計画」[3]（産業競争力強化法2条12項）として認定する枠組を定め（同26条）,この認定を受けて,事業再編促進税制として,特定事業再編により新設される特定会社の株式又は貸付金に係る債権（特定株式等）の取得価額に対して特定事業再編投資損失準備金の設定を認め,一定範囲でその準備金積立額の損金算入を認めた（税措55条の3）。これは,「複数の法人がそれぞれの経営資源を有効に融合することで国外又は国内における新たな需要を開拓し,これらの法人の事業の生産性を著しく向上させることを目指した思い切った事業再編を促進する観点から,本制度が創設され」（傍線筆者）たと説明される[4]ように,一定の事業再編に伴う出資について,準備金方式によるリスク軽減を認めたものである。

　しかしながら,一般に,企業の組織再編成に影響する法人税制上の措置としては,①移転資産又は消滅会社の株式に係る譲渡損益課税の繰延べ,②租税属性（引当金,繰越欠損金など）の引継ぎ,及び③非適格の場合に生じる取得価額の引上げ（basis step-up）という3つが挙げられよう[5]。

　まず,企業の組織再編成に伴う資産の移転に対して譲渡益課税が生じる場合に,当該譲渡益課税によるロックイン効果の結果として,当該資産をより効率的に運用し得る主体への移転が阻害されることが考えられる。そのため,移転資産に対する譲渡損益課税を繰り延べることによって,企業間の効率的な資産移転を促すことが期待される。また,同様のロックイン効果は,組織

---

(2) 同上28頁。

再編成の提案に応じるか否かの決断に直面する株主段階でも生じ得る。
　次に，欠損金の非還付は，企業の投資（リスク・テイキング）及び資金調達に対して非中立的な効果を有することが知られている[6]。法人格の変更という（経済的には）形式的な理由[7]によってその繰越控除を制限することとな

---

(3) なお，「特定事業再編」は次のように定義されている（産業競争力強化法 2 条 12 項）。
　「事業再編のうち，二以上の事業者が，それぞれの経営資源を有効に組み合わせて一体的に活用して，当該二以上の事業者のそれぞれの事業の全部又は一部の生産性を著しく向上させることを目指したものであって，次の各号のいずれにも該当するものをいう。
　一　次に掲げる措置のいずれかによる事業の全部又は一部の構造の変更を行うものであること。
　　イ　当該二以上の事業者のそれぞれの完全子会社（一の事業者がその設立の日から引き続き発行済株式の全部を有する株式会社をいう。以下この号において同じ。）相互間の新設合併又は吸収合併
　　ロ　当該二以上の事業者が共同して行う新設分割
　　ハ　当該二以上の事業者のいずれか一の事業者の完全子会社に，当該二以上の事業者のうち他の事業者が，その事業に関して有する権利義務の全部又は一部を承継させる吸収分割
　　ニ　当該二以上の事業者のいずれか一の事業者の完全子会社が行う当該二以上の事業者のうち他の事業者からの出資の受入れ
　　ホ　当該二以上の事業者が共同して行うそのそれぞれの完全子会社の発行済株式の全部を取得する会社の設立
　二　次に掲げる会社（第二十六条第三項，第二十七条第二項及び第三十三条第一項において「特定会社」という。）のいずれかが，外国における新たな需要を相当程度開拓し，又は新商品の開発等により国内における新たな需要を相当程度開拓するものであること。
　　イ　前号イの新設合併により設立された会社又は同号イの吸収合併後存続する会社
　　ロ　前号ロの新設分割により設立された会社
　　ハ　前号ハの吸収分割により事業に関して権利義務の全部又は一部を承継した会社
　　ニ　前号ニの出資の受入れをした会社
　　ホ　前号ホの会社の設立により設立された会社」
(4) 関禎一郎ほか『改正税法のすべて〔平成 26 年版〕』（大蔵財務協会，2014 年）490 頁〔松代孝廣ほか〕。
(5) See, e. g., Merle Erickson, *Research Reports: The Effect of Taxes on the Structure of Corporate Acquisitions*, Journal of Accounting Research 36, no. 2 (September 1998), p. 282.

れば，同様の危惧をはらむことになると考えられる。

　最後に，非適格の場合に生じる取得価額の引上げ（basis step-up）は税務上重要であると思われる。しかしながら，本稿では積極的に定義された「組織再編税制」のみを対象として論じることとし，考察の対象からは除外する。

　そうすると，産業競争力強化法の創設に伴って導入された，準備金積立額の損金算入を通じた出資リスクの軽減という手法は，やや迂遠であるように思われる。また実際に，経済産業省は，いわゆる産活法改正に対応した課税繰延（①）の範囲拡大を目指す税制改正要望を行ったこともある[8]。しかしながら，利用実績の欠如を理由として改正は実現しなかった。異なった言い方をすれば，平成13年に本格的に整備された組織再編税制は，（上記税制改正要望を含む）いくつかの提言を見ながら，今なお強固な体系性を維持している。

　そこで，本稿は次のように構成する。まず，現行の組織再編税制それ自体も，取引の実態に応じて企業の組織再編を阻害しないことを目的として創設されたものであり[9]，その基本的枠組を概観する（Ⅱ）。

　次に，現行の組織再編税制を前提として，その適用要件を政策的に緩和す

---

(6) 完全還付を強く擁護する先駆的業績として，Mark Campisano and Roberta Romano, *Recouping Losses: The Case for Full Loss Offsets*, 76 Nw. U. L. Rev. 709 (1981).

(7) 中立性という観点からの包括的な分析として，中里実「法人課税の時空間（クロノトポス）――法人間取引における課税の中立性――」杉原泰雄教授退官記念論文集『主権と自由の現代的課題』361頁（1994年）。

(8) 例えば，平成24年度及び平成25年度税制改正要望において，産活法の認定を受けて行う自社株対価TOBに応じた株主に係る株式譲渡所得等の課税の繰延措置を要望している。

(9) 税制調査会法人課税小委員会「会社分割・合併等の企業組織再編成に係る税制の基本的考え方」（平成12年10月3日）（以下，「基本的考え方」という）は，「近年，わが国企業の経営環境が急速に変化する中で，企業の競争力を確保し，企業活力が十分発揮できるよう，商法等において柔軟な企業組織再編成を可能とするための法制等の整備が進められてきている。税制としても，企業組織再編成により資産の移転を行った場合にその取引の実態に合った課税を行うなど，適切な対応を行う必要がある」（第一（1））と述べる。

る方向で要望された内容又は現行の組織再編税制の適用要件の緩和を目指す提言を取り上げる（Ⅲ）。この局面では，Ⅱで取り上げた組織再編税制の体系が，政策的な優遇措置を拒む原則としての意義を有することになる。そして最後に，簡単なまとめを加える（Ⅳ）。

Ⅱ　組織再編税制の基本的構造

1　譲渡損益計上の原則

　現行の組織再編税制の特徴の第一は，「法人が組織再編成によりその有する資産を他に移転した場合には，その移転資産の譲渡損益の計上を行うのが原則」と謳った上で，一定の要件を満たす適格組織再編成について「譲渡損益の計上を繰り延べる」という構成を採用した点にある[10]。平成13年度税制改正以前においては，旧商法が被合併法人の資産を時価以下で引き継ぐことを認めており，また被合併法人の全ての資産を個別に時価評価することは困難な場合が少なくないことを理由として[11]，帳簿価額での資産移転を原則とし，そのために被合併法人が資産の含み益を計上しない限りは（清算所得）課税の対象とならず，また合併法人についても，（評価益から成る）合併差益金を計上した場合に限り，その合併差益金に対して課税をするのみであった[12]。そのため，実際上，清算所得課税及び合併差益金課税の有無については，納税者の選択に委ねられていた。平成13年度税制改正はこれを改め，「移転資産の譲渡損益の計上を行うのが原則」と宣言した点に大きな意味がある[13]。

---

(10)　同上第二．一，参照。
(11)　税制調査会・法人課税小委員会報告（平成8年11月）第2章12（2）。
(12)　平成13年度税制改正前の合併税制等については，武田昌輔『会社合併の税務〔第2版〕』（税務経理協会，2000年），吉牟田勲「合併・減資の税務の研究（Ⅰ）～（ⅩⅢ・完）」商事法務1217号2頁・1224号107頁・1227号38頁・1230号32頁・1232号26頁（1990年），1241号27頁・1244号28頁・1247号36頁・1251号19頁・1260号17頁・1262号17頁・1265号30頁・1267号31頁（1991年）参照。

なお,「組織再編成」として位置付けられた株式交換・株式移転にあっては,（法人段階での）資産移転が生じていないにも拘わらず,譲渡損益の計上を行うのが原則とされている(14)。会社法制定に関連して株式交換・株式移転に関する税制上の取扱いが整理された平成18年度税制改正(15)では,これらの取引が,個々の株主の意思の集積とは異なる効果を有し,組織法上の行為と位置付けられること,及び「株式交換は会社そのものの取得」であって,合併とのバランスを考慮する必要があること（組織再編税制との整合性）が根拠とされている(16)。

　均衡論に基づく制度設計によって,実現主義との関係では例外的な課税が行われる結果を生じている。こうした取扱いに対しては,法人格の維持,すなわち租税属性が維持されているという観点からは,会社法上の行為による

---

(13) 組織再編税制の整備と同時に,資本取引に関する抜本的な改革——資本積立金額や利益積立金額に関する改正——が行われている点も重要だが,本稿では扱わない。組織再編税制の導入時における立案担当者によれば,「この改正前〔筆者：平成18年度税制改正前〕は,資本等取引も,損益取引と同様に,時価によって取引を行うべきであるという考え方が採られていた」とされる（法税令8条1項1号参照）。朝長英樹「近年の組織再編成税制の分かり難さの原因となっている改正項目（上）」T&A Master 527号35頁（2013年）参照。
(14) ただし,組織再編成と性格付けられない事実上の支配権（株式）取得に連動した課税 (step-up basis) は存在しない。
(15) 平成18年度改正前は,持株会社創設を認める商法改正への対応を目的に,租税特別措置として,一定の要件の下で株式に対する譲渡損益課税の繰延を許容する制度が導入されていた（平成11年改正）。
(16) 「株式交換には,株式取得を通じて子法人の事業,資産を実質的に取得するのと同様の効果があるといえます。合併は法人の事業や資産を直接的に取得する行為ですから,両者はこのような点で共通性がある行為とみることができます。……
　　組織再編成の法的な仕組みが異なるとしても,実質的に同様の効果を得られる取引に対して異なる課税を行うとなると,組織再編成の手法の選択に歪みをもたらしかねないなどの問題が生ずることになります。株式交換等と合併の類似性に加え,株式交換によって出来上がる形態が,子法人を吸収合併した後に現物出資したのと同じ形態（完全親子会社関係）となることも考え合わせると,株式交換に対する課税は,課税の中立性等の観点から,合併等に係る税制と整合性を持ったものとすることが適当と考えられます。」（青木孝徳ほか『改正税法のすべて〔平成18年版〕』（大蔵財務協会,2006年）299頁〔佐々木浩ほか〕。）

区分を以て支配権移転に対する課税のあり方を決するやり方が適切か[17]との批判もあるが，行為後の行動によって課税関係をひっくり返さないという点でメリットがあると説明される[18]。

2 課税繰延
(1) 支配の継続

　第二の特徴は，①法人段階（適格組織再編成）においては（移転資産に対する）支配の継続，そして②株主段階においては（株主の）投資の継続という理念を中核として，課税繰延を認める要件が構成された点にある。税制調査会法人課税小委員会「会社分割・合併等の企業組織再編成に係る税制の基本的考え方」（平成12年10月3日）（以下，「基本的考え方」という）は，各理念がいかなる課税上の取扱いを導くかについて，次のように述べる。

　　「組織再編成により資産を移転する前後で経済実態に実質的な変更が無いと考えられる場合には，課税関係を継続させるのが適当と考えられる。したがって，組織再編成において，<u>移転資産に対する支配が再編成後も継続していると認められるもの</u>については，移転資産の譲渡損益の計上を繰り延べることが考えられる。

　　　また，分割型の会社分割や合併における分割法人や被合併法人の株主

---

(17) 岡村忠生『法人税法講義〔第3版〕』（成文堂，2007年）428頁，渡辺徹也『企業組織再編成と課税』（弘文堂，2006年）116頁。
(18) 仲谷修ほか『企業組織再編税制及びグループ法人税制の現状と今後の展望』（大蔵財務協会，2012年）88頁〔佐々木浩発言〕には，次のような発言が見られる。
　　「これはたぶんステップトランザクションの議論にも通じるものがあると思います。ある行為の行われた時点で課税関係を終わりにしましょうということ。したがって，その時点時点で課税を終わらせるということで，後を追い掛けないという。」
　　「ある時点で終わらせないと，課税関係が完結しないし，不安定になるのも困るのではないかと。納税者のサイドからは特にそうですね。そこで，一連ということになると，概念としては，不確定な課税関係となるので，どちらを選択したかという一行為ごとに判断しましょう，結着をつけましょう，ということが基本となっているということです。」

【図表1　株式交付要件以外の要件】

	企業グループ内の組織再編成	共同事業を営むための組織再編成
適格要件	○ 100％関係の法人間で行う組織再編成 ・100％関係の継続 ○ 50％超関係の法人間で行う組織再編成 ① 50％超関係の継続 ② 主要な資産・負債の移転 ③ 移転事業従業者の概ね80％が移転先事業に従事（株式交換・株式移転の場合は完全子法人の従業者の継続従事） ④ 移転事業の継続（株式交換・株式移転の場合は完全子法人の事業の継続）	① 事業の関連性があること ② （イ）事業規模（売上，従業員，資本金等）が概ね5倍以内，又は 　　（ロ）特定役員への就任（株式交換・株式移転の場合は完全子法人の特定役員の継続） ③ 左の②〜④ ④ 移転対価である株式の継続保有（株主） ⑤ 完全親子関係の継続（株式交換・株式移転のみ）

出典：財務省HP

の旧株（分割法人や被合併法人の株式）の譲渡損益についても，……株主の投資が継続していると認められるものについては，上記と同様の考え方に基づきその計上を繰り延べることが考えられる。」（傍線筆者）

すなわち，経済実態に実質的な変更がないと考えられる場合には課税関係を継続させるのが適当だという大前提を置いた上で，移転資産に対する支配の継続が認められる組織再編成はこれ（経済実態に実質的な変更がないと考えられる場合）に該当し，したがって，移転資産に対する課税関係の継続（譲渡損益の計上繰延）が認められると説明する。

その上で，基本的考え方は，支配の継続が認められる場合について，さらに，①企業グループ内の組織再編成により資産を企業グループ内で移転した場合，及び②共同で事業を行うために組織再編成により資産を移転し，かつ移転の対価として取得した株式の継続保有等の要件を満たす場合，という2つの類型を挙げる。後者は，法的又は抽象的な判断にとどまらず，組織再編成の利用実態に「配慮」することによって[19]，支配の継続が拡張的に認められた場合ということができる。

(2) 投資の継続

「基本的考え方」は,「分割型の会社分割や合併における分割法人や被合併法人の株主の旧株(分割法人や被合併法人の株式)の譲渡損益についても,……<u>株主の投資が継続していると認められるものについては,上記と同様の考え方に基づきその計上を繰り延べることが考えられる</u>」(傍線筆者)と述べる。株主の投資が継続していると認められるときには,旧株に対する支配が再編成後も継続していると捉え,譲渡損益の計上を繰り延べることとされる(法税61条の2第2項・4項・8項・10項)。

比較法的には,株主の投資が継続していることに注目して法人段階の取扱いも決定する仕組み[20]も考えられるが,こうした考え方は明確に斥けられている。わが国には「株主が会社の資産の実質的な所有者であるという実態」を欠くという認識が背景にあったと説明されている[21]。そのため,法人段階の課税繰延と株主段階の課税繰延を基礎付ける原理として,それぞれ異なるものが選択された。ただし,前述の通り,交付の原因が組織再編成(合併,分割,株式交換又は株式移転)によることが前提であり,Stock-for-stock型買収(＝「株主の投資」が切断される)は適格組織再編成に含まれるとは考えられていない。

「この投資の継続性は,株式を実質的に継続保有しているとみることができる場合に認められるものであり,基本的には,株主が金銭などの株式以外の資産の交付を受けるか否かにより判定することが適当である」(「基本的考え方」第三.一)とされ,要件としては,(合併の場合には)「合併法人の株式又は合併法人との間に当該合併法人の発行済株式若しくは出資(……)の全部を保有する関係として政令で定める関係がある法人の株式のいずれか一方の株式以外の資産(……)が交付されなかつたものに限る」と規定されてい

---

(19) 朝長英樹・山田博志「会社分割等の組織再編制に係る税制について」租税研究614号61頁(2000年)。また,阿部泰久「改正の経緯と残された課題」江頭憲治郎＝中里実編『企業組織と租税法』(商事法務,2002年)83頁も参照。
(20) 渡辺・前掲注(17) 30頁参照。
(21) 朝長・山田・前掲注(19) 57頁。

【図表2　投資の継続と株主の課税】

投資の継続	適格・非適格	株主の課税
○	適　格	譲渡損益課税の繰延べ ＋みなし配当なし
○	非適格	譲渡損益課税の繰延べ ＋みなし配当課税
×	非適格	譲渡損益課税 ＋みなし配当課税

る。

　また，譲渡損益に係る課税の繰延とは異なる問題として，法人段階における租税属性が維持されるか否か（適格組織再編成に適合するか否か）に連動して，みなし配当課税の有無が決定される（所税25条1項，法税24条1項）。みなし配当課税の計算は発行法人の（法人税法上の）資本の部に依存する仕組みがとられており，その数値が維持される場合（適格組織再編成）にはみなし配当課税が不要であるのに対して，資本の部がリセットされる場合（非適格組織再編成）には，清算的にみなし配当課税が必要となる（図表2参照）。

3　株式交付要件

　また，第三の特徴として，売買取引との区別という観点から，「移転資産の対価として金銭等の株式以外の資産が交付される場合」が譲渡損益の計上を繰り延べるには不適当であると改めて強調されている点が挙げられよう。後述の通り，対価要件の緩和を求める議論は多くあるが，租税特別措置法等を含め，わが国はこの点を緩和するような立法をこれまで行っていない（Ⅲ参照）。

　前述の通り，法人が合併又は分割によりその有する資産を他に移転した場合には，その移転資産の譲渡損益の計上を行うのが原則（法税62条）とされ，適格合併又は適格分割並びに適格現物出資又は適格現物分配によって資産（及び負債）の移転をした場合にのみ，帳簿価額による引継ぎを前提に，譲渡

損益の計上が繰り延べられる（法税62条の2ないし62条の5）。

　このとき，「移転資産の対価として金銭等の株式以外の資産が交付される場合」は，譲渡損益の計上を繰り延べるには不適当であるという建前から，適格組織再編成の共通要件として「いずれか一方の株式又は出資以外の資産（……）が交付されない」という対価要件（株式以外不交付）が課されている（例えば，法税2条12号の8柱書きカッコ内）。また，対価の柔軟化（会社法749条1項等）に対応して，完全支配親法人の株式等を含む規律となっている(22)。

　また，無対価組織再編成について，平成22年度税制改正前は，交付するべき対価の不交付を以て寄附金（法税37条）認定される可能性があったところ，「税務上は，これまでも実務的に対価の交付を省略しているものについては，省略されないものとして処理がなされてきましたが，このような省略形ではない無対価組織再編成についてまで広範に行いうる状況になってきたと想定されることから，今般，資本に関係する取引等に係る税制の見直しの一環として，<u>法的にこれらの取扱いを明確化し，納税者の予見可能性等を高めるため</u>，無対価組織再編成に関する整備が行われた」（傍線筆者）(23)。その結果，「対価の交付がなかった場合についても対価の交付の省略があったと認められる場合については，税務上も対価の交付があった場合と同様となるようにする」こととされ，対価の交付の省略があったと認められる場合か否か，すなわち株主の資本関係に変動をもたらすか否かによって左右されるのである（法税2条12号の9ロ，2条12号の10ロ）。

---

(22)　青木孝徳ほか『改正税法のすべて〔平成19年版〕』（大蔵財務協会，2007年）271頁〔佐々木浩ほか〕。
　　　「移転資産に対する支配の継続とは，その営まれる事業に着目すれば，『事業を営んできた当事者が引き続き事業を営む』実態の継続と言い換えることもできます。
　　　…合併法人との間に直接の100％の資本関係がある親法人の株式であれば，その株式の保有を通じて合併法人に対する実質的な支配が継続できると考えられます。すなわち，親法人の株式であっても合併法人の株式による直接的な支配と同等の状態を創ることはできるものと考えられるということです。」
(23)　泉恒有ほか『改正税法のすべて〔平成22年版〕』（大蔵財務協会，2010年）320頁〔佐々木浩ほか〕。

4 租税回避の防止
(1) 繰越欠損金の引継制限

このほか，課税関係の継続の一内容として，租税属性の移転[24]も認められた[25]。ただし，繰越欠損金については，「租税回避行為を防止するための措置を講じ」ることが条件であり，その具体化が図られている。

適格合併（又は完全支配関係のある法人の清算）の欠損金引継ぎの範囲は，次のように規律されている（法人税法57条2項）。

まず，①共同事業のため（共同事業適格合併，又は，グループ内合併であって，みなし共同事業を満たす合併の場合），又は②支配継続要件（5年間）を満たす場合には，未処理欠損金の引継ぎが認められている。すなわち，新たに支配関係を形成したターゲット会社（被合併法人）の欠損金について，これを引き継いで利用するためには，みなし共同事業要件を満たすことが必要となる。なお，立案段階の経緯として，繰越欠損金引継ぎに関して，租税回避防止の観点からは，むしろグループ内での組織再編成における欠損金引継ぎに対して否定的であったことが紹介されている[26]。

次に，上掲①又は②を満たさない場合には，以下のように引継ぎが制限さ

---

(24) 最判昭和43年5月2日民集22巻5号1067頁は，次のように租税属性の引継ぎを立法政策上の問題として捉えていた。
「法人の各事業年度における純益金額，欠損金額のごときは，企業会計上表示される観念的な数額にすぎず，被合併会社におけるこれら数額は，もとより商法一〇三条に基づき合併の効果として合併会社に当然承継される権利義務に含まれるものではない。……
……欠損金額の繰越控除は，それら事業年度の間に経理方法に一貫した同一性が継続維持されることを前提としてはじめて認めるのを妥当とされる性質のものなのであつて，合併会社に被合併会社の経理関係全体がそのまま継続するものとは考えられない合併について，所論の特典の承継は否定せざるをえない。」

(25) 「基本的考え方」前掲注（9）によれば，「会社分割・合併等により移転する資産の譲渡損益の計上が繰り延べられる場合には，その資産に関して適用される諸制度や引当金等の引継ぎについても，基本的に従前の課税関係を継続させるとの観点から，組織再編成の形態に応じて必要な措置を考えるべきである」とされる。

(26) 阿部・前掲注（19）88頁。

第4章　組織再編支援の税制　165

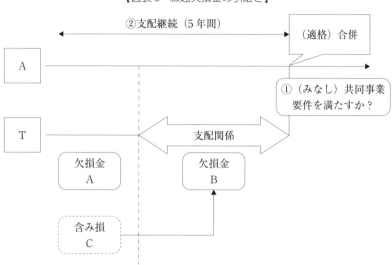

【図表3　繰越欠損金の引継ぎ】

れる。

- 支配関係形成前の事業年度において生じた欠損金額（図表3における欠損金A）は引継ぎが認められない。
- 支配関係形成後の事業年度において生じた欠損金額（図表3における欠損金B）であっても，特定資産譲渡等損失額に相当する金額（≒含み損Bに起因する部分）から成る部分の金額は引継ぎが認められない。

(2) 包括的否認規定

組織再編税制の導入にあたって，「組織再編成の形態や方法は，複雑かつ多様であり，……租税回避の手段として濫用されるおそれがあるため」，包括的な租税回避防止規定を設ける必要性が指摘[27]され，132条の表現を踏襲する形で132条の2が新たに創設された。

法人税法132条が要件として掲げる「法人税の負担を不当に減少させる結

---

[27] 「基本的考え方」前掲注 (9) 第五。この立場は，立案担当者による解説でも踏襲されている。中尾睦ほか『改正税法のすべて〔平成13年版〕』243頁 (2001年)〔藤本哲也，朝長英樹〕参照。

果となると認められるもの」の意義[28]については，裁判例に，①非同族会社では通常なし得ないような行為・計算，すなわち同族会社なるがゆえに容易になし得る行為・計算がこれに当たるとする傾向，及び②純経済人の行為として不合理・不自然な行為・計算がこれに当たるとする傾向があると理解されてきた[29]。そして，基準としての運用可能性の点から後者の傾向（②）を適当とした上で，行為・計算が経済的合理性を欠いている場合とは，異常ないし変則的で租税回避以外に正当な理由ないし事業目的が存在しないと認められる場合のことであると考える立場[30]が一般的に支持されていた。

新たに創設された132条の2の適用にあたって，従来の132条と解釈を同じくするかが問題とされたが，これについては最近の裁判例において一つの解釈が明らかにされた（東京高判平成26年11月5日（TAINSコードZ 888-1889））。その判示内容及び分析については，補遺にて詳述する。

5　100%グループ内再編
(1)　譲渡取引の延長としての課税繰延べ

組織再編税制との関係では，平成22年度税制改正によって整備されたグループ税制が重要である。ここでは，完全支配関係がある法人間での資産移転に関する特例及び適格現物分配の取扱いについてのみ説明する。

---

(28) 課税要件明確主義に同文言（不確定概念）と課税要件法定主義との関係について，最判昭和53年4月21日訟月24巻8号1694頁は，「右規定は，原審が判示するような客観的，合理的基準に従つて同族会社の行為計算を否認すべき権限を税務署長に与えているものと解することができる」ため，憲法84条に違反するとの主張を斥けた。学説上も，終局目的ないし価値概念を内容とする不確定概念ではなく，法の趣旨・目的に照らしてその意義を明確になし得るものについては，課税要件明確主義に反しないと考えられている。金子宏『租税法〔第19版〕』78頁（2014年）。
(29) 金子・同上456頁。
(30) 同上457頁。さらに，独立・対等で相互に特殊関係のない当事者間で行われる取引（独立当事者間取引）とは異なっている取引には，それに当たると介すべき場合が少なくないとして，独立当事者間取引を参照基準として用いることを示唆する。

完全支配関係がある法人間での譲渡取引については，既存の連結納税制度におけると同様，「グループ法人間で資産の譲渡取引が行われた場合に生ずる損益については，その資産のグループ外取引等の時点までその計上を繰り延べること」が想定された[31]。

具体的には，①譲渡時点において譲渡法人に発生する損益の打消し（法税61条の13第1項）及び②譲受法人段階での費用化（損金算入）と対応した（譲渡法人における）譲渡損益の認識（法税61条の13第2項）という仕組みが採用された。

その結果として，（対価が金銭（非株式）であるような）非適格組織再編成においても，「グループ内の非適格合併も課税繰延べとする（グループ内の非適格株式交換等の場合も完全子法人の資産に対する時価評価課税を行わない）」[32]ことが実現した。ただし，繰延手法には大きな違いがある点には留意が必要である[33]。

(2) 適格現物分配

また，完全支配関係にある法人間でなされた現物分配を対象として（法2条12号の15），「組織再編成における取扱いと同様の取扱いとする方向」[34]で法整備が進められ，簿価引継ぎ方式による課税繰延が定められている（法税62条の5第3項及び4項）。また，所得税法24条1項の「配当等」から適格現物分配に係るものが除かれているため，所得税法181条の適用がなく，源泉徴収も不要とされている。

---

(31) 財務省・経済産業省「資本に関係する取引等に係る税制についての勉強会・論点とりまとめ」（平成21年7月）4頁。
(32) 同上5頁。
(33) 岡村忠生「法人税制における課税関係の継続について―圧縮記帳からグループ法人税制へ」第63回租税研究大会記録167頁（2011）。
(34) 財務省・経済産業省・前掲注(31)5頁。

III 再編支援の税制

1 組織再編成を「促進」するための政策措置

　以上のように組織再編税制の概要を確認した上で，さらに組織再編成又は事業再編を「促す」ためにはどのような措置が考えられるだろうか。本稿冒頭に述べた通り，企業の組織再編成に影響する法人税制上の考慮として，①移転資産又は消滅会社の株式に係る譲渡損益課税の繰延の可否，及び②租税属性（引当金，繰越欠損金など）の引継ぎの可否，並びに③非適格の場合に生じる取得価額の引上げ（basis step-up）という3つが考えられる。そのうち，（いわゆる適格外しも重要なプランニングの一つであるものの）前二者について，適格要件の緩和といった税制改正要望又は提言がこれまで存在した。

　まず，課税繰延に係る要件（適格要件（支配の継続）又は株式交付要件（投資の継続））を緩和し，ロックイン効果の除去される範囲を拡大し，組織再編成を促すことを期待する方向での修正が考えられる。

　例えば，特定事業者の事業革新の円滑化に関する臨時措置法（又は同法を承継した産業活力再生特別措置法）は，当時の現物出資の特例（旧法税51条）に対して，事業革新計画（又は産業活力再生特別措置法上の共同事業再編計画）に係る承認（認定）を受けた特定事業法人が，他の特定事業法人と共同して新たに共同新設会社を設立するため現物出資をした場合に，その現物出資に係る資産の譲渡益について，圧縮記帳による課税の繰延を認めていた（旧税措66条）。これは法人税法上定められた取扱いを修正して，国際的な経済環境の変化等に対応して産業再編を促すことを目的としたものであった[35]。

　次に，租税属性の移転，特に損失の利用主体を拡大することによって，資

---

(35) 特定現物出資の特例（旧法税51条）を含め，わが国における分割税制の沿革については，武田昌輔「会社の分割と合併（総説）——沿革と問題点——」日税研論集35号4頁（1996年），小林淳子「国外取引に対する租税法の適用と外国法人の分割に関する諸問題」税大論叢45号350頁（2004年）。

産又は事業を他の法人に移転することに伴う不利益（損失利用可能性の切断）を解消し，その移転を促す措置が考えられる[36]。例えば，（平成15年改正）産業活力再生特別措置法は，共同事業再編計画の認定を受けた複数事業者による設備移転にあたって，共同出資子会社を営業者とする商法上の匿名組合契約（商法535条以下）に基づいた設備移転を行うことによって，当該移転設備の廃棄損の親会社通算を可能とし，複数事業者において重複する設備の移転（供給能力の減少）を促すことを目的としていた。廃棄損の（匿名組合）持分に応じた共有という点で異質ではあるが，資産移転を促進するために租税属性の移転が認められた例とみることができる[37]。

そして，これらの措置に加えて，課税が組織再編成の阻害要因となり得ることを理由として，現行の組織再編税制のさらなる拡張を求める税制改正要望又は提言がこれまで行われている。本節では，これらの要望等のうち，課税繰延の範囲拡大をめぐるものを取り上げ，それが実現していない事実が何を意味するのかを考えてみたい。

なお，本節で取り上げた論点のほか，いわゆるスピンオフ及びスプリットオフを念頭に置いて，支配の継続（法人段階）及び投資の継続（株主段階）という二元的な正当化原理を改め，（株主による）投資の継続という見方によって組織再編税制を広範に見直すべきとする提言も存在する[38]が，本稿では，あくまで現行法の枠組を前提とした上で，組織再編又は事業再編を促進する政策的考慮によって導入される措置の可能性について論じるにとどめる。

---

(36) 後者については，欠損金の法人間移転のあり方を踏まえた研究が必要であり，本稿の範囲を超える。この点関する本格的な研究として，増井良啓『結合企業課税の理論』（東京大学出版会，2002年）265頁，酒井貴子『法人課税における租税属性の研究』（成文堂，2011年）参照。
(37) また，分離先企業の租税属性の利用という観点からは，パススルー課税（有限責任事業組合法の創設（2005年）も同様の機能を有していると評価することができよう。
(38) 代表的なものとして，太田洋編著『M&A・企業組織再編のスキームと税務〜M&Aを巡る戦略的税務プランニングの最先端〜〔第2版〕』（大蔵財務協会，2014年）433頁。

2 課税繰延の範囲拡大の可能性
(1) 株式交付要件の緩和

　前述（Ⅱ3）の通り，わが国の組織再編税制においては，売買取引との区別との観点から，移転資産の対価として株式以外の資産が交付される場合を適格組織再編成（課税繰延）の範囲から除外している[39]。そのため，移転資産に対する課税繰延を実現しようとする場合には，金銭等の株式以外の資産（いわゆる非適格交付資産[40]。アメリカ法にいう boot）を交付することはできず，いくつかの外国法（代表的にはアメリカ法）と比較して「窮屈」な制度であることが指摘されてきた[41]。

　そのため，株式交付要件の緩和，すなわち適格組織再編成において非適格交付資産の交付を一定範囲で許容すべきとの提言がしばしばなされてきた[42]ものの，株式交付要件は組織再編税制導入当初からの厳格性を維持している。これは，「基本的考え方」で示された，「移転資産の対価として金銭等の株式以外の資産が交付される場合には，その経済実態は通常の売買取引と異なるところがな〔い〕」（第二．一）という線引きが，立法上重視されていることを反映したものと思われる。

　組織再編行為として評価するにあたり，個々の対価に分離して観念することを拒否する出発点には一応の説得力が認められる。その上で，たとえ「通常の売買取引」と区別される非適格交付資産の交付が観念される，又は観念する必要性が認められるとしても，それを具体化するためには，①適格性を

---

[39] その上で，実務上組織再編成に支障を来す可能性のある金銭交付等のみを例外として許容するというポリシーが採用されている。渡辺裕泰「組織再編税制の適格要件に関する一考察——配当見合い金銭，端株株式の代り金はどこまで可能か——」金子宏編『租税法の基本問題』（有斐閣，2007年）534頁。
[40] 税理士法人プライスウォータークーパース「組織再編の実態とそれにふさわしい税制のあり方に関する調査」調査報告書（2011年）80頁参照。
[41] 渡辺・前掲注（17）38頁。
[42] 例えば，渡辺・同上287頁，武井一浩・佐藤修二「組織再編税制における今後の課題－Boot税制を中心に－」西村あさひ法律事務所ビジネス・タックス・ロー・ニューズレター（2009年）。

失わない対価（boot）の範囲[43]のみならず，②それを受領した被合併法人等の課税関係，③被合併法人等株主の課税関係，及び④合併法人等の課税関係まであわせた包括的なルールを設けることが必要である。例えば，仮に非適格交付資産の交付によっても適格性を喪失しないことを認めた場合には，具体的に次のような論点の解決が指摘されている[44]。

① 対価要件
  (a) 非適格交付資産の交付が許容される適格組織再編成の種類
    - 会社法上金銭その他の財産の交付が認められている組織再編成の類型に限定するか。
    - 適格組織再編成の類型（図表 1）に応じた差異を設けることが必要か。
  (b) 非適格交付資産の許容限度
    - 移転資産に対する支配の継続性及び投資の継続性が害されない非適格交付資産の交付はどの程度とすべきか。
  (c) 対価要件の判定時期
    - 組織再編前後の一定の事実を考慮するか。
② 被合併法人等の課税関係
  (a) 法人段階での資産譲渡損益課税の取扱い
    - 被合併法人等において移転資産に係る譲渡損益を認識すべき（か）。
  (b) 非適格交付資産に対応する部分に係る資産譲渡損益の計算
    - 資産譲渡損益をどのように計算するか。
  (c) 減額すべき資本金等の額と利益積立金額の計算
    - 適格分割型分割において（分割承継法人から）受領した非適格交付資産を株主に移転する場合に資本金等の額及び利益積立金額をどのよ

---

(43) これに関しては，渡辺徹也「米国組織再編税制における非適格資産への課税に関する覚書——歳入法典 356 条 (a)(2) に関するオバマ改正提案を中心に」金子宏編『租税法の発展』（有斐閣，2010 年）748 頁参照。
(44) 税理士法人プライスウォータークーパース・前掲注 (40) 81 頁。

うに計算するか。
③ 被合併法人等株主の課税関係
　(a) 課税の対象となる被合併法人等株主
　　（いわゆる選択的対価制度が認められない）現行会社法の下では問題とならない。
　(b) みなし配当及び株式譲渡損益の計算
　　・みなし配当及び株式譲渡損益の区分計算をどのように行うか。
　(c) 交付される合併法人等の株式の受入価額の計算
　　・組織再編直前の被合併法人等の株式の帳簿価額をそのまま承継するか。
④ 合併法人等の課税関係
　　・合併法人が受け入れる資産・負債の受入価額について，非適格交付資産に対応した譲渡損益に相当する金額をどのように反映するか。

　こうした論点の解決に係る立法コストと関連して，非適格交付資産の交付に関する実務上の必要性に対する認識の相違が影響を及ぼしていると考えるのが適当である。例えば，組織再編税制の立案担当者が，「合併の例からすると税制上の合併交付金に該当するものの受払が行われるものは現実にはほとんど無いと想定される」との認識を示していた[45]一方で，実務家からは，対価として「統合会社の株式」（将来の統合効果による株価上昇）に対する100％のコミットが求められることへの問題提起がなされている[46]。また，企業ヒアリングの結果として，一定の出資比率を保つといった考慮や，選択肢が増えるといった一般論のレベルで賛成があったと紹介されている[47]。

　このように考えると，対価要件（株式交付要件）を緩和する可能性は，まさに組織再編成を支援する政策税制として実現されるのが適当であると思われる。その意味で，データに基づく現行税制に対する評価が重要であろ

---
(45) 朝長・山田・前掲注 (19) 60頁。
(46) 武井・佐藤・前掲注 (42) 2頁。
(47) 税理士法人プライスウォーターハウスクーパース・前掲注 (40) 38頁。

う[48]。

(2) 組織再編成の拡張

平成23年,（会社法の特例創設によって）自社株を対価とするTOB（株式公開買付け）の実現を容易とする産業活力再生特別措置法の改正が行われたことを受けて，平成24年及び平成25年度税制改正要望として，産活法の認定を受けた自社株対価TOBに係る課税繰延が要望された[49]。会社法上の株式交換では実現できない，買付者株式を対価とする部分買収や外国企業買収が可能であることから，同法改正の意義は大きいと評価された[50]。

しかしながら，対象会社株主による自社株対価TOBへの応募は，買付者に対する対象会社株式の現物出資による新株発行と評価されるにすぎず，（株式交換とは異なり）組織再編成を契機とした資産（旧株）の移転ではないため，組織再編税制において認められる課税の繰延がなく，仮に当該対象会社株式に含み益が生じている場合には，その譲渡益に対する課税が発生することになる（図表4参照）。この結果，対象会社株主がTOBに応じるか否かの判断に際してロックイン効果を生じ，経済的に望ましいTOBであっても成立しない可能性が存在することになる。

前述（Ⅱ2(2)）の通り，わが国の組織再編税制は，「譲渡／取得」と「引継ぎ」とを明確に区別し，Stock-for-stock型買収は（適格）組織再編成に含まれるとは考えられていない。そのため，投資の継続性の実質を強調すること[51]によっては，克服できない理論的困難を抱えていたと考えられる。

特に，現在の組織再編税制の枠組を維持したまま，上記のような自社株対価TOBを（適格）組織再編税制の類型に取り込むにあたっては，株式交換

---

[48] 渡辺・前掲注（非適格資産）767頁。
[49] しかしながら，（少なくとも平成24年度税制改正については）自社株対価TOBの適用実績がないことから，課税の繰延措置は実現されなかった（「自社株対価TOBの課税繰延は実現せず」T＆A Master 429号13頁（2011年）参照）。
[50] 例えば，小島義博ほか「自社株対価TOBの実務上の諸問題〔上〕」商事法務1942号35頁（2011年）。
[51] 同上30頁。

【図表 4　産活法の認定を受けた自社株対価 TOB】

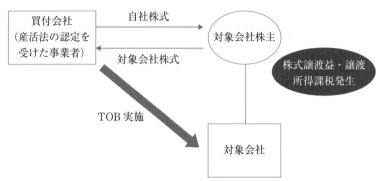

出典：「平成 24 年度税制改正に関する経済産業省要望（概要）」経済産業省 HP

との取扱いの均衡という課題を生じる。すなわち，組織再編成の一類型であることを強調する帰結として，（非適格）株式交換におけると同様，「会社そのものの取得」として対象会社（法人段階）の時価評価による譲渡損益の計上が求められる可能性が存する[52]。対象会社において時価評価に基づく譲渡損益課税が義務付けられる結果，企業買収手法の選択肢として，自社株対価 TOB の利用が回避されることは考えられる。かかる課題は，株式交換・株式移転に関する課税上の取扱いに対する批判[53]を反映したものであり，株式交換・株式移転に対する課税が改められない限りは避けられない。

3　小　　括

ここでみた通り，これまでなされた提言等については，現行の組織再編税制の枠組を大きく見直さない限り導入が困難な要素を含んでいると評価できる。この観点から，課税の繰延に関連する措置が導入されることなく，産業競争力強化法創設に伴う税制上の措置として，準備金積立額の損金算入を通

---

(52) 反対，同上・30 頁。
(53) 渡辺徹也「組織再編税制における実質主義と形式主義——課税ルールの中立性と納税者が選択したルートの問題——」金子宏編『租税法の基本問題』（有斐閣，2007 年）508 頁。

じた出資リスク軽減という手法が選択されたのも説明がつくと思われる。

Ⅳ　結　　語

　現在の組織再編税制は，取引の実態に応じた課税を目指したものであり，それ自体が組織再編支援という性格を帯びている。しかしながら，その体系が強固であるがゆえに，さらなる支援を目的とした政策税制を困難なものにしている可能性を指摘した。

　そのため，課税上の要因が組織再編又は事業再編の妨げになっているのであれば，現行の組織再編税制の基本的枠組に修正を加えることも視野に入れた提言が必要である。その際には，比較法的な知見のみならず，具体的なデータに基づく議論が重要な役割を果たすであろう。

<補遺>
東京高判平成 26 年 11 月 5 日〔平成 26 年（行コ）第 157 号〕（TAINS コード Z 888-1889、ヤフー事件）

I　事案の概要

　内国法人 X（原告、控訴人）は、訴外 A 社から、A 社の完全子会社であった B 社の発行済数部式全部を譲り受けた（以下、「本件買収」という）後、X を合併法人、B 社を被合併法人とする合併（以下、「本件合併」という）を行った。そして、X は、平成 20 年 4 月 1 日から平成 21 年 3 月 31 日までの事業年度に係る法人税の確定申告にあたって、法人税法（以下、「法」という）57 条 2 項の規定に基づき、B 社の未処理欠損金額を X の過事業年度において発生した欠損金額とみなして、損金の額に算入した（法税 57 条 1 項）。

　これに対して、処分行政庁は、X が本件買収に先立ってその代表取締役社長 f 氏を B 社の取締役副社長に就任させた行為（以下、「本件副社長就任」という）を含め、本件買収、本件合併およびこれらの実現に向けられた X の一連の行為が「その法人の行為又は計算で、これを容認した場合には、……法人税の負担を不当に減少させる結果となると認められるもの」に該当するとして、法 132 条の 2 の規定に基づき、B 社の未処理欠損金額を X の欠損金額とみなすことを認めない旨の更正処分および過少申告加算税賦課決定処分（以下、両者をあわせて「本件更正処分等」という）を行った。X は所定の手続を践んで出訴した。

　第一審（東京地判平成 26 年 3 月 18 日判時 2236 号 25 頁）は、「法 132 条の 2 が設けられた趣旨、組織再編成の特性、個別規定の性格などに照らせば、同条が定める『法人税の負担を不当に減少させる結果となると認められるもの』とは、(i) 法 132 条と同様に、取引が経済的取引として不合理・不自然である場合（……）のほか、(ii) 組織再編成に係る行為の一部が、組織再編成に係る個別規定の要件を形式的には充足し、当該行為を含む一連の組織再編成に係る税負担を減少させる効果を有するものの、当該効果を容認することが組

織再編税制の趣旨・目的又は当該個別規定の趣旨・目的に反することが明らかであるものも含むと解することが相当である」とした。

その上で、(特定資本関係が発生してから5年以内に行われる) グループ内適格合併における未処理欠損金額の引継ぎを認める要件である、いわゆるみなし共同事業要件 (旧法令112条7項 (現3項)) のうち特定役員引継要件の位置付けにつき、「合併の前後を通じて移転資産に対する支配が継続していると評価することが可能であるという考え方を基礎として設けられた」との理解を示し、一定の事実を総合勘案して、「本件副社長就任は、……それによる税負担減少効果を容認することは、特定役員引継要件を定めた施行令112条7項5号が設けられた趣旨・目的に反することが明らかであり、また、本件副社長就任を含む組織再編成行為全体をみても、法57条3項が設けられた趣旨・目的に反することが明らかであるということができる。したがって、本件副社長就任は、法132条の2にいう『法人税の負担を不当に減少させる結果となると認められるもの』に該当する」と判示した。Xが控訴。

Ⅱ　判決要旨

「組織再編税制に係る個別規定は、特定の行為や事実の存否を要件として課税上の効果を定めているものであるところ、立法時において、複雑かつ多様な組織再編成に係るあらゆる行為や事実の組合せを全て想定した上でこれに対処することは、事柄の性質上、困難があり、個別規定の中には、その想定外の行為や事実がある場合において、組織再編税制の趣旨・目的及び当該個別規定の趣旨・目的に照らし、当該個別規定のとおりに課税上の効果を生じさせることが明らかに不当であるという状況が生じる可能性があるものも含まれているということができ、このような場合においても適正な課税を行うことができるように包括的な否認規定を設ける必要があり、そのために法132条の2が設けられたことは前記…判示のとおりである。」

「法132条の2が設けられた趣旨、組織再編成の特性、個別規定の性格などに照らせば、同条が定める「法人税の負担を不当に減少させる結果となる

と認められるもの」とは，(i)法132条と同様に，取引が経済的取引として不自然・不合理である場合（……）のほか，(ii)組織再編成に係る行為の一部が，組織再編成に係る個別規定の要件を形式的には充足し，当該行為を含む一連の組織再編成に係る税負担を減少させる効果を有するものの，当該効果を容認することが組織再編税制の趣旨・目的又は当該個別規定の趣旨・目的に反することが明らかであるものも含むと解することが相当である」

「特定役員引継要件は、一般に、合併法人のみならず被合併法人の特定役員が合併後において特定役員に就任するのであれば、規模要件及び事業継続要件を充足していないとしても、双方の経営者が共同して合併後の事業に参画しており、経営面からみて、合併後も共同で事業が営まれているとみることができるという考え方を基礎として設けられたものと解される。」

「組織再編成に係る他の具体的な事情（……）を総合考慮すると，双方の経営者が共同して合併後の事業に参画しており，経営面からみて，合併後も共同で事業が営まれているとみることができず，法57条3項，施行令112条7項5号の趣旨，目的に明らかに反すると認められるときは，法132条の2の規定に基づき，特定役員への就任を否認することができると解すべきである。」

「本件合併時におけるf氏以外の被合併法人であるB社の役員はいずれも，経営者として本件買収前のB社の事業を担っていたが，本件合併後，合併法人であるXの役員に就任する事業上の必要性がないものと認められ，その就任が予定されず，実際にも就任していない……。……B社におけるf氏の職務内容は，本件提案に沿った本件買収及び本件合併の実現や本件合併後の事業に関するものに限られ，……f氏が本件副社長に就任することなく，本件買収・本件合併の相手方の代表取締役としての……影響力を行使することによっては，実現に困難があったと認められないばかりでなく，……本件買収前のB社の経営に実質的に参画していたものとは認められないのであり，f氏の本件副社長就任は，B社及びXのいずれにとっても，Xの法人税の負担を減少させるという税務上の効果を発生させること以外に，その事業

上の必要は認められず，経済的行動としていかにも不自然・不合理なものと認めざるを得ないのであって，本件副社長就任の目的が専らXの法人税の負担を減少させるという税務上の効果を発生させることにあると認められ，仮に上記目的以外の事業上の目的が全くないとはいえないものと認定する余地があるとしても，その主たる目的が，Xの法人税の負担を減少させるという税務上の効果を発生させることにあったことが明らかであると認められる」。

「これらの点を総合すれば，f氏が本件買収時にB社の役員であり，本件合併時にその取締役副社長であることによっても，本件合併において，双方の経営者が共同して合併後の事業に参画しており，経営の面からみて，合併後も共同で事業が営まれているとは認められず，B社の上記未処理欠損金を控訴人の欠損金とみなしてその損金に算入することは，法57条3項及び施行令112条7項5号が設けられた趣旨・目的に反することが明らかであると認められる。

したがって，本件副社長就任及びそれを前提とする計算は，法57条2項，3項及び施行令112条7項5号の適用との関係で，法132条の2所定の『これを容認した場合には，(中略) 法人税の負担を不当に減少させる結果となると認められるもの』に該当すると認められる。」

Ⅲ 解説

1 本件判決は、法132条の2の規定について、その規定の解釈や適用の是非を明らかにした初の司法判断として大きな関心を集めた[1]。第一審段階で主たる対立軸となったのは、法132条の2にいう「法人税の負担を不当に減少させる結果となると認められるもの」(以下、「不当性要件」という) の解釈

---

(1) なお、本件買収・本件合併を中心とする一連の行為における他の組織再編行為 (分割行為) も同条に基づく否認の対象とされ、資産調整勘定の金額を減額して損金の額に算入する計算を否認する処分が東京地裁において適法と判断され (東京地判平成26年3月18日判時2236号47頁)、控訴審でもその結論が支持された (東京高判平成27年1月15日)。

にあたり、既存の法132条との連続性を重視するか否かであった。Xが法132条に関する裁判例および通説的な理解（金子宏『租税法〔第19版〕』(2014) 456頁）を参照して、これと同義に解釈すべきことを主張していたのに対して、第一審は、立法の経緯（税制調査会「会社分割・合併等の企業組織再編成に係る税制の基本的考え方」（平成12年10月3日）第五参照）等を重視し、税負担減少効果を容認することが「組織再編税制の趣旨・目的又は当該個別規定の趣旨・目的に反することが明らかであるものも含む」と判示した。

第一審判決では、後者の否認対象を含むことにより、本件副社長就任（ひいては組織再編性行為全体）について、いわゆる特定役員引継要件（法税令112条7項〔現3項〕5号）との関係において不当性要件の充足を判断することが可能となったと思われる。不当性要件該当性の基準を導出した際に重視されたのは、組織再編税制導入に伴う包括的否認規定の必要性を基礎付けた、組織再編成の形態や方法が「複雑かつ多様」であるという認識である。これは控訴審判決においても踏襲され、包括的否認規定の抽象的な必要性を基礎付けるのみならず、立法者が組織再編税制に係る個別規定の限界（「個別規定の中には、その想定外の行為や事実がある場合において、組織再編税制の趣旨・目的及び当該個別規定の趣旨・目的に照らし、当該個別規定のとおりに課税上の効果を生じさせることが明らかに不当であるという状況が生じる可能性があるものも含まれている…」）を認識したことの論拠として用いられ、結果として、包括的否認規定がその限界に対応することを期待していたことを導く根拠として用いられた[2]。

もっとも、控訴審判決は、傍論ながら、仮に個別的否認規定を充足する場合における包括的否認規定（法132条の2）の適用を制限する立場を採用した場合であっても結論は変わらないと明言している。

「仮に，施行令112条7項5号の特定役員引継要件を充足する特定役員

---

[2] 控訴審判決における修正により、包括的否認規定が個別的否認規定の補完的役割を担うという性格がより明確にされた。吉村政穂「「不当に減少」とその判断基準としての経済合理性」税務弘報62巻7号60頁（2014年）参照。

への就任については，原則として法132条の2所定の『これを容認した場合には，（中略）法人税の負担を不当に減少させる結果となると認められるもの』に該当せず，上記就任が経済的行動として不自然・不合理であって，仮装的又は名目的な場合に限り，例外的に同条所定の『これを容認した場合には，（中略）法人税の負担を不当に減少させる結果となると認められるもの』に該当する旨の見解を採用する余地があるとしても，上記に判示するところによれば，f氏の本件副社長就任は，Ｘの法人税の負担を減少させるという税務上の効果を発生させること以外に，事業上の必要が認められず，経済的行動として不自然・不合理なものであって，本件副社長就任の目的は，専ら施行令112条7項5号の要件を満たして，法57条3項の適用を回避し，同条2項により未処理欠損金額を引き継ぐことで，Ｘの法人税の負担を減少させるという税務上の効果を発生させることにあるものと認められ，仮に上記目的以外の事業上の目的が全くないとはいえないものと認定する余地があるとしても，その主たる目的が，施行令112条7項5号の要件を満たして，法57条3項の適用を回避し，同条2項により未処理欠損金額を引き継ぐことで，Ｘの法人税の負担を減少させるという税務上の効果を発生させることにあったことが明らかであって，名目的な就任と認められるのであるから，仮に，上記見解を採ったとしても，本件副社長就任及びそれを前提とする計算が法132条の2所定の『これを容認した場合には，（中略）法人税の負担を不当に減少させる結果となると認められるもの』に該当すると認められるとの前判示の判断を左右するには足りないのである。」

いわゆる外国税額控除余裕枠流用事件に関する最高裁判決（最判平成17年12月19日民集59巻10号2964頁）で見られたように，個別規定の限定解釈という（すでに先例のある）アプローチをとった場合であっても，控訴審判決における認定を前提とすれば，同じ結論が導かれるということを含意している。これは，上記の対立が理論上のものにすぎず，本件に関する判決を経ても，法132条の2が従来の租税回避に関する議論を大きく覆すものではないこと

を示唆するものかもしれない[3]。

2　第一審判決が、特定役員引継要件の基礎にある考え方を「移転資産に対する支配が継続していると評価することが可能」という点に求めていた箇所は、控訴審判決において明確に否定された。移転資産に対する支配継続という考えに基礎付けられた適格合併等を前提としつつ、その上で未処理欠損金額の引継ぎに制限を加えているにも拘わらず、両者を連続した考えで捉える第一審判決の理解には批判もあったところであり[4]、また本論（Ⅱ4(1)）で述べた通り、立案作業の経緯からも検証が必要な理解であった。

　これに対して、控訴審判決は、「共同で事業が営まれているとみることができる」基準として特定役員引継要件が設けられたとの認識に立ち、上記のような批判を回避するものとなっている。

3　また、第一審判決が、「税負担減少効果を容認すること」が法令の趣旨・目的に反することが明らかであると判断していたのに対して、控訴審判決は、副社長就任について、「法人税の負担を減少させるという税務上の効果を発生させること以外に、その事業上の必要性は認められず、経済的行動としていかにも不自然・不合理なもの」であることを以て、法令の趣旨・目的に反することが明らかであると述べる。

　第一審判決が、特定役員引継要件について、「みなし共同事業要件に係る特定役員引継要件が、特定役員引継要件に形式的に該当する事実さえあれば、組織再編成に係る他の具体的な事情を一切問わずに（……）、未処理欠損金額の引継ぎを認めるべきものとして定められたとはいえ〔ない〕」として、形式的な要件充足では十分でないことを強調するものであったところ、控訴

---

[3]　もっとも、行為計算否認規定を「媒介」させることで、この限定解釈できる範囲は大きく広がる可能性が指摘される（岡村忠生「行為計算否認規定の新しい可能性〜ヤフー事件控訴審判決〜」WLJ判例コラム・特報41号（2015年）〈http://www.westlawjapan.com/column-law/2015/150113/〉）。また、太田洋「ヤフー事件控訴審判決の分析と検討」税務弘報63巻3号33頁（2015年）参照。

[4]　北村導人「判批」経理情報1383号52頁注（11）（2014年）。

審判決は、形式的な（特定役員引継）要件充足の目的に注目したものと整理できる。

　前者のアプローチは、実質的な判定基準として、未処理欠損金額の引継ぎを認める実質的な根拠（合併前後を通じた移転資産に対する支配の継続）を導出した上で、その観点から、本件副社長就任が法132条の2による否認が可能な行為か否かを審査することとなり、明文（個別的否認規定）を軽視する憾みがあった[5]。これに対して、後者のアプローチは、個別的否認規定に係る要件充足を前提とした上で、当該要件充足に際しての目的を基準とするものであって[6]、租税法律主義との間に生じる緊張[7]は緩和されたと考えられる[8]。
4　最後に、第一審段階では、納税者の主張およびそれに対する応答ともに、租税回避以外の正当な理由ないし事業目的の存在を独立して位置付けていた。この点で、控訴審判決は、「仮に……事業上の目的が全くないとはいえないものと認定する余地があるとしても」と留保を付した上で、主たる目的が税務上の効果を発生させることにあった場合をも言及していることには留意すべきである。

---

(5)　第一審判決に対しては、趣旨・目的に反することが「明らか」という限定にも拘わらず、個別規定が尊重される場合が不明確であることが指摘された。宮塚久「「規定の趣旨・目的」と「形式的な適用を貫くべき場合」」税務弘報62巻7号80頁（2014年）、北村・同上53頁。
(6)　なお、主たる目的が税負担減少にあり、本件副社長就任が「不自然・不合理」ゆえに否認された結果として、実質的に「本件合併において、双方の経営者が共同して合併後の事業に参画しており、経営の面からみて、合併後も共同で事業が営まれているとは認められ〔ない〕」という判断に至ったと理解している。もっとも、これには異なった読み方があるかもしれない。
(7)　吉村・前掲注（2）61頁。
(8)　だからこそ、前述の通り、仮に個別的否認規定を充足する場合において包括的否認規定の適用を制限すべきとする立場を採用しても、同様の結論にたどり着き得ることが強調されたように思われる。

企業支援税制

第5章　内国法人の国外進出支援税制，外国法人の国内進出支援税制

桜美林大学教授　野田　秀三

I　内国法人の国外進出支援税制

　我が国の内国法人が海外に進出するにあたり，税制面でどのような支援を行うかは重要なことである。内国法人が海外に進出する場合に，現地国の税制を調査し，内国法人が進出した場合に現地国で得た所得に対して内国法人に不利な課税を受けないようにするには，どのような対策をとるべきかを検討すべきである。

　内国法人が海外に進出する場合に，現地の立地条件等を吟味したうえで，海外に子会社を設立することから開始する例が多い。海外に子会社を設立するまでの税制上の取り扱いを確認しておくこととする。

1　海外子会社設立にかかる税務

　海外に子会社を設立するために現地調査を行う費用は，子会社設立前にかかる費用であり，海外子会社の設立を検討している内国法人の経費となることから，内国法人の経営管理活動で発生する一般管理費として取り扱うことになる。

2　海外子会社設立費用等

海外子会社を設立するための現地調査を終え，検討の結果，海外子会社を設立することが決定された場合には，海外子会社の設立のための準備を開始することになる。

海外子会社の設立費用等から開業費等までを内国法人が負担する場合は，内国法人が支払った創立費及び開業費は，内国法人の創立費及び開業費として取り扱われる。

(1) 創立費

創立費には，法人税法では，発起人に支払う報酬，設立登記のために支出する登録免許税その他法人の設立のために支出する費用が含まれる（法法32①）。創立費は，繰延資産として取り扱われるが，その金額の一部又は全部を損金経理したときは，その支出した事業年度において，損金とすることができる（法令64①一）。

創立費に含まれる費用には，財務諸表等規則ガイドライン第36条第1項では，「定款及び諸規則作成のための費用，株式募集その他のための広告費，目論見書・株券等の印刷費，創立事務所の賃借料，設立事務に使用する使用人の手当給料等，金融機関の取扱手数料，金融商品取引業者の取扱手数料，創立総会に関する費用その他会社設立事務に関する必要な費用，発起人が受ける報酬で定款に記載して創立総会の承認を受けた金額並びに設立登記の登録税等をいう」としている。

国によっては，会社の設立費用は，新会社の海外子会社の費用となる。

(2) 開業費

会社設立後，開業にかかる開業費は，法人税法では，法人の設立後事業を開始するまでの間に開業準備のために特別に支出する費用とされる（法法14①二）。開業費は，繰延資産として取り扱われるが，その金額の一部又は全部を損金経理したときは，その支出した事業年度において，損金とすることができる（法令64①一）。

開業費に含まれる費用には，財務諸表等規則ガイドライン第36条第2項

では,「土地,建物等の賃借料,広告宣伝費,通信交通費,事務用消耗品費,支払利子,使用人の給料,保険料,電気・ガス・水道料等で,会社成立後営業開始までに支出した開業準備のための費用をいう」としている。

3 海外子会社との移転価格税制

内国法人と海外子会社等,直接又は間接に 50％以上保有する出資関係がある場合,又は内国法人が海外法人等を実質的に支配している場合,内国法人と海外の法人等との間は国外関連者間にあるとされ,独立企業間価格との比較で内国法人の所得を減らすような取引がある場合には,我が国の法人税法上,移転価格税制が適用されることがある。

移転価格税制は,内国法人と海外子会社等との間の実際の取引価格と比較しうる独立企業間価格とに価格差があり,本来は内国法人の所得となるものが海外子会社等に所得が移転していることが明らかになった場合に,取引価格と独立企業間価格との差額を内国法人の所得として認定し課税する制度である。

4 移転価格税制における独立企業間価格

移転価格税制における独立企業間価格には,国外の関連する取引と第三者間の同一又は類似した取引の「価格」あるいは「売上総利益率」を比較する基本三法（独立価格比準法,再販売価格比準法,原価比準法）に加え,利益分割法と取引単位営業利益法等が計算方法として明らかにされている（措法66の4②）。

平成22年度税制改正までは,独立企業間価格としては基本三法のいずれかの方法によることとし,算定できない場合に限り利益分割法又は取引単位営業利益法のいずれかを計算方法とすることとしていた。

平成23年度税制改正では,独立企業間価格の計算方法については,基本三法,利益分割法,そして取引単位営業利益法のいずれかの計算方法で最も適切な方法によることに改正された。すなわち,独立企業間価格は「最適な

方法」によることとされた (措法66の4②)。

　この改正は，OECD移転価格ガイドラインにおいて平成22年7月に，独立企業間価格について選択しうる方法のなかで最適な方法によるとする改正があったことを受けたものである。

5　移転価格税制の対象となる取引

　内国法人と海外子会社等との取引で移転価格税制の対象となる取引としては，①原材料輸出取引・製造設備輸出取引，②技術指導取引，③無形資産使用許諾取引等があるとされる[1]。

(1)　原材料輸出取引・製造設備輸出取引

　原材料輸出取引・製造設備輸出取引では，内国法人が独立企業間取引価格より低い価格で原材料又は製造設備を海外子会社等に輸出し，海外子会社等が独立企業間取引価格以上で販売した場合には，本来は内国法人が得られるべき所得が海外子会社等に移転したことになり，移転価格税制の適用の対象となる。

(2)　技術指導取引

　技術指導取引は，海外子会社等への役務提供に係る取引であり，移転価格税制の適用の対象となる。

　役務提供に係る移転価格についての税務当局の移転価格事務運営要領 (平成23年課法7-14) では，次のように取り扱っている。

「(役務提供)

2-8　役務提供について調査を行う場合には，次の点に留意する。

　(1)　役務提供を行う際に無形資産を使用しているにもかかわらず，当該役務提供の対価の額に無形資産の使用に係る部分が含まれていない場合があること。

　(注)　無形資産が役務提供を行う際に使用されているかどうかについて調

---

[1] 『Tax & Law　国際税務の実務と対策』[2014]　P.6854

査を行う場合には，役務の提供と無形資産の使用は概念的には別のものであることに留意し，役務の提供者が当該役務提供時にどのような無形資産を用いているか，当該役務提供が役務の提供を受ける法人の活動，機能等にどのような影響を与えているか等について検討を行う。」

役務提供の対価として受けるもののなかに無形資産に係る役務提供の対価があるかどうかの調査を綿密に調査することを明らかにしている。

国外関連者に対して本来の業務に付随して行う役務提供の取引における対価については，役務提供の総原価の額を独立企業間価格とする原価基準法に準じた方法と同等の方法を妥当な方法としている（事務運営要領2-10）。この例としては，海外子会社から製品を輸入している法人が当該海外子会社の製造設備に対して行う技術指導等，役務提供を主たる事業としていない法人又は国外関連者が，本来の業務に付随して又はこれに関連して行う役務提供があげられる。また，役務提供に係る総原価には，原則として，当該役務提供に関連する直接費のみならず，合理的な配賦基準によって計算された担当部門及び補助部門の一般管理費等の間接費まで含まれるとしている（事務運営要領2-10）。

(3) **無形資産取引**

内国法人が国外関連者との間で行われる無形資産の取引において，税務当局は，無形資産の取引価格が適正なものかどうかを判断する場合がある。無形資産取引の価格の判断が求められるのは，無形資産の使用許諾又は譲渡の取引のときである。

無形資産の使用許諾又は譲渡に係る税務上の無形資産には，特許権，実用新案権，意匠権，商標権の工業所有権のほかに著作権，顧客リスト，販売網等が含まれる（法令13⑧，措法通達66の4(3)）。この他に「生産その他業務に関し繰り返し使用し得るまでに形成された創作，すなわち，特別の原料，処方，機械，器具，工程によるなど独自の考案又は方法を用いた生産についての方式，これに準ずる秘けつ，秘伝その他特別に技術的価値を有する知識及び意匠等」が含まれる（法基通20-1-21）。

内国法人と国外関連者との間の無形資産取引が，非関連者との独立企業間価格との最適な方法による比較で，適正な取引価格によるものかどうかの判断が求められることから，内国法人においても移転価格税制の適用を受けないような注意が必要である。

6　海外子会社への財政的な支援

　海外子会社への財政的な資金援助を行うことがあるが，海外子会社への資金援助をした場合に，それが我が国の法人税法で，どのように扱われるかを確認しておくことが必要である。

　内国法人と海外子会社等との取引で，内国法人が海外子会社に金銭の援助の支出をした場合は，原則として寄附金に該当することになる（法法37⑦）。

　内国法人の国外関連者に対する寄附金については，損金の額に算入しないこととされる（措法66の4③）。

　これについて，移転価格事務運営要領では，次のように取り扱っている。
「(国外関連者に対する寄附金)
2-19　調査において，次に掲げるような事実が認められた場合には，措置法第66条の4第3項の規定の適用があることに留意する。
　　イ　法人が国外関連者に対して資産の販売，金銭の貸付け，役務の提供その他の取引（以下「資産の販売等」という。）を行い，かつ，当該資産の販売等に係る収益の計上を行っていない場合において，当該資産の販売等が金銭その他の資産又は経済的な利益の贈与又は無償の供与に該当するとき
　　ロ　法人が国外関連者から資産の販売等に係る対価の支払を受ける場合において，当該法人が当該国外関連者から支払を受けるべき金額のうち当該国外関連者に実質的に資産の贈与又は経済的な利益の無償の供与をしたと認められる金額があるとき
　　ハ　法人が国外関連者に資産の販売等に係る対価の支払を行う場合において，当該法人が当該国外関連者に支払う金額のうち当該国外関連者に金

銭その他の資産又は経済的な利益の贈与又は無償の供与をしたと認められる金額があるとき
（注）　法人が国外関連者に対して財政上の支援等を行う目的で国外関連取引に係る取引価格の設定，変更等を行っている場合において，当該支援等に基本通達9-4-2（（子会社等を再建する場合の無利息貸付け等））の相当な理由があるときには，措置法第66条の4第3項の規定の適用がないことに留意する。」

したがって，内国法人が国外関連者に対してする資金援助等は寄附金に該当し，損金算入することができず課税の対象となる。しかし，国外関連者等に資金等による援助をした場合に，法人税基本通達9-4-2の子会社等を再建する場合の無利息貸付け等に該当する場合には，寄附金に該当しないことになる。

7　外国子会社合算税制（タックスヘイブン税制）

　内国法人等により発行済株式又は出資の総数又は総額の50％超を直接及び間接に保有されている外国法人で，我が国の税率より低い軽課税国に本店等を有する場合にその外国法人の所得に一定の所要の調整をした適用対象金額のうち，直接及び間接にその発行済株式等の10％以上を，単独又は同族株主グループと共同で保有する場合に，その保有する株式等のうち内国法人が保有する部分の割合の金額を，内国法人の各事業年度の所得の金額の計算上，益金の額に算入する制度が，外国子会社合算税制（あるいはタックスヘイブン税制）という税制である。

　外国子会社合算税制は，我が国よりも税率の低い軽課税国に外国子会社を有している場合に，制度上から本来は内国法人の税負担を軽減するような行為に対して，税制上，外国子会社の所得に対する内国法人の株式等の保有割合の金額を内国法人の所得とみなして，内国法人の所得に課税する税制である。

　内国法人が外国に進出する場合に，外国法人を子会社化するのはありうる

ことであるが，その場合に，外国子会社合算税制の適用を受けることになれば，内国法人の海外進出の足かせになる可能性がある。内国法人が外国子会社合算税制の適用を受けないようにするにはどのようにすべきか，あるいは外国子会社合算税制の適用を受けた場合でもそれに対応した海外進出の方策を検討すべきこととなる。そのためにも外国子会社合算税制の仕組みを十分確認しておくことが重要となる。

(1) 適用対象となる内国法人

外国子会社合算税制の適用を受ける内国法人は，外国の関係会社の発行済株式の 10% 以上を保有している法人である（措法 66 の 6①）。

ただし，この 10% 以上とは，議決権の数が 1 個でない株式等を発行している場合，又は議決権の内容が異なる株式等を交付している場合には，株式数の割合，議決権の割合，請求権に基づく剰余金の配当割合のいずれか多い割合の 10% 以上である。なお，この規定は，一の同族株主グループに属する内国法人にも適用される。

(2) 外国関係会社の範囲

外国関係会社とは，我が国の居住者及び内国法人並びに特殊関係非居住者により，外国法人の発行済株式又は出資の数又は金額の 50% 超を直接又は間接に保有されている外国法人をいう（措法 66 の 6②一）。

なお，特殊関係非居住者とは，次のものをいう（措令 39 の 14③）。

イ　居住者の親族

ロ　居住者と婚姻の届出をしていないが事実上婚姻関係と同様の事情にある者

ハ　居住者の使用人

ニ　イ〜ハに掲げる者以外の者で居住者から受ける金銭その他の資産によって生計を維持しているもの

ホ　ロ〜ニに掲げるものと生計を一にするこれらの者の親族

ヘ　内国法人の役員及び当該役員に係る法人税法上の特殊関係使用人

(3) 特定外国子会社等

外国子会社合算税制の適用を受ける外国関係会社は，特定外国子会社等とされている。特定外国子会社等とは，次の要件に該当する外国関係会社である（措令39の14①）。

　イ　法人の所得に対して課される税が存在しない国又は地域に，本店又は主たる事務所を有する外国関係会社
　ロ　その事業年度の所得に対して課される租税の額が，その所得の金額の20％以下である外国関係会社

(4) 適用除外基準

外国子会社合算税制は，本店所在地国において主たる業務を行っていると判断される場合は適用が除外される。その判断基準としては，次の要件を満たしている場合である。

　イ　事業基準（主たる事業が株式の保有等，一定の事業でないこと）
　ロ　実体基準（本店所在地国に主たる事業に必要な事務所等を有すること）
　ハ　管理支配基準（本店所在地国において事業の管理，支配及び運営を自ら行っていること）
　ニ　次のいずれかの基準
　　(イ)　非関連者基準（非関連者との取引割合が50％超であること）
　　　　　主たる事業として，卸売業，銀行業，信託業，金融商品取引業，保険業，水運業，航空運送業に適用する。
　　(ロ)　所在地国基準（主として本店所在地国で主たる事業を行っていること）
　　　　　なお，主たる事業が上記(イ)以外の業種の場合に適用する。

(5) 特定外国子会社等の判定

特定外国子会社等に該当するのは，その会社の所得に対して課される税率が20％未満である場合であり，20％未満であるかどうかの判定は次の式によることになる（措通66の6-3～6-4）。

　　外国法人税／所得　≦　20％未満
　　外国法人税＝本店所在地国で課される外国法人税＋本店所在地国以外で

課される外国法人税＋みなし納付外国法人税
所得＝本店所在地国の所得＋本店所在地国の非課税所得＋損金算入支払配当＋損金算入外国法人税＋損金算入されない保険準備金＋益金算入保険準備金－還付外国法人税

　この式で，分母の所得に含まれる本店所在地国の非課税所得とは何かということが明確にされていないことから，特定外国子会社等に該当するかどうかの判定に苦慮することになる。

(6) 特定外国子会社等の判定における問題点

　特定外国子会社等に該当するかどうかの判定基準としては，該当する会社の所得に対する税率が20％未満であることが条件となっているが，その判定基準における所得に含まれる本店所在地国の非課税所得に含まれる所得とはどのようなものかが明確にされていないのが現状であり，それについて，公益社団法人日本租税研究協会の研究会報告では，税務当局との事前確認のうえで，次のような見解を示している[2]。

「(3) 判定基準
　　外国子会社合算税制の租税負担割合の算定における，『外国法人税の課税標準に含まれないこととされる所得の金額』に該当するかどうかの判定は，次によるのが適当と考えられる。
　　外国関係会社の本店所在地国の外国法人税が当該外国関係会社において恒久的に課税されないものが，課税標準に含まれない所得の金額（非課税所得）に該当する。
　　ただし，当該外国関係会社において恒久的に課税されないものであっても，他の者においてその外国法人税が（代替的に）課税されることとなっているものは，非課税所得には該当しないものとして取り扱って差

---

[2] 諸星健司・佐々木浩「外国子会社合算税制の適用（上）」［2014］税務弘報，112頁，国際課税実務検討会編「外国子会社合算税制（タックス・ヘイブン対策税制）における課税上の取扱いについて」［2014］公益社団法人日本租税研究協会，2頁

し支えないものとする。」
　この見解から本店所在地国の外国法人税が外国関係会社において全世界的に課税されなければ，課税されることはなく，外国関係会社の関係する国で課税されれば，課税所得として認識されることになる。

II　外国法人の国内進出支援税制

　外国法人が我が国の国内に進出することを促進し，外資の積極的な投資を促すための税制を検討する場合に，次のような検討事項が考えられる。
(1)　外国法人に対する軽減税制の拡大
(2)　内国法人を対象にしている研究開発税制，投資促進支援税制を外国法人にも拡大すること

　これらの外国法人に対する投資優遇を行う場合において，確認しておかなければならないのは，現行の外国法人に対する我が国の税制がどのような税制となっているかである。

1　外国法人の国内源泉所得
(1)　外国法人の国内源泉所得の区分
　外国法人に対しては，我が国の国内の活動で生じた各事業年度の所得に対して国内源泉所得として課税される。なお，平成26年度税制改正で国際課税の課税方式が全世界の法人の所得に課税する総合課税から我が国での活動に帰属した所得に課税する帰属主義に変更されたことにより，外国法人に対する課税は，原則として帰属主義に基づいた所得に重点的に課税する制度に変更されることになった。そのうえで，外国法人が日本の国内に恒久的施設(PE)を有する場合の所得区分と恒久的施設を有しない所得区分に区分し，それぞれに該当する所得を再分類し課税の仕組みを再編している（法法141，138）。
　一　恒久的施設を有する外国法人

イ　恒久的施設において使用する資産，恒久的施設が果たす機能，当該外国法人の本店等との間の内部取引で恒久的施設に帰属する所得

ロ　国内にある資産の運用又は保有により生ずる所得

ハ　国内にある資産の譲渡により生ずる所得

ニ　国内における人的役務の提供による対価

ホ　国内にある不動産の貸付けによる対価

ヘ　国内に源泉のあるその他の所得

二　恒久的施設を有しない外国法人

イ　国内にある資産の運用又は保有により生ずる所得

ロ　国内にある資産の譲渡により生ずる所得

ハ　国内における人的役務の提供による対価

ニ　国内にある不動産の貸付けによる対価

ホ　国内に源泉のあるその他の所得

(2) 外国法人の利子・配当・使用料等

　外国法人が国内で得た利子・配当・使用料等は，恒久的施設を有する場合は課税対象となるが，恒久的施設を有していない場合は，所得税で源泉徴収することで完了されることになり，法人税の国内源泉所得に該当しないこととなった（法法138②二）。

(3) 内部取引の所得の帰属

　外国法人の本店との内部取引であっても恒久的施設が日本国内にあれば，外国法人の支店の所得に法人課税が課される。すなわち，外国法人が日本国内に支店を有している場合は，その支店の判断で投資した第三国企業への株式投資から得られる配当所得等の外国法人の内部取引から得られる所得については，従来は日本で課税の対象外であったが，平成28年4月1日施行で課税対象となった。この改正の狙いは，外国法人の所得については，日本国内の所得のみに課税する総合課税から，外国法人の支店が恒久的施設を有している限りにおいて，支店の第三国企業への投資により得られた所得も日本国内の支店に帰属する所得として国内に帰属する源泉所得として課税の対象

イ　課税対象の内部取引

　　恒久的施設が日本国内にある外国法人とその本店との間で行われる内部取引は，課税の対象となる。その内部取引は，外国法人の支店等として置かれる恒久的施設と本店等との間で行われた資産の移転，役務の提供その他の取引で，独立の事業者間の同様の取引としての，資産の販売，資産の購入，役務の提供その他の取引と同様であると認められるものをいう（法法139②）。

ロ　課税対象外の内部取引

　　資金の借入れに係る債務の保証，保険契約に係る保険責任についての再保険の引受けその他これらに類する取引における内部取引は対象外となる。

　　2国間の租税条約で，恒久的施設と本店等との間の内部取引についての旧モデル租税条約第7条の適用がある場合には，次の取引は課税対象外となる（法法139②，法令183）。

　(イ)　内部利子の支払い
　(ロ)　使用料の支払い
　　　i　工業所有権その他の技術に関する権利，特別の技術による生産方式又はこれらに準ずるもの
　　　ii　著作権（出版権及び著作隣接権その他これに準ずるものを含む。）
　　　iii　減価償却資産である無形固定資産

2　外国法人の恒久的施設帰属所得の計算

　外国法人で国内に恒久的施設を有する場合の国内源泉所得の計算は，外国法人の当該事業年度の恒久的施設を通じて行う事業の益金の額から損金の額を控除した金額となる（法法142①）。

　益金の額又は損金の額に算入すべき金額は，別段の定めのあるものを除き，外国法人の恒久的施設を通じて行う事業につき，内国法人の各事業年度の所

得計算の規定に準じて計算した場合の益金の額又は損金の額となる（法法142②）。

別段の定めのあるものとしては，次のものがある（法法142の3，142の4，142の5，142の6，142の7，142の8）。

① 還付金等の益金不算入（法法142の2①）
② 外国税額の減額部分の益金不算入（法法142の2②）
③ 保険会社の投資資産及び投資収益（法法142の3）
④ 恒久的施設に帰せられるべき資本に対応する負債利子の損金不算入（法法142の4）
⑤ 外国銀行等の資本に係る負債の利子（法法142の5）

このなかで，「恒久的施設に帰せられるべき資本に対応する負債利子の損金不算入」とは，恒久的施設に係る自己資本の額が外国法人の資本のうち恒久的施設に帰属する額に満たない場合には，恒久的施設を通じて行う事業に係る負債利子のうち恒久的施設に帰属する額に満たない部分は損金の額に算入しないとするものである。

3　外国法人の所得に対する税率

外国法人の所得に課せられる法人税率は，国内源泉所得に対して，23.9%である。普通法人である外国法人で資本金又は出資金の額が1億円以下のもの，資本若しくは出資を有しないもの又は人格のない社団等で国内源泉所得のうち800万円以下の金額には19%の法人税率が課される。

Ⅲ　むすび

1　内国法人の国外進出支援税制

内国法人が海外に進出するにあたり，税制上の支援をする場合に，現地国の税制を調査し，我が国の内国法人が進出した場合に現地国で得た所得に対して内国法人に不利な課税を受けないようにするには，外国子会社合算税制

（タックスヘイブン税制），国際的二重課税排除のための租税条約の締結，及び海外進出企業に対する優遇税制を構築することが重要である。

2 外国法人の国内進出支援税制

外国法人が我が国の国内に進出することを促進し，外資の積極的な投資を促すための税制を構築するためには，外国法人に対する軽減税制の拡大，内国法人を対象にしている研究開発税制，投資促進支援税制を外国法人にも拡大することが重要である。

最近の税制改正の動きでは，法人税率を 35% 台から 20% 台に引き下げることが喫緊の課題となっている。政府与党等で検討されている法人税課税の改革の内容は，法人税率引き下げが重要なテーマになっており，それを実施する場合には，法人課税の課税ベースの拡大により，法人税収は現行の課税規模を維持する考えである。これは，平成 9 年の法人課税小委員会報告の考え方を踏襲したものとなっている。

法人税率を 20% 台に引き下げる理由は，外国の法人税率が 20% 台にあることから，外国法人の国内進出を支援する税制の一環ということにある。

参考文献

武田昌輔編『DHC コンメンタール法人税法』［2013］第一法規

金子宏・斎藤静樹監修『会計全書（会社税務法規編）平成 25 年度版』［2013］中央経済社

国際税務実務研究会編『Tax & Law　国際税務の実務と対策』［2014］第一法規

企業支援税制

第6章　租税特別措置－研究開発・投資促進支援税制を中心に－

桜美林大学教授　野田　秀三

I　設備投資促進税制の意義

　租税特別措置法において，設備投資促進税制及び研究開発促進税制が設けられているが，それを詳細に明らかにする前に，内閣府の政策効果分析レポート（以下「政策効果レポート」という。）があるので，それを紹介することにする（内閣府政策統括官「海外諸国における経済活性化税制の事例について」平成14年8月）。

　この政策効果レポートは，諸外国の経済の活性化のための税制上の効果を分析したものであり，主に1980年代の米国のレーガン政策以降の設備投資関連税制，研究開発税制他の税制上の効果を分析したものである。

　政策効果レポートでは，当時の我が国の設備投資関連税制については，税額控除と特別償却制度が設けられており，中小企業・ベンチャー企業に対しては，特別の措置が講じられていることを明らかにしている。

　税額控除については，「対象設備の取得費用やリース費用総額の一定割合を法人税額から控除するものであり，所得控除と異なり税額から控除額をそのまま差し引くためメリットが大きいが，赤字法人の場合繰越は1年しか認められない。」と指摘する（「政策効果レポート」24頁）。

特別償却についても,「対象設備について初年度または一定期間に限り追加的な償却を認め,課税を繰り延べるもので,赤字法人でも欠損金として5年間の繰越が認められている。ただし,減価償却は期間損益のため,実質的なメリット額は課税繰延による金利分となる。」と指摘する(「政策効果レポート」24頁)。

設備投資促進税制の理論的な根拠としては,「設備投資促進税制には,設備投資の刺激策としての一時的措置としての議論と,長期的な観点からの恒久的措置としての議論が存在する。設備投資促進税制が提唱される根拠には,設備投資の促進が技術進歩を促し,国際競争力を高めるといった直感的説明のほかにも,経済理論的根拠として,①法人税率引下げよりも投資促進効果に優れ,財政負担も小さく,しかも他の資本ストックへの課税を変更させないこと,②住宅や無形資産(研究開発や職業訓練)等に対する課税と比較して設備ストックへの課税が過大であるため,このバランスを図る必要があること,③誘発された設備投資に体化された技術・知識が周辺企業や社会全体に波及する効果(spill-over 効果)をもたらすこと」などが指摘されている(「政策効果レポート」27頁~28頁)。

II 研究開発促進税制の意義

研究開発促進税制は,我が国の技術開発を促進し経済発展をさらに進めるために重要な政策であり,税制面で支援するものである。

研究開発の支出に対する税制上の改正の基本的な考え方は,平成14年10月17日の税制調査会長談話で,次のように示されており,現在にいたる研究開発促進税制の基本的な考え方となっている。

「1. 研究開発税制

　企業が行う研究開発の成果は広く経済全体に恩恵を及ぼすものである。しかし,投資リスクが高いため,市場原理に任せるだけでは十分な活動が行われない可能性がある。このような外部効果を有する研究開発に対し,

政策税制で支援することには一定の合理性が認められる。

このため,「議論の中間整理」においては,「厳しい経済状況の下,研究開発の分野でも合理化,効率化が進められる中で,試験研究費の額が「増加」した場合等に税額控除を行う現行制度が有効に機能しなくなっている面があり,見直す必要がある。このため,英米等の例も参考としつつ,新たな研究開発税制を設ける。」との考え方を示した。

米国では,基準額からの「増加分」の一定割合を税額控除する制度に加え,1996年より,選択制で,研究開発支出の「総額」の一定割合を税額控除する制度が採用されている。この「総額」方式は,過去に研究開発支出を多く行ったために,「増加分」方式では減税効果が効きにくい企業にインセンティブを与える趣旨で導入されたものである。また,研究開発支出のウエイトの高い企業をより優遇するとの観点から,売上高に占める研究開発支出の比率が高いほど,高い比率で税額控除が受けられるように設定されている。

現下の状況を踏まえ,我が国においても,研究開発支出の「総額」の一定割合を税額控除する制度を新たに導入する必要がある。その際,以下の点を踏まえた制度設計を行うこととする。

① 研究開発支出を増加させるインセンティブを高める観点から,基本的に売上高に占める研究開発支出の比率が高いほど,税額控除率を高く設定する。

② 研究開発はあらゆる分野で行われるものであることから,支援対象を特定の業種に限定せず,海外への委託研究を含め研究開発全般に適用する。

③ 基礎的,創造的な研究活動を支援するとともに,大学・研究機関の専門知識の活用を促進する観点から,産学官連携の共同研究,委託研究に対し,高い税額控除率を設定する。また,経営基盤の弱い中小企業の研究開発活動を支援する観点から,同じように一定の配慮を行う。

④ 研究開発の促進は21世紀の我が国を支える産業・技術の創出につ

ながることから，本制度の基幹的部分は期限を区切らない措置とする。ただし，集中的に政策効果を高める観点から，時限措置として上乗せする部分を設ける。」

この税制調査会長談話にあるように我が国の現在の研究開発税制は，米国の税制を参考にし，①にあるように売上高に占める研究開発支出の比率が高い企業にインセンティブを与えるために，研究開発支出の「総額」の一定割合を税額控除する制度が採用されている。

米国では，1996年の小規模事業雇用保護法（Small Business Job Protection Act of 1996）で導入されたものであり，代替増額分税額控除（Alternative Incremental Research Credit：AIRC）といわれるものである。小規模の企業にも研究開発税制が利用できるようにするためのものであった（「政策効果レポート」39頁）。

この税額控除の制度は，売上高に対する試験研究費の割合に応じて税額控除を行うものであり，次のようなものである。

試験研究費／売上高　1～1.5%　　税額控除率　2.65%（1.65%）
　　　　　　　　　　1.5～2%　　　　　　　　3.2%（2.2%）
　　　　　　　　　　2%～　　　　　　　　　3.75%（2.75%）

（括弧内は1996年当初割合）

②及び③は，我が国の研究開発税制において，国，民間企業等との共同研究，委託研究に対する特別試験研究に対する税額控除の制度に反映されている。

④は，我が国の政策税制としての租税特別措置法において時限的な措置として，税額控除が採用されている。

Ⅲ　投資促進支援税制の意義

平成25年度の政府の政策等の中心として，金融政策，財政政策，成長戦略があるが，税制面では，生産等設備投資促進税制，商業等活性化税制，生

産性向上設備投資促進税制，研究開発促進税制等の投資を促進する政策税制，環境関連投資促進税制がある。ここでは，それぞれの特別措置による税制を概観し，それぞれの特徴と適用できる範囲等を明らかにすることにする。

投資促進支援税制は，特定産業の企業に設備等への投資を促進するために，主に当該特定産業が取得した減価償却資産の償却を促進し，新規投資を税制面で支援する税制である。

税制面での投資促進税制への支援税制としては，普通償却（200％定率法）の他に特別償却，割増償却，あるいは特別償却と税額控除の選択を認めている。

現在，認められている減価償却の特別償却等には，次のものがある（平成26年8月1日現在）。

(1) 特別償却

① エネルギー環境負荷低減推進設備等を取得した場合の特別償却（税額控除との選択適用）（措法42の5①⑥，措令27の5）（償却割合30％，一部即時償却あり，7％の税額控除（20％税額を限度）との選択適用）

② 中小企業者等が機械等を取得した場合の特別償却（税額控除との選択適用）（措法42の6①〜③，措令27の6）（償却割合30％，一部即時償却あり，7％の税額控除（20％税額を限度）との選択適用）

③ 国際戦略特別地域において機械等を取得した場合の特別償却（税額控除との選択適用）（措法42の10①②③）（償却割合50％（建物等25％），一部即時償却あり，15％の税額控除（建物等8％，20％税額を限度）との選択適用）

④ 国際戦略総合特別地域において機械等を取得した場合の特別償却（税額控除との選択適用）（措法42の11①②③，措令27の11）（償却割合50％（建物等25％），一部即時償却あり，15％の税額控除（建物等8％，20％税額を限度）との選択適用）

⑤ 国内の設備投資額が増加した場合の機械等の特別償却（税額控除との選択適用）（措法42の12の2，措令27の12の2）（償却割合30％，3％の税額控除（20％税額を限度）との選択適用）

⑥　特定中小企業者等が経営改善設備を取得した場合の特別償却（措法42の12の3①②③，措令27の12の3）（償却割合30％，7％の税額控除（20％税額を限度）との選択適用）

⑦　生産性向上設備等を取得した場合の特別償却（措法42の12の5①～⑤，⑦～⑨）（償却割合50％（建物，構築物は25％），一部即時償却あり，4％（建物，構築物2％）の税額控除との選択適用）

⑧　特定設備等の特別償却（措法43，措令28）（償却割合18％，16％，8％）

⑨　耐震基準適合建物等の特別償却（措法43の2①）（償却割合25％）

⑩　技術基準適合施設の特別償却（措法43の2②）（償却割合20％）

⑪　関西文化学術研究都市の文化学術研究地区における文化学術研究施設の特別償却（措法44，43の2，措令28の2）（償却割合12％（建物，附属設備6％））

⑫　共同利用施設の特別償却（措法44の3）（償却割合6％）

⑬　特定農産加工品生産設備等の特別償却（措法44の4①，措令28の7）（償却割合30％）

⑭　新用途米穀加工品等製造設備の特別償却（措法44の4②，措令28の7）（償却割合30％）

⑮　特定信頼性向上設備の特別償却（措法44の5①，措令28の8）（償却割合15％）

⑯　災害対策用基幹放送設備等の特別償却（措法44の5②，措令28の8）（償却割合15％）

⑰　特定地域における工業用機械等の特別償却（措法45①，措令28の9）（償却割合50％，34％，25％，20％，10％，8％，6％）

⑱　医療用機器等の特別償却（措法45の2，措令28の10）（償却割合12％，16％）

⑲　復興産業集積区域等において機械等を取得した場合の特別償却（税額控除との選択適用）（震災特例法17の2①②）（償却割合：機械装置は即時償却，建物・同附属設備・構築物25％，15％（建物等・構築物8％）の税額控除との選

択適用）

⑳　復興居住地域において被災者向け優良賃貸住宅を取得した場合の特別償却（震災特例法17の2①表二）（償却割合25％）

㉑　企業立地促進区域において機械等を取得した場合の特別償却（震災特例法17の2の2）（償却割合25％）

㉒　避難解除区域等において機械等を取得した場合の特別償却（震災特例法17の2の3①）（償却割合：機械装置即時償却，建物・同附属設備，構築物25％）

㉓　復興産業集積区域における開発研究用資産の特別償却（震災特例法17の5）（償却割合：即時償却）

㉔　被災代替資産等の特別償却（震災特例法18）（償却割合：建物・構築物15％，機械装置30％，一定の船舶，航空機又は車両運搬具30％，なお，中小企業等は建物・構築物18％，機械装置36％，一定の船舶，航空機又は車両運搬具36％）

㉕　再投資設備等の特別償却（震災特例法18の4）（償却割合：即時償却）

(2)　割増償却

①　特定地域における工業用機械等の割増償却（措法45②，措令28の9）（割増償却割合：普通償却限度額の32％（建物及び附属設備並びに構築物48％））

②　障害者を雇用する場合の機械等の割増償却（措法46，措令29）（割増償却割合：普通償却限度額の24％（工場用建物及びその附属設備32％））

③　支援事業所取引金額が増加した場合の3年以内取得資産の割増償却（措法46の2，措令29の2）（割増償却割合：普通償却限度額の30％）

④　次世代育成支援対策に係る基準適合認定を受けた場合の建物等の割増償却（措法46の3，措令46の3，措令29の3）（割増償却割合：普通償却限度額の32％）

⑤　サービス付き高齢者向け賃貸住宅の割増償却（措法47，措令29の4）（割増償却割合：普通償却限度額の28％，耐用年数35年以上40％，平成27年4月1日から平成28年3月31日まで取得したもの14％，耐用年数35年以上20

%)
⑥ 特定再開発建築物等の割増償却（措法47の2, 措令29の5）（割増償却割合：普通償却限度額の10%）（別に30％, 40％, 50％の特例あり）
⑦ 倉庫用建物等の割増償却（措法48, 措令29の6）（割増償却割合：普通償却限度額の10％）
⑧ 被災者向け優良賃貸住宅の割増償却（震災特例法18の2）（割増償却割合：普通償却限度額の50％, 耐用年数35年以上70％）

Ⅳ　主要な投資促進支援税制

1　生産等設備投資促進税制の創設（措法42の12の2）

　生産等設備投資促進税制は，国内の設備投資の需要を促進するために，国内の設備投資を増加させた法人が新たに国内で取得等をした機械・装置への投資をした場合には，機械及び装置に30％の特別償却又は3％の税額控除を認める税制である。なお，税額控除は，法人税額の20％を限度としている（措法42の12の2）。

　この生産等設備投資促進税制の概要は，次のとおりである。

(1)　対象法人

　青色申告法人であること。

(2)　対象となる期間と固定資産

　平成25年4月1日から平成27年3月31日までの間に開始する事業年度（2年間）に取得等した減価償却資産が対象となる。

　取得等とは，取得又は製作若しくは建設したものをいい，合併，分割，贈与，交換，現物出資，現物分配で取得するものは対象外である。

(3)　生産等設備投資額の範囲

　この政策税制では，国内において前年度の生産等設備への年間総投資額に比べ適用対象年度に10％超の生産等設備の年間総投資額があり，そのなかで機械及び装置への投資額が対象となる。

(4) 生産等設備投資の資産の範囲

生産等設備投資の資産は，次のように機械・装置を含む有形固定資産である。

一　建物及びその附属設備（暖冷房設備，照明設備，通風設備，昇降機その他建物に附属する設備をいう。）

二　構築物（ドック，橋，岸壁，桟橋，軌道，貯水池，坑道，煙突その他土地に定着する土木設備又は工作物をいう。）

三　機械及び装置

四　船舶

五　航空機

六　車両及び運搬具

七　工具，器具及び備品（観賞用，興行用その他これらに準ずる用に供する生物を含む。）

ただし，本店・寄宿舎等の建物，事務用器具備品，乗用自動車，福利厚生施設等は該当しない。

(5) 対象となる機械及び装置

取得等した機械及び装置が対象となるが，所有権移転外リース取引で取得等した機械及び装置には適用しない（措法42の12の2④）。

(6) 特別償却又は税額控除

生産等設備投資資産を前年度に比べ10%超の取得等をした場合にその取得等した減価償却資産のなかの機械及び装置の減価償却の減価償却限度額は，30%の特別償却が普通償却の別枠で認められることから，当該資産の特別償却を行った年度における減価償却の償却限度額は，次のとおりである。

　　減価償却限度額＝普通償却限度額＋特別償却30%による償却限度額

当該の機械及び装置につき30%の特別償却に代えて税額控除をする場合には，事業の用に供した機械及び装置の取得価額の3%を税額控除することができる。ただし，当該税額控除をする事業年度の法人税の額の20%を限度額とする（措法42の12の2②）。

(7) 機械及び装置の特別償却又は税額控除の申請

機械及び装置につき特別償却又は税額控除の申請をする場合は，確定申告書等に機械及び装置の償却限度額の計算に関する明細書の添付が求められている（措法42の12の2⑤）。

2 商業等活性化税制の創設（措法42の12の3，措令27の12の3）

青色申告書を提出する中小企業者又は農業協同組合等で中小企業の新たな事業活動の促進に関する法律第17条第2項に規定する認定経営革新等支援機関による経営改善に関する指導及び助言を受けた旨を明らかにする書類の交付を受けた会社等は，取得した建物附属設備又は器具及び備品で一定のものについて，特別償却又は税額控除を選択適用することができる制度である。

この制度の適用を受けることができるのは，次の要件を満たしていなければならない。

(1) 青色申告書を提出する中小企業者等

中小企業者等とは，次のいずれかをいう。
- イ 常時使用する従業員が1,000人以下の個人事業者
- ロ 資本金の額が1億円以下の法人（資本金1億円超の大規模法人の子会社は除く。）又は従業員が1,000人以下の資本を有しない法人
- ハ 商店街振興組合，中小企業等協同組合他

(2) 特定の要件

以下の特定の要件をすべて満たしていることが求められる。
- イ 認定経営革新等支援機関からの経営改善に関する指導及び助言を受けていること

   認定経営革新等支援機関とは，経営革新等支援機関，商工会議所，商工会，都道府県中小企業団体中央会，商店街振興組合連合会，農業協同組合，農業協同組合連合会，農業協同組合中央会，都道府県農業会議，森林組合，森林組合連合会，漁業協同組合，漁業組合連合会，生活衛生

同業組合，都道府県生活衛生営業指導センターをいう。
ロ 「指導及び助言を受けたことを明らかにする書類」に，税制措置を受けようとする設備が記載されていること
ハ 「指導及び助言を受けたことを明らかにする書類」に記載された設備を実際に取得して，中小企業者等の営む商業，サービス業等の事業の用に供すること
　(イ) 対象となる設備は，「建物附属設備」で60万円以上のもの及び「器具及び備品」で30万円以上のもの
　(ロ) 中古品は含まない。
　(ハ) 「商業，サービス業等」とは，卸売業，小売業，情報通信業，一般旅客自動車運送業，道路貨物運送業，倉庫業，港湾運送業，こん包業，損害保険代理業，不動産取引業，不動産賃貸業・管理業，物品賃貸業，専門サービス業，広告業，技術サービス業，宿泊業，飲食店業，洗濯・理容・美容・浴場業，その他の生活関連サービス業，社会保険・社会福祉・介護事業，サービス業（教育・学習支援業，映画業，協同組合，他に分類されないサービス業（廃棄物処理業，自動車整備業，機械等修理業，職業・労働者派遣業，その他の事業サービス業）），農業，林業，漁業。ただし，風俗営業法の対象事業となるもので，①バー，キャバレーなどの飲食店業で生活衛生同業組合の組合員である場合，②宿泊業のうち旅館業，ホテル業で風俗営業の許可を受けている場合は，税制優遇の対象となる事業となるが，それ以外は対象外となる。

(3) 特別償却又は税額控除

特別償却又は税額控除は，次の要件を満たしている場合に選択適用できる。
イ 特別償却は，取得価額の30％である。
ロ 税額控除は，取得価額の7％であるが，法人税額の20％を限度額とする。
ハ ファイナンス・リース取引では，所有権移転外ファイナンス・リースで取得した設備の場合は，特別償却は選択できない。

3　生産性向上設備投資促進税制（措法42の12の5）

　青色申告法人が，産業競争力強化法の施行の日（平成26年1月20日）から平成29年3月31日までの期間に，生産等設備を構成する機械及び装置，工具，器具及び備品，建物，建物附属設備，構築物並びに政令で定めるソフトウエアで，特定生産性向上設備等の取得等（取得等又は製作若しくは建設，建物においては改修工事による取得又は建設を含む。）をして，これを国内の当該法人の事業の用に供した場合には，その事業年度（平成26年4月1日以後に終了する事業年度）の当該特定生産性向上設備等の償却限度額は，適用事業年度により次のような措置がとられている。

① 　産業競争力強化法施行日（平成26年1月20日）から平成28年3月31日まで即時償却と税額控除（5%）の選択適用。ただし，税額控除は，建物・構築物については，3%の選択適用となる（措法42の12の5⑧）。

② 　平成28年4月1日から平成29年3月31日まで
　普通償却限度額（法人税額等の20%限度）と特別償却限度額50%（建物及び構築物は25%）の合計額となる（措法42の12の5①）。

　ただし，特別償却を選択しなかった場合は，税額控除4%（建物及び構築物は2%）を選択適用できる（措法42の12の5⑦）。

　青色申告法人が，産業競争力強化法の施行の日から平成28年3月31日までに，特定生産性向上設備等の取得等をして，これを国内の当該法人の事業の用に供した場合には，その事業年度の特定生産性向上設備等の償却限度額は，普通償却限度額と即時償却額となる（措法42の12の5②）。

　生産性向上設備投資促進税制の概要は次の通りである。

　生産性向上設備投資促進税制は，設備投資を促すとともに，特に質の高い設備に投資をした場合に税制上の優遇措置を講ずる税制である。対象となる設備は，「先端設備」（Aタイプ）と「生産ラインやオペレーションの改善に資する設備」（Bタイプ）である。

Aタイプ「先端設備」の設備

設備の種類	用途又は細目
機械装置	すべて
工具	ロール
器具備品	イ　試験又は測定機器 ロ　陳列棚及び陳列ケースのうち，冷凍機付又は冷蔵機付のもの ハ　冷房用又は暖房用機器 ニ　電気冷蔵庫，電気洗濯機その他これらに類する電気又はガス機器 ホ　氷冷蔵庫及び冷蔵ストッカー（電気式のものを除く。）
建物	イ　断熱材 ロ　断熱窓
建物附属設備	イ　電気設備（照明設備を含み，蓄電池電源設備を除く。） ロ　冷房，暖房，通風又はボイラー設備 ハ　昇降機設備 ニ　アーケード又は日よけ設備（ブラインドに限る。） ホ　日射調整フィルム

Aタイプ「先端設備」の設備【中小企業者等にのみ対象】

設備の種類	用途又は細目
器具備品	サーバー用の電子計算機（その電子計算機の記憶装置にサーバー用のオペレーティングシステムが書き込まれたもの及びサーバー用のオペレーティングシステムと同時に取得又は製作をされるもの）
ソフトウエア	設備の稼働状況等に係る情報収集機能及び分析・指示機能を有するもの

　Aタイプ「先端設備」に該当する設備は，次の2つの要件を満たしていなければならない（経済産業省関係産業競争力強化法施行規則5一）。
　第1要件：最新モデル

最新モデルとは，各メーカーのなかで，下記のいずれかのモデルをいう。

イ　一定期間内（機械装置：10年以内，工具：4年以内，器具備品：6年以内，建物及び建物附属設備：14年以内，ソフトウエア：5年以内）に販売が開始されたもので，最も新しいモデル

ロ　販売開始年度が取得等をする年度及びその前年度であるモデル

第2要件：生産性向上

イ　旧モデル（最新モデルの1世代前モデル）と比較して，「生産性」が年平均1％以上向上しているものであること。ただし，ソフトウエアについては，この生産性向上要件は不適用。

ロ　「生産性」の指標については，「単位時間当たりの生産量」「精度」「エネルギー効率」等，メーカーの提案を基に，各工業会がその設備の性能を評価する指標として妥当であるかを判断する。

ハ　比較するのは同メーカー内での新モデル・旧モデルのみであり，他メーカーとの比較や，ユーザーが元々使用していたモデルとの比較は行わない。

ニ　特注品であっても，カスタムのベースとなる汎用モデルや中核的構成品がある場合には，そのベースとなる旧モデルとの比較を行う。

Bタイプ「生産ラインやオペレーションの改善に資する設備」

設備の種類	用途又は細目
	すべて
工具	すべて
器具備品	すべて(*)
建物	すべて
建物附属設備	すべて
構築物	すべて
ソフトウエア	すべて

(*) 器具備品のうち，サーバー用の電子計算機については，情報通信業のうち自己の電子計算機の情報処理機能の全部又は一部の提供を行う事業を行う法人が取得又は製作をするものは除く。

Bタイプの「生産ラインやオペレーションの改善に資する設備」は，次の要件を満たしていなければならない。

第1要件：投資利益率

イ　事業者が策定した投資計画で，その投資計画におけるその設備投資による効果として年平均の投資利益率が15％以上（中小企業者等にあっては5％以上）となることが見込まれるものであることにつき，経済産業大臣（経済産業局）の確認を受けたものであること。

ロ　対象となる設備は，その投資計画に記載されている設備で，その事業者にとって投資目的を達成するために必要不可欠なものとする。

ハ　投資利益率は，次の算式による。

（算式）

$$\frac{「営業利益＋減価償却費」の増加額}{設備投資額}$$

　　減価償却費は会計上の減価償却費である。
　（注1）増加額は，設備の取得等をする年度の翌年度以降3年度の平均額
　（注2）設備投資額は，設備の取得等をする年度におけるその取得等をする設備の取得価額の合計額である。

　生産性向上設備投資促進税制において対象となる設備等は，次の一定規模のものを取得したものが対象となる（措法令27の12の5）。

設備の種類	規模要件
機械装置	1台又は1基の取得価額が160万円以上のもの
工具及び器具備品	それぞれ1台又は1基の取得価額が120万円以上のもの
建物，建物附属設備及び構築物	それぞれの一の取得価額が120万円以上のもの（建物附属設備については，一の取得価額が60万円以上で，かつ，一事業年度におけるその取得価額が120万円以上のものを含む。）
ソフトウエア	一の取得価額が70万円以上のもの（一の取得価額が30万円以上で，かつ，一事業年度におけるその取得価額の合計額が70万円以上のものを含む。）

4　中小企業投資促進税制

中小企業等が該当する設備等に投資を行った場合に，平成29年3月31日までの期間に，30％の特別償却又は7％の税額控除を認める制度である（措法10の3，42の6）。

(1)　中小企業等の範囲

適用対象となる中小企業等は，青色申告法人で，次のイ～ロに該当する法人である。

イ　常時使用する従業員数が1,000人以下の個人

ロ　資本金又は出資金1億円以下の法人（大規模法人1社が50％以上出資している法人，大規模法人2社以上が3分の2以上出資している法人は除く。なお，大規模法人とは，資本金又は出資金1億円超の法人，又は，資本又は出資のない法人で従業員数1,000人超の法人で，中小企業投資育成株式会社以外の法人をいう。）

ハ　資本又は出資のない法人で従業員数1,000人以下の法人

ニ　農業協同組合等

(2)　対象となる設備

中小企業投資促進税制の対象となる設備は，生産性向上設備投資促進税制と同様の設備である。この制度に生産性向上設備投資促進税制を上乗せして適用できる。この税制は，次のような特徴がある。

イ　中小企業の生産性向上に向けた設備投資を即時償却又は税額控除ができる。

ロ　税額控除の対象法人を拡大（資本金3,000万円から1億円に拡大）する。

ハ　資本金3,000万円までの法人に税額控除の上乗せを認める（7％から10％に変更）

5　研究開発促進税制の拡充（措法42の4）

研究開発に係る税制は，「試験研究費の総額に係る税額控除」，「特別試験研究費の額に係る税額控除」，「中小企業技術基盤強化税制」及び「試験研究

費の額が増加した場合の税額控除」の4つの税制からなる。

平成25年度税制改正においては，試験研究を行った場合の法人税額の特別控除の特例により，青色申告法人の試験研究費の法人税額の税額控除が，平成25年4月1日から平成27年3月31日までの2年間の事業年度に限り20％から30％に拡充された（措法42の4の2）。

(1) 試験研究費の範囲

試験研究費は，製品の製造又は技術の改良，考案若しくは発明に係る試験研究のために要する費用である（措法42の4⑫一）。ここで試験研究費に要する費用とは，次に掲げる費用をいう（措令27の4⑥）。

一　その試験研究を行うために要する原材料費，人件費（専門的知識をもって試験研究の業務に専ら従事する者をいう。）及び経費

二　他の者（連結完全支配関係にある連結法人を含む。）の試験研究のために委託を受けた者に対して支払う費用

三　技術研究組合法第9条第1項の規定により賦課される費用

(2) 特別研究費の範囲

試験研究費の額のうち国の試験研究機関，大学その他の者と共同して行う試験研究，国の試験研究機関，大学又は中小企業者に委託する試験研究，その用途に係る対象者が少数である医薬品に関する試験研究その他政令で定める試験研究に係る試験研究費の額として政令で定めるものをいう（措法42の4⑫三）。この特別研究費に含まれる試験研究には，次のようなものがある（措令27の4⑧）[1]。

一　共同試験研究（特別試験研究機関との共同研究）
　　法人負担費用の契約又は協定があり，特別試験研究費は，法人が負担した費用である。

二　共同試験研究（大学等との共同研究）
　　法人負担費用の契約又は協定があり，大学等が支出した費用のうち法

---

(1)　幕内浩「研究開発税制」[2013] 税務弘報2013年6月，35頁

人が負担した額と法人が支出した金額の合計額が特別試験研究費となる。
三　共同試験研究　(他の者との共同研究で，発行済株式等の総数又は総額の25％以上を有する他の法人又は個人，支配関係にある者を除く。)

　　法人負担費用の契約又は協定があり，他の者が支出した費用のうち法人が負担した額と法人が支出した金額の合計額が特別試験研究費となる。
四　共同試験研究　(技術研究組合との共同研究)

　　技術研究組合法第9条1項の規定により賦課された費用が特別試験研究費となる。
五　委託試験研究 (特別試験研究機関との共同研究)

　　委託試験研究に要した費用の額が特別試験研究費となる。
六　委託試験研究 (大学等との共同研究)

　　大学等で試験研究に要した費用の額 (委託試験研究に係る大学等が支出する人件費，旅費，経費，外注費の額について，当該法人が負担したもの) は，監査を受けて，大学等の確認の費用を含めたものが特別試験研究費となる。
七　委託試験研究 (特定中小企業者との共同研究)

　　特定中小企業との共同研究で，特定中小企業者等が支払う試験研究に要した費用の額 (委託試験研究に係る中小企業者等が支出する原材料費，人件費，旅費，経費，外注費の額について，当該法人が負担したもの) は，監査を受けて，中小企業者等の確認を受けたものが特別試験研究費となる。

(3) 試験研究費，特別試験研究費の税額控除

　法人等が支出した試験研究費に対する税制上の特別措置は，税額控除によっている。試験研究費に対する税額控除は，支出した試験研究費の総額の一定割合を法人税額から税額控除を認めるものである。ただし，当該事業年度の法人税額の25％を限度としている (措置法42の4①，②)。特別試験研究費は，別枠で5％の税額控除を認めている。

　特別試験研究費は，試験研究費のうち法人が国又は大学等の研究機関との共同研究又は委託研究で，法人が負担した試験研究費の額をいう (措法42の

4⑫三)。

(4) 試験研究費の総額に係る税額控除制度

青色申告法人が，合併による解散を除く解散の日を含む事業年度及び清算中の各事業年度以外の事業年度において，試験研究費の総額を法人税からの税額控除をすることを認めている（措置法42の4①）。ただし，税額控除限度額は，当該事業年度の法人税額の25％を限度としている（措法42の4①）。

　　税額控除額＝試験研究費の総額×10％≦法人税額の25％

(5) 特別試験研究費の額の税額控除

特別試験研究費の額の税額控除においても，試験研究費の額の税額控除と同様に，特別試験研究費の額に対する税額控除の額は，次のような税額控除割合（20％～30％）となる。

　イ　特別試験研究費のみの場合
　　(イ)　特別試験研究機関等又は大学等との共同研究及びこれら対する委託研究（30％）
　　(ロ)　上記以外のもの（20％）
　ロ　試験研究費と特別試験研究費がある場合
　　　特別試験研究費は，試験研究費の総額に係る税額控除制度及び中小企業技術基盤強化税制とは別枠で当期の法人税額の5％が税額控除の限度額となる。

(6) 試験研究費の額が増加した場合等の税額控除制度

試験研究費の総額に対する税額控除，特別試験研究費に対する税額控除，中小企業技術基盤強化税制とは別に，試験研究費の額が増加した場合には，平成20年4月1日から平成29年3月31日までの間に開始する事業年度において，試験研究費の額が増加した場合には，特別の税額控除が認められている。

特別の税額控除が認められるのは，次のいずれかであり選択適用できる。なお，当該事業年度の法人税額の10％を限度額とする（措法42の4⑨）。

　イ　試験研究費の額が比較試験研究費の額を超え，かつ，基準試験研究費

の額を超える場合には，試験研究費の額が比較試験研究費の額を超える部分の金額の5％相当額の特別税額控除ができる。適用期間は，平成20年4月1日から平成26年3月31日までの間に開始する各事業年度である。

ここで，比較試験研究費の額とは，適用年度開始の日前3年以内の試験研究費の平均額である（措法42の4⑫九）。また，基準試験研究費の額とは，適用年度開始前2年内の試験研究費の額のうち最も多い額をいう（措法42の4⑫十）。

ロ　試験研究費の額が平均売上金額の10％相当額を超える場合には，その超える部分の金額に超過税額控除割合（試験研究費割合から10％を控除した割合に0.2を乗じた割合）を乗じた金額の特別控除ができる。適用期間は，平成26年4月1日から平成29年3月31日までの間に開始する各事業年度である。

これから，イ及びロについて，まとめると次のようになる。

イの場合　試験研究費＞比較試験研究費　かつ
　　　　　試験研究費＞基準試験研究費
　　　　　特別控除額＝（試験研究費－比較試験研究費）×5％

ロの場合　試験研究費＞平均売上金額×10％
　　　　　特別控除額＝（試験研究費－平均売上金額×10％）×超過税額控除割合
　　　　　超過税額控除割合＝（試験研究費割合－10％）×0.2

① 税額控除割合

　税額控除割合は，10％である。ただし，試験研究費割合が10％未満である場合は，次の算式となる。

　　　　　税額控除割合＝（試験研究費割合×0.2）＋8％

② 比較試験研究費の額

　比較試験研究の額とは，適用開始の日前3年以内に開始した各事業年度において損金の額に算入される試験研究費の額を平均した額である。

③　基準試験研究費の額

　　基準試験研究費の額とは，適用年度開始の日前2年以内に開始した各事業年度において損金の額に算入される試験研究費の額のうち最も多い額をいう。

④　平均売上金額

　　平均売上金額とは，適用年度及び適用開始の日前3年以内に開始した各事業年度の売上金額の平均額をいう。

⑤　増加試験研究費の額

　　増加試験研究費の額とは，適用年度に損金の額に算入される試験研究費の額から比較試験研究費の額を控除した残額をいう。

⑥　増加試験研究費割合

　　増加試験研究費割合とは，増加試験研究費の額の比較試験研究費の額に対する割合をいう。

(7)　繰越税額控除限度超過額の繰越控除

　青色申告法人の各事業年度において損金の額に計算される試験研究費の額が前事業年度に損金の額に算入された金額を超えており，その法人が繰越税額控除限度超過額を有するときは，当該事業年度の法人税の額から繰越税額控除限度超過額に相当する金額を控除することができる。すなわち，1年間の繰越税額控除限度超過額の繰越税額控除を認めている。ただし，当該事業年度の法人税額の額の20%を限度とする（措法42の4③）。

　青色申告法人の中小企業者又は農業協同組合等においても，繰越税額控除限度超過額を有するときは，当該事業年度の法人税の額から繰越税額控除限度超過額に相当する金額を1年間につき税額控除することができる。ただし，当該事業年度の法人税額の額の20%を限度とする（措法42の4⑦）。

6　中小企業技術基盤強化税制（措法42の4⑥）

　中小企業者又は農業協同組合等で，青色申告書を提出する法人の各事業年度で試験研究費の額がある場合には，法人税の額から試験研究費の12%に

相当する金額を税額控除する。ただし，法人税の額の20%を限度とする（措法42の4⑥）。

7　環境関連投資促進税制

　環境関連投資促進税制（以下「グリーン投資税制」という。）は，エネルギー需給構造改革推進投資促進税制を継承して創設された。

　グリーン投資税制は，我が国のエネルギー需給状況が東日本大震災後に逼迫したことを受けて，太陽光エネルギーに注目が集まるなかで電力を安定供給する方策として，原子力発電に依存する政策から太陽光発電設備等，クリーンなエネルギーを生み出す設備に投資した場合に税制上の優遇措置として，特別償却又は税額控除を認めるものである。

　以下，概略を明らかにしておく。

(1) 適用対象者

　適用対象者は，青色申告書を提出する法人又は個人事業者である（措法10の2の2①③④，42の5①②③）。

　税額控除が認められるのは，中小企業者等である（措法10の2の2③，42の5②）。

(2) 適用対象となる設備等

　イ　特定エネルギー環境負荷低減推進設備等

　　・太陽光発電設備（10 kW 以上）

　　・風力発電設備（1万 kW 以上）

　　・熱電供給型動力発生装置（コージェネレーション設備）

　ロ　エネルギー環境負荷低減推進設備等

　　・ハイブリッド建設機械

　　・電気自動車

　　・電気自動車用急速充電設備

　　・中小水力発電設備

　　・下水熱利用設備

・定量用蓄電設備

・LED照明

・高効率空調等

(3) 税制上の優遇措置

イの特定エネルギー環境負荷低減推進設備等は、即時償却（平成27年3月31日まで）又は7%税額控除（中小企業のみ適用）が認められる。

ロのエネルギー環境負荷低減推進設備等は、30%特別償却（平成28年3月31日まで）又は7%税額控除（中小企業のみ）が認められる。

Ⅴ　むすび

租税特別措置法において、設備投資促進税制及び研究開発促進税制が設けられている。

設備投資促進税制は、①生産等設備投資促進税制、生産性向上設備投資促進税制、②環境関連の投資促進税制、③特定の資産の買換えの場合等の課税の特例がある。現在は、この設備投資促進税制により、特定の企業行動を支援する政策税制として効果を上げている。

研究開発促進税制は、我が国の技術開発を促進し経済発展をさらに進めるために重要な政策であり、税制面で支援するものである。

研究開発促進税制は、試験研究の総額に対し、一定の割合を税額控除する総額型と試験研究費の増加額に係る税額控除又は平均売上金額の10%を超える試験研究費の額に係る税額控除の増加型があり、どちらかの選択適用ができる税制となっている。

平成24年度の研究開発促進税制では、適用件数が約1万1千件、減税効果は約4千億円の減収となっている。

設備投資促進税制及び研究開発促進税制は、産業活力のある企業にとっては、さらなる生産活動を促進する効果を上げているという意味では効果を上げている政策税制である。

今後ともこの政策税制を継続しつつ，産業構造の変化に対応した政策税制として生かしていくことが重要であり，現在の国の成長戦略を推進していくうえでも重要な政策税制である。

平成27年度税制改正の検討のなかで，法人税率の実効税率約35％を段階的に引き下げて20％台にすることが喫緊の課題とされており，その財源のために，研究開発減税を縮小していくことが検討された。

検討されたのは，研究開発減税の縮小案として，大企業に認められている総額型の研究開発費の8％〜10％を法人税額から差し引ける政策税制を6％〜8％に減らし，差し引ける額の上限を法人税額の30％から20％に引き下げ，総額型の研究開発費に対する優遇策を縮小し増加型の研究開発費については優遇策を拡充しようというものであった[2]。

総額型の研究開発費の減税額は，2012年度ベースで3,685億円，増加型の研究開発費の減税額は，173億円とされており，減税額は大幅に縮小されることになる。

研究開発費に対する減税の優遇策が縮小されることにより，研究開発費への支出が停滞することが懸念されるが，研究開発費の支出を増加型に転換する政策をとるのであれば，減税額の縮小に対する緩和策となることが期待される。

平成27年度の税制改正では，このような懸念に対して，研究開発税制のうち総額型の特別試験研究費控除の拡充をすることで決着し，初年度は230億円の減税，平年度で300億円の減税を見込むことになり，当初の研究開発税制の縮小の懸念は解消された。

参考文献

 武田昌輔編『DHCコンメンタール法人税法』[2013] 第一法規
 藤曲武美・嶋協『早わかり平成25年税制改正のすべて』[2013] 中央経済社

(2) 日本経済新聞 2014年8月17日朝刊

三浦昭彦『企業優遇税制完全ガイド』[2013] 中央経済社
金子宏・斎藤静樹監修『会計全書（会社税務法規編）平成 25 年度版』[2013] 中央経済社
日本税理士会連合会編『平成 25 年度版税務経理ハンドブック』[2013] 中央経済社
大村圭一「生産等設備投資促進税制」[2013] 税務弘報 61 巻 6 号 8 頁〜12 頁
新村中「商業等活性化税制」[2013] 税務弘報 61 巻 6 号 13 頁〜18 頁
窪澤朋子「グリーン投資減税」[2013] 税務弘報 61 巻 6 号 19 頁〜24 頁
幕内浩「研究開発税制」[2013] 税務弘報 61 巻 6 号 30 頁〜36 頁
内閣府政策統括官「海外諸国における経済活性化税制の事例について」[2002]

企業支援税制

第7章 経営意思決定支援税制
—課税の中立性から—

税理士 上松 公雄

まえがき

　営利企業（以下，単に「企業」という。）を前提とした場合，経営意思決定とは，利益の最大化等の社会的使命[1]を果すことを目的として，ヒト・モノ・カネの経営資源の適正配分，有効活用を行うための意思決定であり，これは，絶えず日常的に行われているものと理解される。

　また，企業においては，自らの経済活動の結果，負担することとなる租税について，経営的には，これをコストとして認識するところでもあり，常に関心を抱いているといって過言ではない。つまり，経営意思決定に際しては，常に，租税負担及び税制が意識されているのであり，経営意思決定と税制とは不可分の関係にあるといえる。

　本稿においては，経営意思決定支援税制を検討対象とするが，経営意思決定支援税制とは，ごく一般的には，課税ベースを縮減する，あるいは，租税負担を軽減するなど課税上有利な取扱いを行うことによって，特定の経営意

---

(1) 企業の社会的使命は，第一に，利益を最大化することにあると考えるが，その他に，たとえば，地域経済の担い手として，企業存続や雇用の確保を図ることも含まれるものと理解される。

思決定を誘引する税制を意味するものと考える。

しかしながら，現代の一般的な租税原則においては，「公平・中立・簡素」が要請されており[2]，この租税原則の観点（特に，公平性と中立性）からは，上記の意味における経営意思決定支援税制の存在は肯定されないのではないかと思われる。

すなわち，課税上の有利性を付与することで，特定の経営意思決定を誘引することは，主として，政策に属することであり，事業再生や被災復興，海外進出，企業再編成などその企業自身及び関係多方面への影響が多大である事項，つまりは政策の対象となり得る事項に関しては肯定されるが，事業活動を行う上で継続的かつ反復的に行われる経営意思決定，いわゆる平時における経営意思決定（以下，本稿においては「平時における経営意思決定」の意味で「経営意思決定」の語を用いる。）に対して，殊更に，課税上の有利性を付与して，その経営意思決定を誘引することに合理性を見出すことは困難である。

そこで，本稿においては，支援の意味内容について拡大して捉えることとし，検討の対象とする税制を広げるものとする。すなわち，ある特定の経営意思決定を行った結果として，新たな課税関係や租税負担が生じないことも支援の一内容と捉える。状況としては，経営意思決定の結果として租税負担の増加（あるいは，課税強化）とならないことを想定する。

中立性の観点からは，課税上の有利性の付与によって経営意思決定を支援する税制が肯定されないのと同様に，経営意思決定の結果，合理的な理由もなしに，租税負担の増加となることも容認されないはずである。それゆえに，消極的ではあるが租税負担が増加しないことを以て，支援の意味に含められるものと考える。

また，上述したとおり，自らの経済活動の結果，負担することとなる租税について認識することは，経営意思決定の前提の一つとして認識されるが，現代の複雑な税制の下で，このことは困難さを深めていると推察される。つ

---

(2) 「わが国税制の現状と課題―21世紀に向けた国民の参加と選択―（税制調査会 平成12年7月14日）」（序説 3(1)）

まり，税制における予測可能性の問題が存する。

　この観点に立てば，法令の規定及び取扱通達に基づいて，適用要件やその解釈が明確に示されることは，それによって，経営意思決定が円滑に行われることになる。こうしたことも支援の意味内容に含めることができると考える。

　すなわち，課税要件明確主義や予測可能性などの観点からは，経営意思決定の結果として，どのような課税関係が生じ，租税負担が何程となるかを納税者において確認し得ることは，租税法規のあり方としての大前提であり，適用要件やその解釈が明確に示されていない場合には，円滑，迅速な経営意思決定を妨げる恐れがあるということができると思われる。

　以上のところから，本稿においては，まずは，円滑，迅速な経営意思決定を妨げる恐れのある税制及び税務上の取扱いについて検討する。具体的には，①役員給与の損金算入制度，②貸倒損失の計上に関する税務上の取扱い，③交際費等の損金不算入制度について取り上げる。

　ところで，上述したとおり，租税原則において，税制の「公平・中立」が要請される一方で，税制は，経済政策を実現させるための手段（政策税制）の一つとして用いられている。企業は，経済政策の主要な担い手として期待されるところであり，経済政策を実現させるための手段たる政策税制は，企業の経済活動の過程に組み込まれることによって，ある特定の経営意思決定を誘引する機能を果すこととなる。その代表的なものが，研究開発や設備投資に対する税制であるが，最近においては，雇用の促進や賃金の引上げに対する税制が整備されている。

　雇用の促進や賃金の見直しは，本来的には，平時における経営意思決定の対象として理解されるところであり，雇用を促進し，賃金を引き上げるという方向に経営意思決定を誘引しようとする税制についても検討を行うものとする。

I 経営意思決定の観点からの税制及び税務上の取扱いの検討

1 役員給与の損金算入制度
(1) 制度の概要及び問題点

役員給与については，法人税法上，職務執行の対価であるものに限って損金算入が認められている。ここで，職務執行の対価となるものは，その職務執行前にあらかじめ支給時期及び支給額が定められている給与であるとされ，この具体的な形態としては，次の3つの場合が挙げられている（法34①）。

① 定期同額給与…その支給時期が1月以下の一定の期間ごとである給与で各支給時期における支給額が同額であるもの

② 事前確定届出給与…その役員の職務につき所定の時期に確定額を支給する旨の定めに基づいて支給する給与（納税地の所轄税務署長にその定めの内容に関する届出が必要とされる。）

③ 利益連動給与…業務執行役員に対して支給する利益連動給与で一定のもの

なお，上記①から③に該当する役員給与であっても，不相当に高額な部分及び隠ぺい仮装によるものは損金に算入されない（法34②，③）（利益連動給与はここでの検討の対象外とする）。

役員給与の損金算入制度においては，あらかじめ支給時期と支給額とが定められている役員給与について損金算入を認めることとしているので，当然に，その額を改定することについては厳格に取り扱われている。したがって，どのような理由，事情が改定の事由として認められるかは重要な問題であり，また，その妥当性について検証されなければならない。

さらに同様に，定められた金額を支給できなかった場合にも損金不算入の問題が生ずることとなるが，この場合の損金不算入となる金額（あるいは，損金算入される金額）について，実務上は，法令の規定からは解釈が困難な取

扱いが行われているように思われる。

それぞれの場合の問題点について，以下において確認する。

(2) 改定事由の範囲

定期同額給与は，定期同額である点を以て，あらかじめ支給時期と支給額とが定められていることの根拠として損金算入を認めていることから，その支給額の改定については厳格に規定されている。すなわち，定期同額給与の改定は，次の場合に限定されている（令69①）。

① 当該事業年度開始の日の属する会計期間開始の日から3月を経過する日（3月経過日等）までにされた定期給与の額の改定

これは，「定時改定」とされるものであるが，定期給与の額の改定（継続して毎年所定の時期にされるものに限る。）が3月経過日等後にされることについて特別の事情があると認められる場合にあっては，その改定の時期にされた改定も定時改定の範囲に含まれる。

② 当該事業年度において当該内国法人の役員の職制上の地位の変更，その役員の職務の内容の重大な変更その他これらに類するやむを得ない事情（臨時改定事由）によりされたこれらの役員に係る定期給与の額の改定（①に掲げる改定を除く。）

③ 当該事業年度において当該内国法人の経営の状況が著しく悪化したことその他これに類する理由（業績悪化改定事由）によりされた定期給与の額の改定（その定期給与の額を減額した改定に限り，①及び②に掲げる改定を除く。）

①の定時改定は，継続して毎年所定の時期に行われる改定であり，増額改定であれ，減額改定であれ，その理由は特に問われていない（ただし，改定後の支給額について不相当に高額であるかどうかは別に問われる）。

②の臨時改定においては，まずは，役員の職制上の地位の変更や職務の内容の重大な変更といういわば外形的な，あるいは，認識しやすい事実に基づいて臨時改定事由に該当するかどうかの確認が行われるが，「その他これらに類するやむを得ない事情」として不確定概念が用いられており，その範囲

が問題となる。

　法人税の取扱いにおいては、臨時改定事由について、次のとおり定めている。

「(職制上の地位の変更等)
9-2-12の3　令第69条第1項第1号ロ《定期同額給与の範囲等》に規定する「役員の職制上の地位の変更、その役員の職務の内容の重大な変更その他これらに類するやむを得ない事情」とは、例えば、定時株主総会後、次の定時株主総会までの間において社長が退任したことに伴い臨時株主総会の決議により副社長が社長に就任する場合や、合併に伴いその役員の職務の内容が大幅に変更される場合をいう。

　(注)役員の職制上の地位とは、定款等の規定又は総会若しくは取締役会の決議等により付与されたものをいう。」

　また、「役員給与に関するQ&A（国税庁　平成20年12月）（平成24年4月改訂）」（以下、「Q&A」という。）においては、「病気のために職務ができない場合」が、臨時改定事由に該当する事情として挙げられている（Q&A［Q5］）。これは、不慮、不可避の事態を考慮したものと理解されるところからは、怪我のために職務ができない場合も臨時改定事由に含まれると推察されるが、妊娠や育児、介護などのために職務ができない場合がこの範囲に含まれるかどうかは検討を要するものと考える。

　③の業績悪化改定事由についても、まずは、会計上の数値等に基づいて客観的に判断が可能であるものと理解されるが、「著しく悪化」の程度や「その他これに類する理由」の内容や範囲については判断を要する。

　法人税の取扱いにおいては、業績悪化改定事由について、次のように定めているが、一時的な資金繰りの都合や単に業績目標値に達しなかったことなどは、業績悪化改定事由には含まれないことを明らかにするに止まっている。

「(経営の状況の著しい悪化に類する理由)
9-2-13　令第69条第1項第1号ハ《定期同額給与の範囲等》に規定する「経営の状況が著しく悪化したことその他これに類する理由」とは、経営

状況が著しく悪化したことなどやむを得ず役員給与を減額せざるを得ない事情があることをいうのであるから，法人の一時的な資金繰りの都合や単に業績目標値に達しなかったことなどはこれに含まれないことに留意する。」

また，Q＆Aによって業績悪化改定事由による改定に該当する例が明らかにされている。

すなわち，Q＆Aの［Q1］によれば，次のような場合に行われる減額改定は，通常，業績悪化改定事由による改定に該当することになると考えられるとされている。

　イ　株主との関係上，業績や財務状況の悪化についての役員としての経営上の責任から役員給与の額を減額せざるを得ない場合
　ロ　取引銀行との間で行われる借入金返済のリスケジュールの協議において，役員給与の額を減額せざるを得ない場合
　ハ　業績や財務状況又は資金繰りが悪化したため，取引先等の利害関係者からの信用を維持・確保する必要性から，経営状況の改善を図るための計画が策定され，これに役員給与の額の減額が盛り込まれた場合

さらに，Q＆A［Q1-2］においては，未だ会計数値の上では顕在化していないものの，客観的に，経営状況が著しく悪化することが不可避であると認められる場合も，業績悪化改定事由に該当するものと考えられることが明らかにされている。

法的拘束力が乏しい（あるいは，存しない）とされる法人税基本通達及びQ＆Aなどによって，法令の適用に関する重要事項が明らかにされている点は別途検討されるべきではあるものの，判断が難しい「著しく悪化」の程度や「その他これに類する理由」の内容や範囲について，これを明確にしようとされており，（定期同額給与の減額改定に係る）経営意思決定を円滑ならしめるための相応の対応，あるいは，経営意思決定の背景への考慮が図られているものと理解される。

しかしながら，たとえば，Q＆Aにおいて挙げられた上記イからハの場合

においては，減額改定及びその経営意思決定は，むしろ，事業遂行上，極々当り前の対処，対応であり，このような当り前の対応についてまで確認をしなければならない点に，現行法人税法上の役員給与の損金算入制度における問題点が現れているものと考える。

　さらに，定期同額給与の改定を巡って，上記の法人税基本通達やQ&Aにおいて挙げられた改定の理由，事情が，これらに限られるのか，あるいは，その典型的なものとしての例示であるのかの問題が存する。

　すなわち，法人税基本通達やQ&Aにおいては，「経営の状況が著しく悪化したこと」が前提とされていると理解されるが，法人が，その取り巻く経営環境への対応を図るために，定期同額給与の減額改定が不可避となる場合は，経営状況の悪化を前提とする場合には限られない。たとえば，新規の事業展開を図る局面においても利害関係者との関係や全社的な資金繰りの関係から，定期同額給与を減額改定することが不可避となる場合が存する。より具体的には，新規の事業展開に必要な設備投資を行う上で，新規借入れも増資による資金調達に限界があるために，役員給与を減額して，その設備投資資金に充当するなどの場合も考えられるところである。

　そして，役員給与の改定の前後で定期同額給与に該当するかどうか，損金算入されるか，損金不算入となるかを判断するに当たっては，課税当局は，上記のような経済合理性の認められる一体不可分の経営意思決定（新規設備投資の必要性及び役員給与の減額による資金手当て）の実態を考慮すべきであるとの指摘も存するところである[3]。

　あらかじめ支給時期と支給額を定められていることの要件からは，改定について厳格に取り扱われるのは当然であるが，そもそもが未来の予測，見込みに関する事項（神の領域に属する事項）であり，完璧ではあり得ない。また，現代のように，変動が大きく，かつ，早い状況の下で，改定事由が限定的であり，臨機応変な対応を困難とするほど硬直的であることも適当ではないと

---

　(3)　山本守之『体系法人税法（30訂版）』税務経理協会，2013年，730頁

思われる。

　私見としては，減額改定については，直接的に，租税負担を軽減する効果がないのであるから，広く容認してもよいように考える。すなわち，減額改定について合理的な理由があると認められる場合には，その改定の前後の役員給与については，それぞれ定期同額給与として損金算入を認められてよいように考える。

　合理的な理由があると認められる場合であっても，減額改定が認められないとすると，事業遂行に係る当り前の経営意思決定を妨げる，あるいは，躊躇させることになるので，その阻害要因は取り除くべきものと考える。

　ただし一方で，あらかじめ定期同額給与の額を高く設定しておく，いわゆる「枠取り」の問題も指摘されるところである。役員給与の「枠取り」は，これによって可能な限り損金計上を行えば所得金額を小さくすることができるので，租税負担の軽減を目的とする限りにおいては利点が存するように思われる。

　しかしながら，経営的な視点からは，この「枠取り」は望ましい行為ではないと考える。すなわち，利益の最大化という経営上の目標の観点からは，収益稼得に貢献しない，いわば不必要な費用の計上は，単に，利益を減少せしめ，その他に，資金繰りに負荷をかけることになるので，合理的な経営意思決定として，このような行為が選択される余地はないのではないかと考える。

　また，「枠取り」の問題は，不相当に高額かどうかの観点から対応すべきものと考える。

(3) あらかじめ定められた金額と異なる額の支給
① 定期同額給与に関する取扱いの疑問点

　定期同額給与について，あらかじめ定められた金額と異なる金額を支給した場合の取扱いのうち，法令の規定からは解釈が困難であるものとして，改定事由に該当しない改定によって増額あるいは減額された場合の改定前後の定期同額給与の捉え方を挙げることができる。

このうち，改定事由に該当しない減額改定を行った場合については，Q&A［Q4］において示されており，たとえば，従前，月額200万円であったものを170万円に減額した場合，支給額の全額が損金不算入となるのではなく，減額後の170万円が定期同額給与で，すでに支給された200万円については，30万円が上乗せされていたものとみなして，この上乗せ分のみを損金不算入とするものとされている。

(参考)

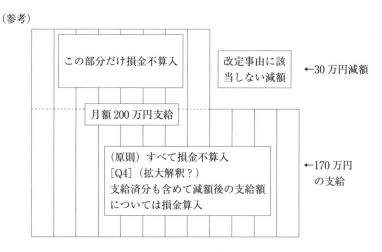

そして，改定事由に該当しない増額改定の場合も，増額後の増額部分のみを上乗せとみなして損金不算入となるものとされている（Q&A［Q3］）。

事前確定届出給与について届出額のとおりに支給しなかった場合，又は，定期同額給与について改定事由に該当しない増額，減額をした場合は，厳密には，その執行期間内の支給額のすべてが，あらかじめ支給時期と支給額とが定まっている役員給与には該当しないものと思われる。

上掲の各取扱いは，弾力的な取扱いであり，納税者に有利に働く取扱いとして歓迎すべきと思われる上，特に，減額改定の場合については，実質的に理由を問わず改定を容認するものと捉えることもできる。しかしながら，減額の場合について，基本的に理由を問わずに改定を認めることと，減額された場合に，すでに支給された分について「上乗せ」されていたものとして，

「あらかじめ定められている」ことの範囲に含めることとは異なり，このような解釈は強引すぎると思われる[4]。減額の場合には，理由を問わず改定を容認する趣旨であるならば，制度上，明確にすべきである。

②　事前確定届出給与に関する取扱いの疑問点

事前確定届出給与は，法人が自ら支給時期及び支給額を定めて，所轄税務署長に届け出るものであり，次のとおり，支給額が届出額と異なる場合には，その支給額の全額が損金不算入となる。

「（事前確定届出給与の意義）
9-2-14　法第34条第1項第2号《事前確定届出給与》に規定する給与は，所定の時期に確定額を支給する旨の定めに基づいて支給される給与をいうのであるから，同号の規定に基づき納税地の所轄税務署長へ届け出た支給額と実際の支給額が異なる場合にはこれに該当しないこととなり，原則として，その支給額の全額が損金不算入となることに留意する。」

また，「役員給与に関する質疑応答事例（国税庁　平成18年12月）」（以下，「質疑応答事例」という。）（問7）においては，事前確定届出給与について職務執行期間内に複数回の支給が行われる場合の留意点について明らかにされている。

すなわち，法人税法上，職務執行の対価である役員給与について損金算入されることから，職務執行期間において複数回の支給が行われる場合には，その職務執行期間において支給されたすべてが届け出たとおりに支給されているかどうかによって，事前確定届出給与に該当するかどうかを判定するものとされている[5]。

ここで，事前確定届出給与の損金算入，損金不算入（事前確定届出給与とされない支給）に関する原則的取扱いのイメージを示すと次のとおりとなる。

---

[4]　執行期間の中途において改定事由に該当しない増額を行う場合には，支給時期をずらすなどで，「上乗せ」の形式を整えることが可能であるが，減額改定の場合で，すでに支給されたものについては，形式的に「上乗せ」とすることも不可能である。

イ　損金算入（いずれの支給額も損金算入）

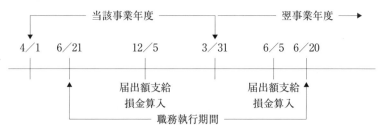

ロ　損金不算入（いずれの支給額も損金不算入）

(5) 事前確定届出給与の支給について損金算入の可否が争われた判決例（平成25年3月14日東京高裁平成24年（行コ）第424号，平成24年10月19日東京地裁平成23年（行ウ）第652号）が存する。

　この判決においては，質疑応答事例（問7）の例外的な取扱いに関して，役員給与は，企業会計上は前払費用であること及び短期前払費用については，税務上，その支出した事業年度の損金算入が認められていること（法基通2-2-14）と矛盾しない取扱いであるとしている。この点からは，質疑応答事例（問7）の例外的な取扱いについては，短期前払費用の取扱いと同旨の取扱いとして説明可能であることが示されているようにも思われる。

　なお，同判決においては，次のような役員給与の支給について，事前に届出されたとおりに支給されたか否かは職務執行期間の全期間を一個の単位として判定すべきであるとした上で，届出のとおりに支給された役員給与についても損金不算入となるものとした。

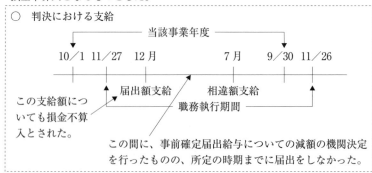

第7章 経営意思決定支援税制－課税の中立性から－ 239

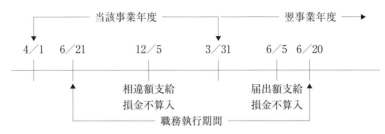

　ところで，質疑応答事例（問7）においては，一の職務執行期間内に複数回の事前確定届出に係る役員給与の支給を行う場合で，届出額とは異なる支給が行われた場合の例外的な取扱いについても触れられている。

　すなわち，職務執行期間が事業年度を跨っている場合（通常，そのようになることが一般的であると理解される。）に，当該事業年度に属する支給時期に係る支給は届出額のとおりに行い，翌事業年度に属する支給時期に係る支給は届出額のとおりに支給できなかった場合には，当該事業年度に属する支給時期に係る支給額については，（事前確定届出給与として）損金算入されるものとしている。これは，翌事業年度に属する支給時期において届出額のとおり支給しなかったことが，当該事業年度の所得金額に影響を与えないことが理由とされている。この点のイメージとしては，次のとおりとなる。

　ハ　一部損金算入（当該事業年度における支給額のみ損金算入）

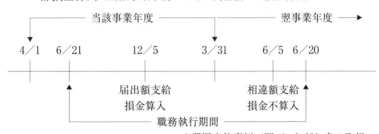

★質疑応答事例（問7）ただし書の取扱い

　この質疑応答事例（問7）ただし書に係る例外的な取扱いも，弾力的な取扱いであり，納税者にとって有利に働くものとして歓迎すべき面が存するが，疑問点が二つあるように思われる。

　第一に，事前確定届出給与について届出額のとおりに支給できなかった場

合であっても，当該事業年度に属する支給時期において届出額のとおりに支給されていれば，この分については損金算入が認められるとされているが，法令の規定からは読み取れないことである。換言すれば，このような重要な取扱いが，課税当局が公表する文書とはいえ，質疑応答事例のような法的拘束力の乏しい文書によって示されている点である。

　法令規定の拡大解釈が懸念されるとともに，質疑応答事例を示さなければ，適正な法令の適用及び運用が難しい制度，つまり，簡素，簡易ではない税制であることを示唆しているものと解され，簡易，簡素ではない税制は，円滑，迅速な経営意思決定の関連からも望ましくないと考える。

　なお，事前確定届出給与についても，定期同額給与と同様に，臨時改定事由あるいは業績悪化改定事由に基づく直前届出の内容の改定が認められているので（法令69③），届出額のとおりに支給できない恐れが生じた場合には，所定の変更届出を行えば，支給額の改定（＝損金算入）は可能であり，この手続きによって対応を図るべきものと思われる。ただし，業績悪化改定事由の内容が，法令上，明確ではなく，また，改定事由が，極めて限定されている点にも問題が存することは，定期同額給与の場合に確認したとおりである。

　いま一つの疑問は，一の職務執行期間内に複数回の事前確定届出に係る役員給与が支給される場合において，届出額のとおりに支給された場合と支給されなかった場合があるときに，事業年度とその支給時期との関係で，損金算入，損金不算入の取扱いが異なる問題である。上掲のイメージに掲げたロとハの事例が該当するので，計数を掲げて確認すると，まず，職務執行期間内に，12月（当該事業年度）と翌年6月（翌事業年度）の2回，それぞれ100万円を支給する旨を届け出ている場合を想定する。

　ここで，「ロ-1」は，12月の支給が80万円（相違額），翌年6月が100万円（届出額）となった場合であり，「ハ-1」は，12月の支給が100万円（届出額），翌年6月が80万円（相違額）という場合である。

　いずれの場合も，職務執行期間内における支給額の合計は180万円であるのに，「ロ-1」の場合には，届出額のとおりに支給された100万円も含めて

180万円が損金不算入となり,「ハ-1」の場合には,届出額のとおりに支給された100万円については損金算入が認められることになる。

ロ-1　損金不算入（いずれの支給額も損金不算入）

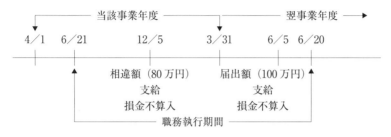

ハ-1　一部損金算入（当該事業年度における支給額のみ損金算入）

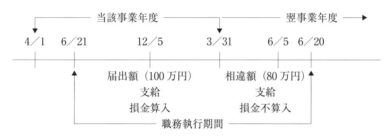

このように，同じ職務執行期間内において，事前確定届出給与として同額の支給を行っているにも関わらず，一方では（ハ-1），届出額の支給については損金算入とされ，一方では（ロ-1），届出額の支給であっても損金不算入とされることは，違和感を覚えるところである。

質疑応答事例（問7）においては，上記ハの取扱いに係る妥当性について事業年度における所得金額の計算への影響がないことを理由として説明されているが，そうであるとすれば，上記ロ-1において，届出額どおりに支給された翌事業年度の支給額については，翌事業年度の所得金額の計算上，損金算入が認められないことの説明が十分ではないように思われる。

③　小括

以上のことから，現実の役員給与の支給や改定は多様，複雑であって，あらかじめ支給時期と支給額とが定められていることを役員給与の損金算入の

要件とすることは現実的ではないのではないかと考える。

2 貸倒損失の計上に関する税務上の取扱い
(1) 取扱いの概要と問題点

　貸倒損失の計上に係る経営意思決定とは，債権管理の領域に属する経営意思決定と捉えることができる。しかしながら，貸倒損失の計上は貸倒れの事実に基づいて行われ，貸倒れの事実とは，債権が回収不能であることをいう。したがって，貸倒損失を計上するかどうかは債権が回収不能であるかどうかの事実関係で決まるのであり，貸倒損失の計上自体が，経営意思決定の対象となることは限られているものと思われる。

　なお，税務上，貸倒損失の計上については，法令においては規定はなく，法人税基本通達9-6-1から9-6-3までにおいて，貸倒損失の計上に係る取扱いが定められており，そのなかで判断基準が示されている。

「(金銭債権の全部又は一部の切捨てをした場合の貸倒れ)
9-6-1　法人の有する金銭債権について次に掲げる事実が発生した場合には，その金銭債権の額のうち次に掲げる金額は，その事実の発生した日の属する事業年度において貸倒れとして損金の額に算入する。
　(1)　更生計画認可の決定又は再生計画認可の決定があった場合において，これらの決定により切り捨てられることとなった部分の金額
　(2)　特別清算に係る協定の認可の決定があった場合において，この決定により切り捨てられることとなった部分の金額
　(3)　法令の規定による整理手続によらない関係者の協議決定で次に掲げるものにより切り捨てられることとなった部分の金額
　　イ　債権者集会の協議決定で合理的な基準により債務者の負債整理を定めているもの
　　ロ　行政機関又は金融機関その他の第三者のあっせんによる当事者間の協議により締結された契約でその内容がイに準ずるもの
　(4)　債務者の債務超過の状態が相当期間継続し，その金銭債権の弁済を受

けることができないと認められる場合において，その債務者に対し書面により明らかにされた債務免除額

（回収不能の金銭債権の貸倒れ）

9-6-2　法人の有する金銭債権につき，その債務者の資産状況，支払能力等からみてその全額が回収できないことが明らかになった場合には，その明らかになった事業年度において貸倒れとして損金経理をすることができる。この場合において，当該金銭債権について担保物があるときは，その担保物を処分した後でなければ貸倒れとして損金経理をすることはできないものとする。

　(注)保証債務は，現実にこれを履行した後でなければ貸倒れの対象にすることはできないことに留意する。

（一定期間取引停止後弁済がない場合等の貸倒れ）

9-6-3　債務者について次に掲げる事実が発生した場合には，その債務者に対して有する売掛債権（売掛金，未収請負金その他これらに準ずる債権をいい，貸付金その他これに準ずる債権を含まない。以下9-6-3において同じ。）について法人が当該売掛債権の額から備忘価額を控除した残額を貸倒れとして損金経理をしたときは，これを認める。

　(1)　債務者との取引を停止した時（最後の弁済期又は最後の弁済の時が当該停止をした時以後である場合には，これらのうち最も遅い時）以後1年以上経過した場合（当該売掛債権について担保物のある場合を除く。）

　(2)　法人が同一地域の債務者について有する当該売掛債権の総額がその取立てのために要する旅費その他の費用に満たない場合において，当該債務者に対し支払を督促したにもかかわらず弁済がないとき

　(注)(1)の取引の停止は，継続的な取引を行っていた債務者につきその資産状況，支払能力等が悪化したためその後の取引を停止するに至った場合をいうのであるから，例えば不動産取引のようにたまたま取引を行った債務者に対して有する当該取引に係る売掛債権については，この取扱いの適用はない。」

各取扱いの概要としては、それぞれ次のとおりである。

① 法人税基本通達9-6-1(1)(2)

法人税基本通達9-6-1は、債権消滅の事実に基づく貸倒損失の計上に係る取扱いである。このうち(1)及び(2)は、いずれも法的整理に基づき債権の切捨てが行われた場合の取扱いであって、これに基づく貸倒損失の計上については、税務上も問題は少ないものと考える。もっとも、債権者において、債権切捨ての事実を把握することが遅れて、損失計上のタイミングを逃したことに伴い、更正の請求が必要となるといった問題が少なくないとされているので[6]、債務者の状況の分析及び動向の把握が重要である。

② 法人税基本通達9-6-1(3)

法人税基本通達9-6-1(3)は、私的整理に基づき債権の切捨てが行われる場合の貸倒損失の計上に関する取扱いである。

この取扱いにおいては、債権の切捨てが「債権者集会の協議決定で合理的な基準により債務者の負債整理を定めているもの」にしたがって行われている事態を貸倒損失の計上（損金算入）の対象の一つとして想定している（法基通9-6-1(3)イ）。

すなわち、債権者同士の協議において負債整理に関する「合理的な基準」を定めることが貸倒損失の計上の前提とされており、この「合理的な基準」を債権者同士で協議決定する局面において、債権者たる法人の経営意思決定が問われる場合がある。

ここで、負債整理に関する「合理的な基準」とは、一律切捨て（プロラタ）によるべきものとするのが一般的であるが、この場合の「合理的」とは、債権者間において贈与関係を発生させないことを意図するものであり、必ずしも、いずれの債権者においても一律の切捨てである必要はなく、資本関係、人的関係、取引上の親密関係、又は、債権金額の多寡に応じた負担率の調整など、債務者の状況だけでなく、債権者側の事情を反映した負債整理の基準

---

[6] 山本守之・成松洋一・中村慈美「特別鼎談 貸倒損失の税務判断をめぐって」『税務弘報』中央経済社、2009年8月、83頁。

を設定することも排除されていないとされている[7]。

したがって，当該債務者との間に，一定の考慮すべき関係及び事情を有する債権者においては，負債整理の基準の設定に際して，その関係及び事情をどの程度反映して，負担を受け入れるかという事項が経営意思決定の対象となる。

③　法人税基本通達 9-6-1(4)

法人税基本通達 9-6-1(4)は，書面により債務免除が行われた場合の貸倒損失の計上に関する取扱いである。

この取扱いにおいては，債務者の状況に着目して，「債務超過の状態が相当期間継続」し，「金銭債権の弁済を受けることができないと認められる場合」にあることを理由として，書面により債務免除が行われた場合に適用される。

したがって，この取扱いを適用するに際しては，債権者において債務者の状況の判断を行う必要があるが，「相当期間の解釈」及び「弁済を受けることができない状況」の判断は，実際上，難しい問題であると理解される。

しかしながら，これらの判断の対象は，事実関係の有無であると理解されるので，この取扱いの適用に際して，的確な状況分析が必要とされるものの，経営意思決定が問われる局面は少ないものと考える。

④　法人税基本通達 9-6-2

法人税基本通達 9-6-2 は，債務者の資産状況，支払能力等に基づき回収不能が明らかになった場合の貸倒損失の計上に関する取扱いである。

この取扱いの特徴としては，債権放棄，債務免除を要しないので，法的に

---

[7]　坂元左・渡辺淑夫『逐条詳解法人税関係通達総覧』第一法規，2571の2頁
　　森文人『法人税基本通達逐条解説（六訂版）』税務研究会出版局，2011年，916頁
　　日本公認会計士協会京滋会・京都弁護士不良債権問題研究会編著『Q&A　不良債権をめぐる法律・会計・税務－その処理と実務上の諸問題』清文社，1998年，261-262頁
　　山本・成松・中村同上 79-80頁

は，債権は消滅していない点である。この点から，この取扱いに基づく処理は，事実上の貸倒れ（あるいは，経済的貸倒れ）と捉えられている。

この取扱いの適用を巡っては，回収不能であることの判断は極めて困難であることや通達の文言上「損金経理をすることができる」とする文言が，実際上，「損金経理要件」として捉えられるべきかどうかなど，留意点，問題点は多いが，経営意思決定との関連は少ないものと考える。

⑤　法人税基本通達9-6-3

法人税基本通達9-6-3は，売掛債権等に対する形式基準による貸倒れの計上に関する取扱いである。形式基準に該当する場合で，貸倒損失について損金経理をした場合（ただし，備忘価額を附す。）に損金算入が認められる。

この取扱いの適用の可否は，形式基準に該当するかどうかにより決まり，形式基準も明確なものであって，この点においては，状況分析の領域に止まるものと理解される。

しかしながら，この取扱いの特徴として，「当該売掛債権の額から備忘価額を控除した残額を貸倒れとして損金経理したとき」に貸倒損失の計上を認めるものとしている。この点については，法人税基本通達において損金算入に係る損金経理要件を定めているものとして批判も存するところであるものの，この取扱いが前提とする状況において，貸倒損失について損金経理を行うことは，法人税の所得金額の計算上の損金算入の可否に止まらず，消費税の納付税額の計算にも影響するところでもある（消規18Ⅲ）。つまり，単に，損金経理を行うかどうかは，会計処理上の問題にすぎないものと捉えることもできるが，この取扱いが前提とする状況において，貸倒損失について損金経理を行うかどうかは，法人税及び消費税の税額計算に及ぼす影響が大きい点から経営意思決定の対象に含まれるものと考える。

(2)　経営意思決定の対象の確認と制度面に対する要望

①　経営意思決定の対象

以上，確認したとおり，貸倒損失の計上は，債権の回収不能という事実関係の有無の問題であることからは経営意思決定が問われる局面は極めて限定

されており，また，貸倒損失の計上についての税務上の取扱いは厳格なものとなっている。

　これらの点から，経営意思決定が重要な役割を果すのは，貸倒損失の計上段階ではなく，そこに至るまで，あるいは，至らないようにする債権管理の段階においてであると思われる。すなわち，貸倒損失の計上に関する税務上の取扱いが厳格であることからは，たとえば，債務者の状況に関する情報収集や債権の保全，回収に係る体制及び対応を整備又は強化することを経営意思決定の対象とすべきことが認識されるように思われる。

　ところで，法人税基本通達9-6-1(4)及び同9-6-2においては，その前提とする債務者の状況が類似しており，両方の取扱いを適用できる場合が存するものと思われる。ここで，両者のいずれを選択するかは，経営意思決定の対象となるものと考える。

　いずれの取扱いを適用するかによって生ずる具体的な相違点としては，債務免除（債権放棄）を行うかどうかである。

　一般に，債権を放棄することは困難な決断であると思われるが，債権を放棄すること（債務者にとっては債務を免除されること）によって，むしろ債務者の業況回復や資金繰りの改善など再建が進むことで，債権者にとっても事業遂行上，好ましい結果がもたらされることもあり得るところである。

　高度な経営意思決定が求められる問題であると理解される。

　② 制度面に対する要望

　制度面については，すでに述べたところであるが，第一に，債権者同士で協議決定された負債整理に関する「合理的な基準」に基づいて行われる債権の切捨ての場合の貸倒損失に係る取扱い（法基通9-6-1(3)イ）において，その「合理的な基準」の協議の際に行われた各債権者における経営意思決定を尊重することの明確化である。この点は，すでに，課税当局者や実務家の解説によっても明らかにされているが（注7参照），より明確な形で明らかにされることが要望される。

　また，上述したとおり，貸倒損失の計上を巡っては，基本的に回収可能で

あるかどうかを債権者において判断することが必要であり，この判断は，非常に困難な場合が多いものと理解される。そして，この判断を誤った場合，法人税の所得金額の計算上，大きな影響を及ぼす場合も想定される[8]。したがって，回収可能性の判断の困難性に鑑み，貸倒損失の計上時期については弾力的な取扱いが望まれる。

回収可能性の判断について入手可能な資料，情報に基づいて慎重，入念な分析，検討が行われることが必要であるが，貸倒損失の計上時期が早いとされれば損金不算入として取り扱われ，逆に計上時期が遅いと損金算入の機会を失う恐れがあるというのでは，あまりにも酷であり，貸倒損失の計上時期について，税務上，弾力的な取扱いが認められれば，その分，経営意思決定に際しての選択肢が増えることになるものと考える。

また，上述したところと関連するが，制度面で特に要望されることは，個別評価金銭債権に対する貸倒引当金制度の適用対象の拡大（より正確には従前制度の復活）である。

平成23年12月改正によって，貸倒引当金の設定は，金融機関等及び中小法人等[9]に限定されることとなり，一般評価金銭債権だけでなく，個別評価金銭債権についても，中小法人等ではない一般事業法人においては，設定が認められないこととなった（法52）。

この貸倒引当金制度の適用対象の縮小は，法人税率の引下げに伴う課税ベースの拡大を趣旨とするものであり，それ相応に理由のある改正ではあるものの，貸倒損失の計上の困難性を前提にすると，一般評価金銭債権に係る貸倒引当金はともかく，個別評価金銭債権に係る貸倒引当金については，広く適用を認めるべきものと考える。

特に，個別評価金銭債権に係る貸倒引当金制度は，その前身である債権償

---

(8) たとえば，前期において回収不能であったにもかかわらず，この判断を誤って貸倒損失の計上を当期において行った（前期に計上しなかった）場合には（特に，9-6-2の適用上の問題と理解されるが，9-6-1(4)にも関係があるように思われる。），当期の損金として認められない上，損金算入の時期を失うことになるのではないかとの指摘が存する（山本・成松・中村同上85-86頁）。

却特別勘定の部分的な回収不能による損失額について損金算入を認める取扱いについて，法令上，措置したものであり，貸倒損失の計上に係る困難性を緩和し，かつまた，実質的に貸倒損失（部分的貸倒損失）の早期の損金算入を可能ならしめる効果を有していたものと理解される。

　一般事業法人に対しても個別評価金銭債権に対する貸倒引当金制度の適用を認めることは，債権管理に関する経営意思決定を支援するところが大きいものと考える。

3　交際費等の損金不算入制度
(1)　制度の概要及び問題点

　法人が平成26年4月1日から平成28年3月31日までの間に開始する各事業年度において支出する交際費等の額のうち接待飲食費の額の50％相当額を超える部分の金額については，所得金額の計算上，損金不算入とするものとされている（措法61の4①）。

　接待飲食費の額の50％相当額までは損金算入が認められるが，それ以外は，原則として，全額損金不算入である。

　なお，資本金額等が1億円以下の中小法人等においては，上記の「超える

---

(9)　この場合の「中小法人等」は，次の各法人をいう（法52①Ⅰ）。
　　イ　普通法人のうち，資本金の額若しくは出資金の額が1億円以下であるもの又は資本若しくは出資を有しないもの（ただし，次の法人を除く（法66⑥Ⅱ，Ⅲ）。）
　　　ⅰ　次に掲げる法人との間に当該法人による完全支配関係がある普通法人
　　　　1）資本金額等が5億円以上である法人
　　　　2）相互会社（保険業法に定める外国相互会社を含む。）
　　　　3）法人課税信託の受託者である法人（受託法人）
　　　ⅱ　普通法人との間に完全支配関係があるすべての大法人（上記1）〜3））が有する株式及び出資の全部を当該すべての大法人のうちいずれか一の法人が有するものとみなした場合において当該いずれか一の法人と当該普通法人との間に当該いずれか一の法人による完全支配関係があることとなるときの当該普通法人（1）から3）に掲げる法人を除く。）
　　ロ　公益法人等又は協同組合等
　　ハ　人格のない社団等

部分の金額」について，①年 800 万円（定額控除限度額）以下の場合はゼロ，②定額控除限度額を超える場合は，その超える部分の金額とすることができる（措法 61 の 4②）。すなわち，中小法人等においては，年 800 万円までの定額控除限度額を損金算入する方法と接待飲食費の額の 50% 相当額を損金算入する方法とのいずれかを選択することが認められている[10]。

交際費等の定義，範囲については，法令上，「交際費，接待費，機密費その他の費用で，法人が，その得意先，仕入先その他事業に関係のある者等に対する接待，供応，慰安，贈答その他これらに類する行為」のために支出するものをいうとされており（措法 61 の 4④），次に掲げる費用を除き，接待交際行為に係る費用を網羅的に対象とする内容となっている。

① 専ら従業員の慰安のために行われる運動会，演芸会，旅行等のために通常要する費用
② 1 人当たり 5,000 円以下の飲食費
　ただし，専ら当該法人の役員若しくは従業員又はこれらの親族に対する接待等のために支出するものは除かれる。
③ 次に掲げる費用（措令 37 の 5②）
　イ　カレンダー，手帳，扇子，うちわ，手拭いその他これらに類する物品を贈与するために通常要する費用
　ロ　会議に関連して，茶菓，弁当その他これらに類する飲食物を供与するために通常要する費用
　ハ　新聞，雑誌等の出版物又は放送番組を編集するために行われる座談会その他記事の収集のために，又は放送のための取材に通常要する費用

また，交際費等の範囲に関して，租税特別措置法通達においては，主として，①寄附金，②値引き及び割戻し，③広告宣伝費，④福利厚生費，⑤給与等の性質を有するもの（前記①から⑤までの費用について，以下においては，「隣

---

(10) 資本金額等が 1 億円以下の法人であっても，上記注（9）イⅰ及びⅱに掲げる法人については，交際費等の定額控除限度額の損金算入は認められない（法 66⑥Ⅱ，Ⅲ）。

接費用」という。）は交際費等には含まれないものとするとし（措通61の4(1)-1），さらに，交際費等と隣接費用との区分について定められている（措通61の4(1)-2〜14，16〜19）。また，上記の定めとは反対に，交際費等に含まれるものについても例示が行われている（措通61の4(1)-15）。

交際費等の損金不算入制度は，昭和29年度改正における創設の当初は，冗費，乱費を抑制し，資本蓄積を促進することを目的とした制度であったが，その後，改正が繰り返され，昭和57年度改正により，原則として，全額損金不算入とする制度となった。すなわち，改正が繰り返される過程で，冗費，乱費に止まらず交際費等の支出そのものの抑制を目的とする制度に変貌したものと理解される。

交際費等の性質上，冗費，乱費を招きやすいことは否めないところであるが，上述のとおり，交際費等の範囲については，接待交際行為に係る費用を網羅的に対象とする内容となっていることから，本来，事業遂行上不可欠な費用，あるいは，社会儀礼上必要な費用についてまで損金不算入制度の対象に含められている。

繰返しになるが，交際費等の損金不算入制度は交際費等の支出そのものを抑制しようとする制度であり，交際費等を支出する場合には，課税が強化されるのであるから，交際費等を支出する，あるいは，接待交際行為を行うという経営意思決定が慎重に行われていることは想像に難くない。この理解の下で，交際費等の支出状況を観察すると，現在における交際費等の性質は，従来からいわれている冗費，乱費そのもの，あるいは，冗費，乱費につながるものとは異なっているように思われる。

(2) 交際費等の支出状況が示唆する交際費等の性質

平成26年度改正において，従来の交際費等の全額損金不算入制度が改められ，支出する交際費等の額のうち接待飲食費の額の50％相当額以下の部分については損金算入が認められるところとなった。交際費等の損金不算入制度においては重要な改正であるが，ここでは，この平成26年度改正の点は措いて，旧来の全額損金不算入制度の下での交際費等支出の状況から，現

に支出されている交際費等の性質について確認するものとする。

① 大法人等における交際費等の支出状況

　交際費等の全額損金不算入制度の下で支出されている交際費等の性質を考えた場合に、これは、事業遂行上不可欠な、あるいは、社会儀礼上必要な交際費等の支出であることが推測できるものと考える。

　交際費等の支出が全額損金不算入となることは、要するに、交際費等として、現実に資産を外部に流出した上で、さらに、その流出した部分についても租税負担を行うことを意味しており、自ら租税負担をしてまで冗費、乱費を支出することは、純経済人の行為としては想像し難いところである。

　しかしながら、「会社標本調査結果（税務統計から見た法人企業の実態）」の平成24年度版（平成26年3月国税庁長官官房企画課）（以下、「法人企業の実態」という。）によれば、交際費等の支出について全額損金不算入となる資本金1億円超の法人（以下、「大法人等」という。）における交際費等の支出状況としては、20,043法人で、5,622億円の支出となっており、1法人当り約2,805万円の支出となっている。

　このように、全額損金不算入制度の下においても、相応の交際費等の支出が行われている事実、実態は、それだけ、事業遂行上不可欠な、あるいは、社会儀礼上必要な支出が存することを示唆しているものと指摘することができる。

② 中小法人等における交際費等の支出状況

　現在における交際費等の性質が、事業遂行上不可欠な、あるいは、社会儀礼上必要な交際費等の支出であると推測されることについては、中小法人等における交際費等支出の状況からも確認することができるものと思われる。

　すなわち、「法人企業の実態」によれば、交際費等の支出を行った1億円以下の法人は2,219,145法人存するので、交際費等の定額控除限度額の積算額は、およそ13兆3,150億円となるが（＝600万円[11]×2,219,145法人）、支

---

(11) 平成24年度時点の定額控除限度額

出交際費等の合計額は2兆1,453億円に止まっており，定額控除限度額の枠は使い切られていない状況にあることが判る。

また，1法人当りでは，約97万円（＝2兆1,453億円÷2,219,145法人）の支出に過ぎない。定額控除限度額が年400万円であった平成20年度においては1法人当り約107万円（＝2兆2,275億円÷2,078,830法人）であり，定額控除限度額が引き上げられたにもかかわらず減少となっている。

要するに，中小法人等においても，交際費等の支出を抑制しているのであって，もはや冗費，乱費を支出するような状況にはないものと推察される。

また，欠損法人である中小法人等における交際費等の支出の状況を見ても，1法人当り約76万円（＝1兆1,719億円÷1,546,597法人）となっており，租税負担が軽減されるわけでもない状況においても支出されていることが認められる（もっとも，交際費等の支出により欠損法人となった法人も少なからず存するものとは思われる）。

③ 小括

以上の交際費等の支出状況からは，交際費等の支出を抑制しつつも，事業遂行上不可欠な，あるいは，社会儀礼上必要な支出については，その全額が損金不算入となる（課税強化となる）又は租税負担が軽減されないとしても，支出をせざるを得ないという経営意思決定が行われている様子を窺い知ることができる。交際費等に関する制度設計をする上では，このような実態を考慮されることが望まれる。

(3) 経済政策として損金算入限度額の引上げ等

昭和57年度改正において，交際費等の支出について原則全額損金不算入とされた以後も，中小法人等に対しては，交際費等支出について定額控除限度額までの損金算入が認められたが，主として，交際費等支出の抑制を目的として課税強化が行われている[12]。すなわち，平成6年度改正において，定額控除限度額内であっても，支出交際費等の額の10％相当額を損金不算入とする制度が創設された（平成10年度改正において20％に引き上げ，平成15年度改正において再度10％に引き下げられた）。

ところが，その後においては，景気低迷の長期化に直面し，経済危機対策として，一転して交際費等の支出を奨励するかのごとき改正が行われている。たとえば，平成15年度改正において定額控除限度額の適用対象が資本金1億円以下（改正前5,000万円以下）の法人に拡大され，平成21年度改正において定額控除限度額が年400万円から年600万円に引き上げられた。そしてさらに，平成25年度改正において，定額控除限度額が年600万円から年800万円に引き上げられるとともに，定額控除限度額内の10%損金不算入制度が廃止された。

　ここで，景気刺激のための政策としての効果について問題となるが，上記(2)で確認したとおり，中小法人等においても，大法人等においても，その支出する交際費等は，事業遂行上不可欠な，あるいは，社会儀礼上必要なものであることが推認し得る状況にあるものと理解される。このような状況の下では，中小法人等に対する損金算入限度額を引き上げたとしても，交際費等の支出を増やすという経営意思決定は行われ難いものと考える。

　また，平成26年度改正においては，大法人等についても，交際費等の支出額のうち接待飲食費の額の50%相当額について損金算入が認められることとなったが，従前より事業遂行上不可欠なものとして支出している接待飲食費について，その支出額の50%相当額が損金算入されることによって租

---

(12) 「平成6年度の税制改正に関する答申（平成6年2月）」においては，この改正の理由について，次のように述べられている。
　　「交際費については，これを経費として容認した場合には，濫費の支出を助長するだけでなく，公正な取引を阻害することにもなるのではないか，また，企業による巨額な交際費支出が正常な価格形成を歪めているのではないか，といった問題点が指摘されている。そこで，法人の支出する交際費については，原則として，その全額を損金に算入しないこととしている。ただし，中小企業については，一定額（定額控除枠）以下の支出交際費はその全額を損金に算入することとしているため，法人が支出する全交際費の半分近くがなお経費として控除される結果となっている。こうした状況は前述のような交際費課税の考え方から見て問題があるほか，この定額控除枠が商取引において真に必要とされる以上の交際費を支出する誘因となっている面も否定できない。したがって，現行の定額控除枠の範囲内の部分についても，一定割合は損金の額に算入しないこととすべきである。」

税負担が軽減するので，計算上は，その分，交際費等の支出余力が生ずることになるものと思われる。

しかしながら，租税負担の軽減効果があるからといって，事業遂行上の必要性を超えて交際費等の支出を増やすという経営意思決定が促されるようには思われない。

円滑な経営意思決定に有用な制度としては，交際費等について一部損金算入を認めることもさることながら，経営意思決定の結果に対する予測可能性の確保，向上につながるという意味では，交際費等の範囲の明確化及び限定化が必要であると考える。たとえば，冠婚葬祭関連費用を除外すること，あるいは，接待交際行為を行うために要する旅費交通費等が交際費等の範囲に含められているなどの社会通念にそぐわない拡大解釈をやめることが有用であると考える。

Ⅱ 雇用促進等に関する税制

1 雇用促進税制（措法42の12）
(1) 雇用促進税制の概要

本制度は，青色申告書を提出する法人のうち離職者に係る要件を満たすものが，平成23年4月1日から平成28年3月31日までの間に開始する各事業年度において，雇用者数の増加に係る要件（基準雇用者数5人（中小企業者は2人）以上，基準雇用者割合10%以上など）を満たす場合で，かつ，雇用保険法の適用事業を行っている場合には，その事業年度の所得金額に対する法人税額から40万円にその法人の増加雇用者数を乗じて計算した金額（税額控除限度額）を控除することを認めるものである（措法42の12①）。

ただし，控除税額は，当期の法人税額の10%（中小企業者等については，20%）相当額を限度とする。

なお，本制度は，下記「2」の所得拡大促進税制（措法42の12の4）との選択適用となる。

すなわち，本制度は，雇用者数の増加に係る要件を満たす場合で，なおかつ，雇用保険法の適用事業を行っている場合に，40万円に増加雇用者数を乗じた金額を税額控除するという措置であり，新成長戦略の実現，特に「雇用」を機軸とした経済成長を推進する観点から，平成23年6月改正において創設された。

　なお，平成25年度改正においては，増加雇用者数1人当りの金額が40万円（改正前20万円）に引き上げられ，「雇用者増加数」を算定する際の「雇用者」の数に高年齢継続被保険者を含めるものとする改正が行われた。また，平成26年度改正においては，適用期限が2年延長（改正前，平成26年3月31日）された。

(2) 支援税制として有効性（影響）

　租税特別措置の適用状況の透明化等に関する法律に基づき国会に提出された「租税特別措置の適用実態調査の結果に関する報告書（平成26年2月）」によれば，本制度の適用状況は，次のとおりである（適用件数，適用総額ともに連結法人を含む）。

年　　度	適用件数	適用総額
平成23年度	1,313	21億円
平成24年度	4,334	65億円

　単純計算であるが，平成23年度は10,500人，平成24年度は32,500人の本制度の適用となる増加雇用者数があったものと捉えることが可能である[13]。

　ただし，この雇用者数の増加が，本制度の存在によってもたらされたと捉えることは早計と思われるが，雇用を巡る経営意思決定に対する一定の支援措置となり得る点は明らかであると考える。

　本来，雇用の問題は，増やすにせよ，減らすにせよ，事業計画や人事政策

---

(13)　21億円÷20万円＝100,500人
　　　65億円÷20万円＝32,500人

に基づいて行われるものであり、まずは、雇用者数を増やす、減らすことの事業遂行上の必要性が存するものと理解される。ただ、雇用者数を増やす必要性がある場合であっても、雇用者数を増やすと、それに伴って、当然に人件費等のコストが増加するところであり、利益を確保し、さらに、その最大化を実現するためには、経営資源たるヒトの適正配分、有効活用を行い、人件費コストの管理を行うことが必要となる。これは、非常に難易度の高い経営意思決定の対象事項であり、容易に決定できない事項であると推察される。

ここで、本制度は、既存の雇用対策に加えて、税制上の措置による対応を図ることを趣旨とするものとされている[14]。

すなわち、雇用の問題は、雇用者数を増やす、反対に、減らすことのいずれにしても、それによって租税負担が変動することを主要な動機として行われるものではないものの、雇用者数の増加に対応して、既存の雇用対策による助成金の支給を受け、かつまた、本制度によって租税負担が軽減されるとすれば、その経営意思決定に係る難易度が低下し、なおかつ、雇用者数を増加することに伴う利点として認識され得るところである。

本制度は、このような過程において雇用を巡る経営意思決定を支援する機能を有する制度であると理解される。

(注) 「平成27年度税制改正の大綱（平成27年1月14日閣議決定）」においては、雇用促進税制について、地域再生法の改正法の施行の日から平成30年3月31日までの間に地方拠点強化実施計画について承認を受けた中小企業者等が、その承認の日から2年以内の日を含む事業年度において、その地方拠点強化実施計画に従って移転又は新増設をした地域再生法の特定施設（仮称）である事業所における増加雇用者数（法人全体の増加雇用者数を上限とする。）に、次の場合の区分に応じ次の金額を乗じた金額の税額控除ができる措置を講ずるものとされている（三2(1)②）。

① 現行の適用要件を満たす場合　50万円
② 現行の適用要件のうち雇用者増加割合が10％以上であることとの要件以外の要件を満たす場合　20万円

---

[14] 「改正税法のすべて（平成23年度版）」日本税務協会、平成23年、328頁

2 所得拡大促進税制（措法42の12の4）

(1) 所得拡大促進税制の概要

本制度は，青色申告書を提出する法人が，平成25年4月1日から平成28年3月31日までの間に開始する各事業年度において国内雇用者に対して給与等を支給する場合において，その法人の雇用者給与等支給増加額（雇用者給与等支給額から基準雇用者給与等支給額を控除した金額）の基準雇用者給与等支給額に対する割合が一定割合（適用年度によって2～5%）以上であるときで，次の①及び②の要件を満たす場合には，その雇用者給与等支給増加額の10%相当額の法人税額の特別控除ができることとするものである（措法42の12の4）。

ただし，控除税額は，当期の法人税額の10%（中小企業者等については，20%）相当額を限度とする。

① 雇用者給与等支給額が比較雇用者給与等支給額を超えること
② 平均給与等支給額が比較平均給与等支給額を超えること

なお，本制度は，上記「1」の雇用促進税制（措法42の12）との選択適用となる。

すなわち，本制度は，国内の雇用者に対する給与支給額が基準額よりも一定割合以上増加した場合その他の要件を充足する場合に，その増加額の10%相当額を税額控除するという措置であり，デフレ経済・国内景気の落ち込みに対応するために，雇用と所得を拡大し，経済活性化に資する税制措置として，平成25年度改正において創設された。

また，平成26年度改正においては，次の見直しを行った上，制度の適用期限が2年延長（改正前，平成26年3月31日）された（上記の概要は，下記改正事項を反映している）。

① 雇用者給与等支給増加割合の要件（改正前5%以上）を次の適用年度の区分に応じ，次のとおりとする。
　イ 平成27年4月1日前に開始する適用年度　2%以上
　ロ 平成27年4月1日から平成28年3月31日までの間に開始する適

用年度　3％以上
　ハ　平成28年4月1日から平成30年3月31日までの間に開始する適用年度　5％以上
② 平均給与等支給額に係る要件について，平均給与等支給額及び比較平均給与等支給額の計算の基礎となる国内雇用者に対する給与等を継続雇用者に対する給与等に見直した上，平均給与等支給額が比較平均給与等支給額を上回ること（改正前，以上であること）とする。
（注）「平成27年度税制改正の大綱（平成27年1月14日閣議決定）」においては，所得拡大促進税制における雇用者給与等支給増加割合の要件について，次の法人の区分ごとに，それぞれ次のとおり見直すものとされている（三1⑸）。
　　① 中小企業者等
　　　平成28年4月1日以後に開始する適用年度について，3％以上（改正前5％以上）とする。
　　② 上記①以外の法人
　　　平成28年4月1日から平成29年3月31日までの間に開始する適用年度について，4％以上（改正前5％以上）とする。

⑵ 支援税制として有効性（影響）

　本制度は，平成25年度改正により創設されたものであり，現時点では，その適用状況を知ることができない。したがって，その有効性あるいは効果の判断は，観念的なものとならざるを得ないので，この点に注意を要する。
　ただ，雇用促進税制と同様に，本制度は，所得拡大促進税制と呼称されているものの，本制度によって，直接的に，給与支給額の増加が促進されたり，それに関する経営意思決定が誘引されることは想定されていないものと考える。
　本制度についても，給与支給額の増加という難易度の高い経営意思決定の対象事項について，その難易度を下げることに，その意義が存するものと考える。

3 ま と め

　雇用促進税制及び所得拡大促進税制のいずれの制度も，租税特別措置法上の制度であり，政策税制であるので，中立性の原則の例外として捉えるべきものと考える。つまり，雇用者数の増加又は給与支給額の増加という政策を実現するための手段としての有効性が検証されなければならないのであり，これらに関する経営意思決定を誘引あるいは支援するものとして有効な制度であることが求められている。

　この有効性は，一つには，制度の適用状況によって示唆されるものと思われる。

　また，計数以外の要素を含めて制度適用による租税負担の軽減メリットが制度適用に伴って増加する各種のコストを上回ることが認識される必要がある。

　政策税制といえども，公平性の原則を維持する必要から然るべき適用要件が設けられることは当然であるが，目まぐるしく変化する経営環境の中で，臨機応変な経営意思決定を行うことが求められている状況を想定すると，硬直的な要件を設けることは望ましくないものと思われる。

　たとえば，雇用促進税制においては，職業安定機関（都道府県労働局又は公共職業安定所）に対して雇用促進計画を提出していることが制度適用の前提となっている。

　厚生労働省・都道府県労働局が公表する資料「雇用促進計画の提出手続き－雇用促進税制の適用を受けるために－」においては，この雇用促進計画は，雇用促進税制の適用年度開始後2月以内に提出すべきものとされている[15]。

　これによると，事業年度の中途で雇用者数を増やす必要が生じ，実際に，雇用者数を増やしたとしても，雇用促進計画を提出していないために雇用促

---

(15) 雇用促進計画の提出期限については法令の根拠が示されておらず，雇用対策法及び雇用対策法施行令，雇用対策法施行規則のいずれにおいても規定が見当たらないが，掲記の資料その他においては，「雇用促進税制の適用年度開始後2月以内に提出」すべきものとされている。

進税制の適用が認められない場合があり得ることとなる。

それゆえに，雇用促進計画を事前に提出しなければならないことは，環境変化に対して臨機応変な経営意思決定が不可欠である企業経営の実態にそぐわない面があるものと思われる。

もっとも，実務上の対策として，現実に，雇用者数を増やすことができるかどうかに関係なく，ともかく雇用促進計画を提出しておくことが考えられる。

年　　度	受付件数	達成件数	達成割合
平成23年度	30,061	8,056	26.8%
平成24年度	27,513	6,548	23.8%

上掲の平成23年度及び24年度における「雇用促進計画の受付・達成状況報告件数（厚生労働省）」からは，このような対策が講ぜられていることが示されているようにも思われる。

参考文献

著書・編著書

金子宏『租税法（第18版）』弘文堂，2013年

坂元左・渡辺淑夫『逐条詳解法人税関係通達総覧』第一法規

白土英成『設例・図でみる役員給与の税務』中央経済社，2007年

富岡幸雄『債権管理の節税戦略』中央経済社，1977年

森文人編著『法人税基本通達逐条解説（六訂版）』税務研究会出版局，2011年

山本清次『経営改善に役立つ　会社の税務相談Q&A 100』中央経済社，2005年

山本清次『Q&A　経営力の税務－経営改革と税務のアドバイス』ぎょうせい，2011年

山本守之『体系法人税法（30訂版）』税務経理協会，2013年

論文

上松公雄「交際費等」『法人税の損金不算入規定』中央経済社，2012年，23-60頁

白土英成「役員給与」『法人税の損金不算入規定』中央経済社，2012年，1-22頁

武田昌輔「税法における損失の額(下)」『月刊税務事例』,財経詳報社,2005年5月(Vol.37 No.5),59-63頁

日本公認会計士協会京滋会・京都弁護士不良債権問題研究会編著『Q&A 不良債権をめぐる法律・会計・税務―その処理と実務上の諸問題』清文社,1998年

原一郎「貸倒損失」『法人税の損金の研究』日税研論集Vol.42,日本税務研究センター,1999年9月,215-257頁

山本守之・成松洋一・中村慈美「特別鼎談 貸倒損失の税務判断をめぐって」『税務弘報』中央経済社,2009年8月,76-92頁

『週刊税務通信』,No.3275(2013年8月26日),No.3277(2013年9月9日),税務研究会

『改正税法のすべて(平成23年度版)』日本税務協会,2011年

『改正税法のすべて(平成25年度版)』日本税務協会,2013年

企業支援税制

第8章　企業支援戦略と税務

税理士　中村　慈美

は じ め に

　本研究において本職に与えられた項目は，企業支援戦略に関する事例研究であることから，本稿では，企業支援に関する税務の中で，特に事業承継及び事業再生に関する税務について，次のような検討を行うこととする。

1　事業承継に関する税務

　近年，中小企業を中心に経営者の高齢化に伴い，事業承継を円滑に進めていくことが重要な問題となっている。そこで，円滑に事業承継を進めるために行われる自己株式の取得や会社分割等に関する税務上の取扱いについて解説する。
　まず，自己株式の取得を利用した事業承継として，発行法人が株主の一部から自己株式を取得し，残存株主の議決権割合を相対的に上げることによって残存株主に経営権を集中させる事例を検討するとともに，評価額の高くなった株式の相続による納税資金に充てるために，その相続した株式を発行法人が自己株式として取得する事例についても検討する。更に，事業承継者の資金負担を減らすために，オーナーが事業承継者の支払能力等に応じて株式

の一部を譲渡後，オーナーが引き続き保有する株式について取得条項付無議決権株式を発行することにより事業承継者に経営権を譲って，その株式を発行法人が自己株式として取得する事例を検討する。

次に，会社分割を利用した事業承継として，父がオーナーである会社で異なる事業の責任者となっている長男と次男が経営方針等を巡って対立している場合に，いずれかの事業を新会社へ会社分割し，長男と次男がそれぞれの会社の株式を保有して，独立して事業を進めるようにする事例を検討する。

2　事業再生に関する税務

事業再生の場面においては，税務上の取扱いを考慮しない事業再生計画であるならば，その実行段階で予想外の資金流出を招き，ひいては事業再生自体が破綻することにもなりかねない。そこで，事業再生に関する当事者である債権者及び債務者の税務上の取扱いについて解説する。

まず，債権者側の取扱いとして，過年度に事実上全額が回収不能となっていた債権の貸倒処理が認められなかった事例において，法人税基本通達9-6-2は損金経理が要件とみるか否かといった問題とその実務対応を検討する。更に，特殊関係者への債権譲渡に当たって，債権者に対して寄附金課税が行われた事例と債務者に対して債務免除益課税が行われた事例を検討する。

次に，債務者側の取扱いとして，過年度に仮装経理により過大申告していた場合の事例において，仮装経理の是正に伴う更正の請求等の手続を検討するとともに，仮装経理の是正に伴う更正の請求手続を怠った税理士が損害賠償請求を受けた事例についても検討する。更に，早期に会社を清算すればオーナーは資金の回収を図れるところ，清算が遅れることにより損失が拡大して債務超過となり，保証人であるオーナーは保証債務の履行により資金が流出する事例を検討する。最後に，急激な業績悪化に伴う事業全部の譲渡後に欠損金の繰戻し還付請求を行う場合において，その譲渡が翌期以降に遅れると，当期中に譲渡する場合と比較して，還付金額が減少する事例を検討する。

I　事業承継に関する税務

1　自己株式の取得を利用した事業承継
(1)　経営権集中及び納税資金確保のための自己株式の取得の事例
　イ　概要

　X社では，先代社長からの相続により，社長（兄）と専務（弟）がX社株式を50％ずつ所有している。しかしながら，しばしば意見の不一致が生じ，機動的な会社経営に支障が生じているため，この際専務には経営から引いてもらい，社長に経営権を集中させたいと考えている。

　そこで，まず経営権を集中させるためにX社が専務から26％分の自己株式を取得する場合について検討していくことにする。

　そして，将来社長の相続発生の際，納税資金の確保のために自己株式を相続人からX社が買い取ることを考えていることから，その場合についても併せて検討していくことにする。

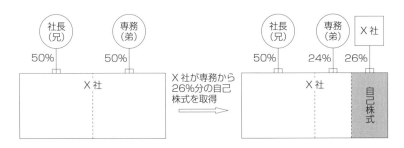

　ロ　検討
　(イ)　経営権集中のための自己株式の取得

　旧経営陣の持っている株式を自己株式として発行法人が買い取れば，発行法人が保有する自己株式には議決権がない（会社法308②）ので，残存株主である新経営陣の議決権割合が相対的に上がり，経営がやりやすくなるし，旧経営陣にも対価としてまとまったキャッシュが手に入るので，スムーズなバ

トンタッチが可能となる。また，ある特定の株主の持株比率を低くしたり，ゼロにしたいときに個人で買い取る資金がなくても会社の資金で買い取ることができる[1]。

次の図は，事例のケースを表したものである。X社が専務から26％分のX社株式を自己株式として買い取れば，その分の議決権は停止するので，社長の議決権割合は相対的に高くなって3分の2以上となる。単独で特別決議[2]も可能となり，実質的に会社を支配できるようになる。

このように，自己株式の取得は経営者の交代や事業承継の際に有効である。

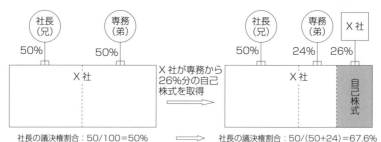

a 専務の課税関係

(a) 株式の譲渡

株式等に係る譲渡所得として20％の申告分離課税（所得税15％，住民税5％）となる（措法37の10①，地法附則35の2①⑥）。

なお，平成25年1月1日以降は，確定申告の際に基準所得税額に2.1％の税率を乗じた復興特別所得税が課される（復興財源確保法12，13）。

(b) みなし配当

自己株式の取得としてみなし配当事由に該当し，配当所得として総合

---

[1] 自己株式の取得により株主に対して交付する金銭等の帳簿価額の総額は，自己株式の取得の効力発生日における分配可能額を超えてはならないとする財源規制が設けられていることに留意する（会社法461）。
[2] 特別決議は，定款に別段の定めがある場合を除き，株主総会において議決権の過半数を有する株主が出席し，出席株主の議決権の3分の2以上の賛成により成立する（会社法309②）。

課税となる（所法25①四）。

専務の所得金額が大きい場合，配当控除（所法92，地法附則5①③）を考慮しても，所得税・住民税合わせて最高で約43.6％（平成25年1月1日以降は復興特別所得税も加えて約44.3％）の課税が生じ，税負担が大きくなるので注意が必要である。

また，みなし配当金額に対して，20％（平成25年1月1日以降，復興特別所得税を加えて20.42％）の源泉徴収が行われる（所法181①，182二，212③，213②二，復興財源確保法28①②）。

専務は，この時点で退職金の支給を受けることも考えられ，そうすることで，みなし配当部分を圧縮することも可能となる。

b　X社の課税関係

自己株式の取得により，自己株式の取得直前の資本金等の額をその発行済株式の総数で除し，これに自己株式の取得に係る株式の数を乗じて計算した金額（取得資本金額）の資本金等の額が減少し（法令8①十七），自己株式の取得により交付した金銭等のうち取得資本金額を超える部分は，利益積立金額の減少となる（法令9①十二）。

㈹　納税資金確保のための自己株式の取得

評価額の高くなった非上場株式を相続すると，多額の納税資金が必要となり，事業承継に支障をきたすこととなる。この場合，相続した株式をその非上場会社に買い取ってもらい，納税資金に充てる方法が考えられる。

また，会社法第174条の規定により，譲渡制限株式について「相続人等に対する売渡し請求」を定款に定めることにより，相続が発生した場合，原則1年以内に株主総会の特別決議により自己株式を強制的に相続人から取得することができ，相続により株式が分散することを防ぐ効果がある。

a　相続人の課税関係

(a)　株式の譲渡

相続人の譲渡価額と取得原価との差額は全て譲渡所得となり，所得税・住民税合わせて20％の申告分離課税（措法37の10①，地法附則35

の2①⑥）のみで，納税資金の確保に利用できる。

　なお，平成25年1月1日以降は，確定申告の際に基準所得税額に2.1％の復興特別所得税が課される（復興財源確保法12，13）。

　更に，譲渡所得の計算上，相続等による財産の取得をした個人で相続税法の規定により納付すべき税額があるものが，相続税の申告期限（相続の開始があったことを知った日の翌日から10ヶ月以内）の翌日以後3年を経過する日までの間にその相続等によって相続した非上場株式を譲渡した場合における取得費に，その相続税額のうちその譲渡した非上場株式に対応する部分の金額として一定の金額を加算することとされている（措法39①）。

(b) みなし配当

　相続人にみなし配当が生じると，原則として，配当所得として総合課税となり（所法25①四），前述の場合（(イ)a(b)）と同様に所得税・住民税合わせて大きな税負担が生じる。相続税も納めた上にダブルパンチとなってしまい，これでは実効性を伴わない。

　そこで，平成16年度税制改正において，相続等により財産の取得をした個人で相続税法の規定により納付すべき税額があるものが，相続税の申告期限（相続の開始があったことを知った日の翌日から10ヶ月以内）の翌日以後3年を経過する日までの間に非上場株式をその発行会社に譲渡した場合には，みなし配当の規定（所法25①）が適用されないこととされている（措法9の7①）[(3)]。

b　X社の課税関係

　前述の場合（(イ)b）と同様に，自己株式の取得により資本金等の額と利益積立金額が減少する。

---

(3) このみなし配当課税の特例の適用を受けようとする場合には，発行法人に譲渡する時までに，その発行法人を経由して，特例の適用を受ける旨などを記載した届出書をその発行法人の所轄税務署長に提出しなければならないこととされている（措令5の2②）。

(2) 種類株式と自己株式の取得を利用した事業承継（事業承継予定者の資力に応じた対応）の事例

イ　概要

対象会社の株価の評価を下げることで事業承継を行う伝統的な事業承継スキームとは異なり，種類株式や自己株式取得の手法によるオーナーから事業承継者への事業承継スキームについて検討していくことにする[4]。

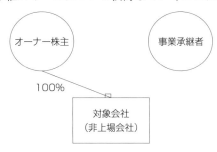

ロ　検討

(イ) 取得請求権の付与時

対象会社の定款を変更して，既存の普通株式全てに，対価として取得条項付無議決権株式を取得することができる旨の取得請求権を付す。

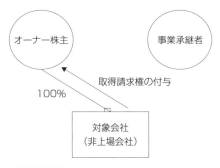

a　オーナーの課税関係

課税は生じない。

---

[4] 本事例は，中村廉平・藤原総一郎著「中小企業のM＆Aと種類株式を利用した事業承継スキームの検討」金融法務事情1819号26頁（平成19年）において紹介されたスキームを基にしている。

b　対象会社の課税関係

　　　課税は生じない。

(ロ)　株式の一部譲渡時

　オーナーが保有する対象会社の普通株式（上記(イ)により取得請求権を付したもの）のうち，事業承継者に譲渡する株式数を，事業承継者の支払能力等を勘案して決定し，その株式を事業承継者に譲渡する。

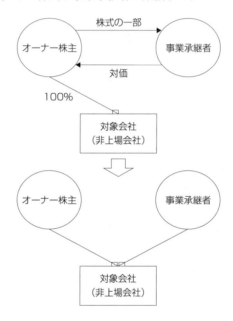

　　a　オーナーの課税関係

　　株式等に係る譲渡所得として20％の申告分離課税（所得税15％，住民税5％）となる（措法37の10①，地法附則35の2①⑥）。

　　なお，平成25年1月1日以降は，確定申告の際に基準所得税額に2.1％の税率を乗じた復興特別所得税が課される（復興財源確保法12，13）。

　　b　事業承継者の課税関係

　　株式の取得価額は，購入の対価（購入手数料等の費用がある場合には，そ

の費用の額を加算した金額）となる（所令109四）。

(ハ) 取得請求権の行使時

オーナーは，事業承継者に譲渡せず，自らが引き続き保有する株式について，取得請求権を行使し，その対価として，新たに取得条項付無議決権株式を取得する。

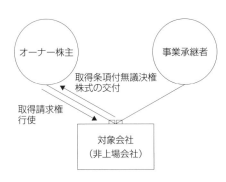

a　オーナーの課税関係

(a) 株式等の譲渡

取得請求権の行使によりその取得請求権付株式を譲渡し，かつ，その事由によりその取得する法人の株式の交付を受けた場合（その交付を受けた株式がその譲渡をした株式とおおむね同額になっていないと認められる場合を除く。）には，譲渡所得の計算上，その株式の譲渡がなかったものとみなすこととされている（所法57の4③一）。

したがって，株式等に係る譲渡所得に対する課税は生じない。

(b) みなし配当

上記(a)による株式の譲渡は，みなし配当事由に該当しない（所法25①四かっこ書）。

したがって，配当所得に対する課税は生じない。

b　対象会社の課税関係

(a) 自己株式の取得

譲渡した株式と同一の種類の株式に係る種類資本金額（種類株式交付

に係る増加した資本金の額に一定の金額を加減算した額)が減少する(法令8⑦)。

(b) 株式の発行

発行した株式と同一の種類の株式に係る種類資本金額が増加する（法令8⑦）。

(二) 対象会社によるオーナーが継続保有する株式の取得時

オーナーが継続保有する株式（取得条項付株式）を取得条項の行使により，対象会社が取得する。

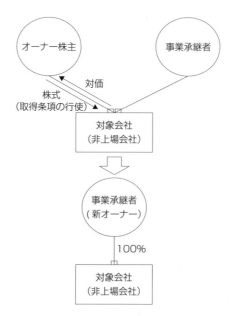

a オーナーの課税関係

(a) 株式の譲渡

株式等に係る譲渡所得として20%の申告分離課税（所得税15%，住民税5%）となる（措法37の10①，地法附則35の2①⑥）。

なお，平成25年1月1日以降は，確定申告の際に基準所得税額に2.1%の税率を乗じた復興特別所得税が課される(復興財源確保法12, 13)。

(b) みなし配当

自己株式の取得としてみなし配当事由に該当し，配当所得として総合課税となる（所法25①四）。配当控除（所法92，地法附則5①③）を考慮しても，所得税・住民税合わせて最高で約43.6%（平成25年1月1日以降は復興特別所得税も加えて約44.3%）の課税が生じる。

みなし配当金額に対して，20%（平成25年1月1日以降，復興特別所得税を加えて20.42%）の源泉徴収が行われる（所法181①，182二，212③，213②二，復興財源確保法28①②）。

　b　対象会社の課税関係

自己株式の取得により，自己株式の取得直前の自己株式の取得に係る株式と同一の種類の株式に係る種類資本金額が減少し（法令8①十七ロ），利益積立金額が減少する（法令9①十二）。

　ハ　事例からの考察
　(イ)　オーナーについて

中小企業のオーナーについては，その会社の経営者＝役員であることから，上記ロ(ハ)の段階で実質退職と同様の状況になるのであれば，その時点で退職金の支給を受けることも考えられよう。

そうすることで，上記ロ(ニ)の段階でのみなし配当部分を圧縮することも可能となる。

ただし，退職金と配当金との課税比較を行うことが必要となる。

また，上記ロ(ニ)の前にオーナーが所有する別の会社に本件株式を譲渡し，その後，その会社が対象会社に対し権利行使した場合，どうなるかということも興味深い。

　(ロ)　事業承継者について

事業承継者については，一連の取引終了後には新たなオーナーとなる。また，事業承継者は，取得条項付無議決権株式を取得することができる取得請求権付株式を保有していることから，将来の事業承継において，上記ロ(ハ)における旧オーナーと同じことが可能な状況にあることになる。

2 会社分割を利用した事業承継
(1) 円滑な事業承継のために相続前に行う会社分割の事例
イ 概要

X社は，個人甲の100％出資により設立された株式会社である。X社において甲の長男乙と次男丙はそれぞれ異なる事業の経営を行っている。また，X社全体の経営方針等を巡って乙と丙が対立している。

そこで，X社のB事業について新設分割（分割型分割）を行って新会社を設立し，新会社株式を直ちに甲に交付する事例について検討していくことにする。

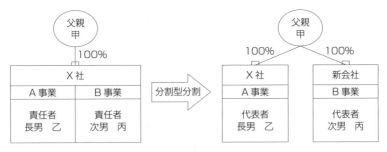

ロ 検討

乙と丙が責任者を務めるいずれかの事業を分割することにより，乙と丙が互いに独立して事業を進めることができるようになり，いずれの会社も甲が100％保有する形態にしておくことによって，甲の相続時に分割後のX社株式を乙に，新会社株式を丙に承継させることで円滑に事業承継ができる[5]。

(イ) X社の課税関係

　　a　完全支配関係の有無

　　　完全支配関係とは，次の2つの関係をいう（法法2十二の七の六，法令4の2②）。

　① 当事者間の完全支配関係

---

[5] 相続前に会社分割が行われていない場合には，後記(2)の事例を参照されたい。

一の者[6]が法人の発行済株式等の全部を直接又は間接に保有する関係

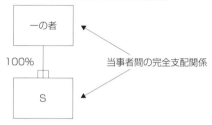

〔当事者間の完全支配関係〕

② 法人相互の完全支配関係

一の者との間に上記①の当事者間の完全支配関係がある法人間の相互の関係

〔法人相互の完全支配関係〕

b 完全支配関係がある場合の適格分割

次の2要件を満たす場合には，適格分割となる（法法2十二の十一イ，法令4の3⑥一，二）。

---

(6) 「一の者」とは，株主が法人の場合であればその一の法人をいうが，株主が個人の場合には，その一個人のみならずその個人と特殊関係がある次に掲げる者（特殊関係のある個人：法令4①）が含まれる。
 ① その個人の親族（6親等内の血族，配偶者及び3親等内の姻族：民法725）
 ② その個人と婚姻の届出をしていないが事実上婚姻関係と同様の事情にある者
 ③ その個人の使用人
 ④ ①から③に掲げる者以外の者でその個人から受ける金銭その他の資産によって生計を維持しているもの
 ⑤ ②から④に掲げる者と生計を一にするこれらの者の親族

① 金銭等不交付要件

分割承継法人株式又は分割承継法人の株式全部を保有する親法人株式以外の資産の交付がないことをいう。

② 完全支配関係継続要件

次のⅰ，ⅱのいずれかの関係をいう（無対価分割が行われる場合及び分割後に適格合併が行われることが見込まれている場合には，この関係につき一定の変更がある。）。

ⅰ 分割前にその分割に係る分割法人と分割承継法人（その分割が法人を設立する分割（新設分割）で2以上の法人が行うもの（複数新設分割）である場合にあっては，その分割法人と他の分割法人）との間にいずれか一方の法人による完全支配関係があり，かつ，その分割後にその分割法人と分割承継法人との間にいずれか一方の法人による完全支配関係（当事者間の完全支配関係）が継続することが見込まれている場合（その分割が新設分割で複数新設分割に該当しないもの（単独新設分割）である場合にあっては，その分割後にその分割法人と分割承継法人との間に当事者間の完全支配関係が継続することが見込まれている場合）におけるその分割法人と分割承継法人との間の関係（ⅱに掲げる関係に該当するものを除く。）

ⅱ 分割前にその分割に係る分割法人と分割承継法人（その分割が複数新設分割である場合にあっては，その分割法人と他の分割法人）との間に同一の者による完全支配関係があり，かつ，その分割後にその分割法人と分割承継法人との間にその同一の者による完全支配関係が継続することが見込まれている場合（その分割が単独新設分割である場合にあっては，その分割後にその分割法人と分割承継法人との間にその同一の者による完全支配関係が継続することが見込まれている場合）におけるその分割法人と分割承継法人との間の関係

c 適格判定

事例の分割型分割は，分割対価として新会社株式以外の資産が交付されないので，金銭等不交付要件を満たすことになる。

また，単独新設分割による新会社の設立後には，X社と新会社は甲という「同一の者」により完全支配される関係があるので，完全支配関係継続要件を満たすことになる。

したがって，事例の分割型分割は，適格分割型分割となる。

d　資産及び負債の移転価額

適格分割型分割により，資産及び負債を移転した場合には，帳簿価額による引継ぎをしたものとして所得の計算をすることとされている（法法62の2②）。

したがって，B事業の資産及び負債の移転に関する譲渡損益は生じない。

㋺　個人株主（甲）の課税関係

株式以外の資産の交付がされなかった場合には，株式等に係る譲渡所得は生じず（措法37の10③二），分割承継法人株式（新会社株式）の取得価額は，分割法人株式（X社株式）の取得価額に分割法人の前期末の簿価純資産価額のうちに移転簿価純資産価額の占める割合を乗じた金額となる（所令113①）。

したがって，甲に課税は生じない。

(2) **円滑な事業分割のために相続後に行う会社分割と株式譲渡の事例**

イ　概要

X社は，もともと創業者甲の100％出資により設立された株式会社であるが，甲の死亡により甲の子供である乙，丙がそれぞれX社株式の50％ずつを承継した。X社において乙と丙はそれぞれ異なる事業の経営を行っている。また，X社全体の経営方針等を巡って乙と丙で対立している。

そこで，乙と丙が互いに独立して事業を進めるために，X社は，新設分割（分割型分割）を行って新会社を設立し，新会社株式を直ちに乙と丙にそれぞれに交付する。そして，乙は交付を受けた新会社株式の全部を丙に譲渡し，丙は保有するX社株式の全部を乙に譲渡する事例について検討していくことにする。

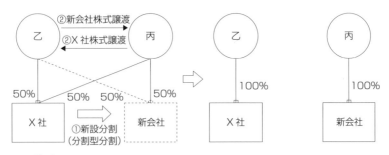

ロ　検討

　会社分割により取得した株式を互いに譲渡し合うことにより，乙はX社株式の100％を保有し，丙は新会社株式の100％を保有することとなり，乙と丙が互いに独立して事業を進めることができる。

(イ)　X社の課税関係（会社分割の適格性）

　完全支配関係がある場合の適格分割の要件については，前記((1)ロ(イ))のとおりである。

　事例の場合の分割は，分割対価として新会社株式以外の資産は交付されないので，金銭等不交付要件を満たすことになる。

　また，単独新設分割による新会社の設立後には，X社と新会社は乙及び丙（親族）という「同一の者」により完全支配される関係があるので，完全支配関係継続要件を満たす。

　なお，乙はその保有する新会社株式を丙に譲渡し，丙はその保有するX社株式を乙に譲渡するが，これはあくまで親族の内部での株式の異動にすぎず，X社と新会社との間の完全支配関係には影響しない。

　したがって，事例の場合の分割は，適格分割型分割となる。

〔親族単位による完全支配関係の判定〕

```
        ┌─ 同一の者 ──────┐
        │   乙        丙   │
        └──┬────╲╱────┬──┘
       50%│   ╱  ╲   │50%
           │ 50% 50% │
          X社       新会社
                ↓
        ┌─ 同一の者 ──────┐
        │   乙        丙   │
        └──┬──────────┬──┘
        100%│        │100%
           X社      新会社
```

(ロ) 個人株主（親族）の課税関係

　乙が行う丙に対する新会社株式の譲渡，丙が行う乙に対するX社株式の譲渡は，いずれも通常の株式の譲渡として20%の税率（所得税15%，住民税5%）により申告分離課税が行われることとなる（措法37の10①，地法附則35の2①⑥）。

　なお，平成25年1月1日以降は，確定申告の際に基準所得税額に2.1%の税率を乗じた復興特別所得税が課される（復興財源確保法12, 13）。

II　事業再生に関する税務

1　債権者の取扱い

(1) 過年度に事実上全額が回収不能となっていた債権の貸倒処理の事例

　イ　概要

X社（3月決算法人）は、Y社から建物建築の注文を受けてその工事を行い、その工事代金支払のためにY社が振り出した受取手形を有していたが、X1年3月期においてY社が受取手形の不渡りを出した。その後、Y社の代表取締役は所在不明となり、債権者集会も開かれず、残っていた従業員もX2年3月期において退職し、事業が閉鎖された。

　X社は、その後も一部の回収を期待して貸倒処理をしてこなかったが、X5年3月期においてその全額を回収できないことが明らかになったとしてY社宛て受取手形を貸倒損失として損金の額に算入した。

　ところが、税務調査においてY社の事業が閉鎖されたX2年3月期には、既に事実上Y社宛て受取手形の全額を回収できないことが明らかになっていたものであり、Y社宛て受取手形に係る貸倒損失は、X5年3月期の損金の額に算入されないとして否認された事例[7]について、検討していくことにする。

　ロ　検討
　(イ)　貸倒損失の計上時期
　法人税基本通達9-6-2では、「債務者の資産状況、支払能力等からみてその全額が回収できないことが明らかになった事業年度において貸倒れとして損金経理をすることができる」とされており、金銭債権の全額が回収できない事が明らかになった事業年度に貸倒れとして損金経理しなければ、翌期以降、貸倒れとして損金経理することは認められなくなると解されている[8]。

　「債務者の資産状況、支払能力等からみてその全額が回収できないことが明らかになった」場合については、具体的な例示はされていないことから、

---

(7)　本事例は、静岡地裁平成2年11月16日判決を参考にした。
(8)　森文人「貸倒損失等の法人税法上の取扱いについて　貸倒損失の計上時期」租税研究743号231頁（平成23年）

個々の事例に応じ，総合的に判断することになると考えられるが，例えば，破産，強制執行，死亡，行方不明，債務超過，天災事故，経済事情の急変等の事実が発生したため回収の見込みがない場合[9]のほか，債務者において事業閉鎖，刑の執行等により，債務超過の状態が相当期間継続しながら，他からの融資を受ける見込みもなく，事業の再興が望めない場合[10][11]には，債権の全額が回収できないことが明らかになったと認められると考えられる。

(ロ) 事例の場合

事例の場合には，X2年3月期の時点で従業員も退職してY社の事業が閉鎖されており，この時点で債権の全額が回収できないことが明らかになっていたと考えられることから，X5年3月期の貸倒損失として損金の額に算入することはできないと考えられる。

(ハ) 問題点

 a 損金経理要件の有無

  X5年3月期の貸倒損失として損金の額に算入することができない場合には，全額を回収できないことが明らかになったX2年3月期の貸倒損失として損金算入されるか否かが問題となる。

  法人税基本通達9-6-2では「貸倒れとして損金経理をすることができる」と規定されていることを損金経理が要件とみるべきか否かという問題がある。一部の解説書には，損金経理が要件であるという記述も見受けられる。

  事例のように貸倒損失の計上時期が遅いとされた場合には，更正の請求等によることになるが，損金経理が要件であるとすると，全額が回収不能となった事業年度（X2年3月期）に損金経理していなかった場合，

---

(9) 大澤幸宏編著「法人税基本通達逐条解説〔七訂版〕」916-917頁（税務研究会出版局平成26年）
(10) 甲府地裁昭和57年3月31日判決，宇都宮地裁平成15年5月29日判決
(11) 回収不能と認められる場合として，旧法人税基本通達（昭和25年9月25日付直法1-100）116や昭和39年改正通達（昭和39年6月15日直審（法）89）79の3でその内容が明らかにされていた。

その事業年度において貸倒損失として損金算入することは認められず，永久に損金算入できないことになる。

この点に関して，山本守之氏は，現行の通達の文言になった昭和55年の通達改正の経緯等からみて損金経理要件とみるのは誤りであると指摘している(12)。また，国税当局も，「回収不能債権の帳簿貸倒処理の時期であるが，回収不能が明確になった限りにおいては，直ちに貸倒処理を行うというのが会社法ないしは企業会計上の考え方であり（会社計算規則5④），いやしくもこれを利益操作に利用するようなことは公正妥当な会計処理とは認められないというべきである」と解説している(13)。

b 実務対応

会計上，貸倒損失として計上したものの未だ回収不能とは言えないため自己否認していた金銭債権について，その後に回収不能となった場合に貸倒損失として損金算入するためには，申告調整だけでは適用要件を満たさないのではないかという疑問も生じる(14)。

このような場合の実務対応としては，法人税基本通達9-1-2のように申告調整のみで足りるとする取扱いがない以上，全額の回収不能が明らかになった事業年度において，一旦簿外となっている金銭債権を前期損益修正益等として受け入れた後に，その金銭債権を貸倒損失として損金経理することになると考えられる(15)。

---

(12) 山本守之「貸倒れの判定基準を検証する」税務事例研究109号7頁（平成21年），山本守之・成松洋一・中村慈美「特別鼎談 貸倒損失の税務判断をめぐって」税経通信64号86頁（平成21年）

(13) 大澤幸宏編著「法人税基本通達逐条解説〔七訂版〕」917-918頁（税務研究会出版局平成26年），国税庁法人税課長他「改正法人税基本通達等の逐条解説〔昭和55年12月25日直法2-15〕貸倒損失及び会費等」税務弘報別冊通巻2号58頁（昭和56年）

(14) 資産の評価損については，自己否認していた評価損を事後に評価損の計上事由が生じたために損金算入する場合には，申告調整のみで足りることが明らかにされている（法基通9-1-2）。

(15) 成松洋一「企業会計と法人税の異同点の検証」産業経理協会・税務会計研究会第8回例会資料15頁（平成25年）

なお，大淵博義教授は，「理論的には，債権の全額が回収不能であることが証明されれば，損金経理が行われていない場合であっても，法人税申告書「別表4」において貸倒損失として減算して損金算入が認められる」として申告調整のみで足りると指摘されている[16]。

(2) 特殊関係者に対する債権譲渡

独立した第三者間取引であれば，譲渡した事実及び譲渡価額の適正さに留意することで足りるが，独立した第三者と言えない特殊関係者（例えば，債務者が法人であればその債務者法人の代表者等）に対する債権譲渡の場合，債権放棄が行われたものを債権譲渡に仮装したものとして事実認定されるか否かといった問題が生じる。

ここでは，現に争いとなった2つの事例を基に，債権譲渡に関する取扱いを検討していくことにする。

イ 債権者（譲渡人）に寄附金課税がされた事例

(イ) 概要[17]

同族会社X社は，子会社であった外国法人Y社に対して平成15年5月26日時点で，長期貸付金債権9億2,035万円を有していた。X社の代表者甲とY社の代表者乙は兄弟であるが，会社同士は平成14年5月30日に資本関係を解消している。この長期貸付金債権は会社同士のかつての関係から，無担保及び無保証で具体的な返済計画のないまま行われたものが累積したものであり，一度の返済もされていなかった。なお，Y社は設立以来の赤字決算である。

X社は取引先金融機関からY社への貸付金債権が不良債権であるとの指摘を受け，その早期処理を強く求められたため，Y社に対して債権放棄を提案したがY社が受贈益課税により倒産に追い込まれるとの理由から不可能と判断された。そこで，同債権の買取りの申出をしたY社の代表者乙に対して売

---

(16) 大淵博義著「法人税法解釈の検証と実践的展開 第Ⅰ巻〔改訂増補版〕」349頁（税務経理協会平成25年）
(17) 平成17年2月14日裁決（非公開）

却を行うことにし，売買を円滑に行うために第三者である資産運用会社Z社に仲介を依頼した。なお，Z社はX社より報酬を受け取り，債権譲渡取引の仲介，本件債権価格の鑑定・調査も行っている。

そして，平成15年5月29日にX社はZ社に対して本件債権を1億6,628万円で譲渡を行い，Z社は譲渡された本件債権を，同日に，同額で乙に対して再譲渡した。なお，乙の買取資金は同人の個人名義による銀行借入れによる自己資金のみが用いられ，その後当該借入れの返済の一部には乙個人名義の不動産の売却による資金が充てられた。

X社は，平成15年5月31日に終了する事業年度の法人税について，本件取引による債権売却損の額，7億5,407万円を損金の額に算入して申告をしたところ，原処分庁によって，債権売却損の額は寄附金に該当するとして，法人税の更正処分等を受けた。

〔取引関係図〕

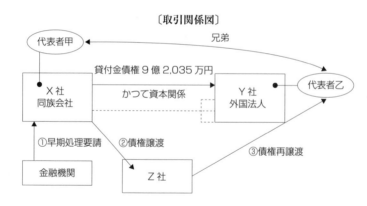

(ロ) 検討

　a　原処分庁の主張

　本件取引が実体は債権放棄であるところを，次のとおり寄附金課税を免れるために仮装取引を行ったものである。したがって，債権売却損の額はX社からY社に対する利益の供与に該当し，別途Y社の合理的な再建計画もないことから，X社の損金の額に算入されないと主張した。

①　本件債権は無担保，無保証，返済計画がない貸付金債権である点，

非上場会社であるＹ社に対する市場流通性のない債権である点から，売買して流動化するという客体になじまない。
②　本件債権の時価は，Ｘ社の依頼を受けて取引を進める立場のＺ社によるものであり，恣意性のあるもので，第三者の公正な鑑定評価額ではない。
③　本件取引におけるＺ社の介在は，同社の購入価額と売却価額が同額である点，売買価額はＸ社と乙との間で交渉決定された点から，単に形式的なものであり，Ｚ社が本件譲渡における当事者とは認められない。
　ｂ　審判所の判断
　次の点を総合すると，本件譲渡は，金融機関からの不良債権処理を求められたＸ社が，本件債権の処分を目的として乙からの買取りの申出に応じて，仲介者Ｚ社を通して乙に再譲渡することを前提として行われたものであると認定した。そして，債権売却損が発生したかのように仮装した取引とは認められず，債権売却損はＸ社からＺ社への債権譲渡によって生じたものであり，Ｙ社に対する寄附金には該当しないとして，更正処分を取り消す裁決を行った。
①　親子会社関係を前提としたものであるとしても，本件債権が債権放棄を前提として貸し付けられたものであるなどの事情は認められない。そして非上場会社に対する債権であるとしても必ずしも譲渡性が失われるものでなく，譲渡性を有している。
②　鑑定の結果について，恣意性を有することを証明しえる根拠はなく，鑑定結果が不当であるとまでは言えない。
③　Ｚ社の本件取引における介在は，同取引にかかる譲渡代金の決済の履行等を保全する目的をもって，取決めに従って行われた一般的な仲介と認められる。
④　本件取引が，資本関係が解消されてから行われている点，Ｚ社から乙への再譲渡の際に乙の自己資金のみが充てられている。
　ｃ　問題点

この事例の場合，X社にとって不良債権処理は終了しているが，Y社の債務免除益課税の問題は解決していない。

　また，代表者乙が債権者となっているので，乙が死亡した場合にはそれが乙の相続財産になってしまう。相続税法上Y社が法的整理等に入っていない限り，その金銭債権は元本の価額と利息の価額の合計額で評価されることになる（財産評価基本通達204，205）ので，乙の相続人に大きな相続税の負担が生じることになるのではないかと考えられる。

　抜本的解決のためには，Y社を事業再生等により整理することを検討すべきである。

　なお，債務者が個人である場合には，債務者の債務超過の状態が著しく，その者の信用，才能等を活用しても，現にその債務を弁済するための資金を調達することができないだけでなく，近い将来においても調達することができる見込みがない場合には，貸付金評価はゼロとなる旨の裁決（平成24年9月13日裁決（非公開））からすると，債務者が法人である場合において，その法人の資産状況，支払能力等からみて貸付金の全額が回収できないことが明らかとなっているとき（法人税基本通達9-6-2による貸倒処理ができる状況にあるとき）は，貸付金評価がゼロということも考えられる。

ロ　債務者に債務免除（消滅）益課税がされた事例

（イ）　概要[18]

　弁済を延滞している債務者X社の債権者Y社が，裁判所の調停に基づく合意により，一部弁済後の債権（残債権の元金と未払利息の合計額6億3,142万2,742円）について，その額を下回る金額（200万円）でZ社（Y社の顧問弁護士甲が実質的に経営する会社）に譲渡する旨の契約が締結されるとともに，X社には債権譲渡の通知がなされ，その後，X社がZ社に対し，本件債権の弁済として毎月30万円（総額1,110万円）を支払っていた（他にX社は，本件調

---

(18) 平成21年3月11日裁決（非公開），本事例は債務者の課税に関するものであるが，債権譲渡に関する検討ということでここであえて検討することにした。

停の成立日に甲に対して300万円を支払っており，同日付でいったん仮払金として経理処理し，後日本件債権の弁済に充当する経理処理をしていた）。

これについて，原処分庁により，実質的にＸ社自身に本件債権の譲渡が行われたものであり，Ｘ社において債務消滅益が生じているものとして更正処分等を受けた。

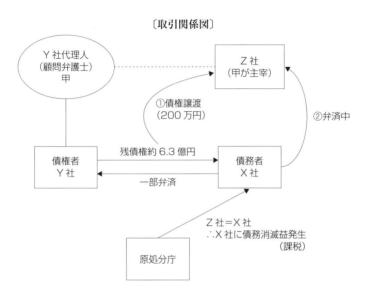

（ロ）検討

　　a　原処分庁の主張

　原処分庁は，次の点から，Ｘ社は，本件調停の成立日に甲に対して支払った300万円を対価としてＹ社から本件債権を譲り受けたものであり，債権と債務が同一人に帰属したことにより債権金額から300万円を控除した金額の債務消滅益が生じている旨主張した。

①　本件調停において，本件債権は，Ｙ社がＸ社の指定する第三者に譲渡する合意がされたことが認められるところ，この合意に基づき譲渡先とされたＺ社とＸ社との間で取り交わされた覚書には，Ｚ社が本件債権を再譲渡するに当たっては，Ｘ社が譲受人を決定できることとされてお

り，Ｚ社が独自の判断で本件債権を処分することができないことからすると，本件債権の処分権は，Ｘ社に帰属していると認められる。
② 甲が，Ｚ社は本件債権を預かっているだけである旨申述し，Ｘ社からの300万円の受け取りの際，甲の名刺の裏面に「債権譲渡代金分として」と記載してＸ社に渡していることから，本件債権の譲渡代金を負担したのはＸ社であると認められる。
　b　審判所の判断
　審判所は，次のような認定を行った上で，本件債権については，Ｚ社がＹ社から譲り受けたものであり，Ｘ社に債務消滅益が生じていたとは認めず，原処分を全部取り消している。
① 本件覚書には，Ｘ社が本件債権の再譲渡をＺ社に申し出た場合，Ｚ社はこれを承諾するものとする旨が記載されているものの，その場合の詳細の条件については，双方が別途協議して定める旨が併せて記載されており，このような特約があるからといって，Ｘ社に本件債権を処分する権利があると認めることはできない。
② 甲は，Ｚ社が本件債権を長期的に持つ意思がないことから，本件債権を預かったようなものである旨を申述したにすぎず，この申述をもって，本件債権がＸ社に帰属していると認めることはできない。
③ Ｘ社が，300万円の支払の証拠として甲から「債権譲渡代金分として」と記載された名刺を受け取ったことは認められるものの，甲がＹ社の代理人であり，本件調停が成立するまでに5回以上にわたってＸ社との交渉を行い，本件調停においては，既に本件債権をＸ社の指定する第三者に譲渡する合意案もできていたと認められること，甲がＸ社から300万円の受取書の交付を求められ，とりあえずその名刺の裏面に記載した文言であること及びその300万円が甲の指示で支払われたものであり，Ｘ社がその支払の趣旨が不明であるとしていったん仮払金として経理し，その後，正式な領収書の発行を求めた上で本件債権の弁済金であるとする経理処理をしたことなどからすれば，甲がいかなる趣旨でこの

記載をしたかは明らかではないというほかなく，直ちにX社への本件債権を譲渡する対価として受領した趣旨の記載であるとまでは認めることができない。

ハ　2つの事例からの考察

上記2件の事例を参考にすると，債務者の代表者等の特殊関係者への債権譲渡（再譲渡）が行われたこと，又は，債務者の指定する第三者への再譲渡が約されていることをもって，直ちに実質的に債権放棄が行われた，又は，債務者自身に対して債権譲渡が行われたものとして事実認定されるものではなく，審判所の判断にあるように，まさに債権放棄を債権譲渡に仮装した，又は，債務者自身への債権譲渡を他者への債権譲渡に仮装したと認めるに足りる事実があるかどうかが問題となるものと考えられる。上記2件の事例は，いずれも審査請求の段階において原処分が全部取り消される判断が下されており，このような事実認定に対する審判所（審判官）の慎重な姿勢が伺える。

しかしながら，課税当局は，上記2件の事例の原処分庁の主張にあるように仮装取引であるとの見方をすることに留意する必要があると考える。

2　債務者の取扱い

(1)　仮装経理の是正と更正期限

事業再生の場面において，多くの債務者が仮装経理（いわゆる粉飾決算）を行っていることを目にする。このような場合，過大な税金を納めていることもあるのでその取戻しは重要である。また，一般的には税務上の欠損金も生じていないことになっていることから債務免除益等の臨時に発生する益金の額が損金の額を上回ることになり，課税が生じることが少なくない。したがって，このような場合には直ちにその是正処理のための対応が重要となる。

イ　仮装経理の是正に関する基本的な事例

(イ)　概要

X社（年1回3月決算法人）は，平成22年3月期及び平成23年3月期において仮装経理（受取手形，売掛金，棚卸資産の過大計上と支払手形，買掛金の過少

計上）を行い，本来は欠損金が生じるところを過大申告し法人税を納税していた。

　そこで，当期（平成27年3月期）において，仮装経理にかかる修正の経理をした上で確定申告を行い，税務署長による更正（減額更正）を受けた。

　㈹　検討

　　a　仮装経理による過大申告と更正の特例

　　　法人が過大申告をし，法人税額を過大納付した場合に，税務署長は申告書の提出期限から5年間，純損失等の金額（欠損金額）を増加させる更正若しくは欠損金額があるものとする更正については9年間[19]は調査により更正をすることができることとされている（通則法70①②）[20]。

　　　しかしながら，法人税法には，仮装経理による過大申告の更正については，その行為の反社会的性質等に鑑みて一定の特例が設けられている[21]。すなわち，法人が提出した申告書に記載された各事業年度の所得の金額がその事業年度の課税標準とされるべき所得の金額を超えている場合において，その超える金額のうちに事実を仮装して経理したところに基づくものがあるときは，税務署長は，その事業年度の所得に対す

---

(19) 平成20年4月1日前に終了した事業年度において生じた欠損金額を増加させる更正若しくは欠損金額があるものとする更正については7年間とされている（「経済社会の構造の変化に対応した税制の構築を図るための所得税法等の一部を改正する法律」附則37②）。

(20) 平成23年12月2日以後に法定申告期限が到来する国税について更正の請求ができる期間が法定申告期限から5年（改正前：1年）に延長され，法人税の純損失等の金額（欠損金額）に係る更正の請求ができる期間が9年（改正前：1年）に延長されている（通則法23①，「経済社会の構造の変化に対応した税制の構築を図るための所得税法等の一部を改正する法律」附則36①）。

　　なお，平成23年12月2日より前に法定申告期限が到来する国税で，更正の請求の期限を過ぎた課税期間について，増額更正ができる期間内に「更正の申出書」の提出があれば，調査によりその内容の検討をして，納めすぎの税金があると認められた場合には，減額更正を行うこととされている。ただし，申出のとおりに更正されない場合であっても，不服申立てをすることはできないこととされている（国税庁「平成23年度　更正の請求の改正のあらまし」）。

(21) 国税通則法に規定する事項で他の国税に関する法律に別段の定めがあるものは，その定めるところによることとされている（通則法4）。

る法人税につき，その事実を仮装して経理した内国法人がその各事業年度後の各事業年度においてその事実に係る修正の経理をし，かつ，その修正の経理をした事業年度の確定申告書を提出するまでの間は，更正をしないことができることとされている（法法129①）[22]。

この場合の「仮装経理」とは，架空売上，架空在庫の計上，仕入れ債務の過少計上といった事実に反する経理のことであり，資産の評価益を計上するといったことは税法の解釈の誤りであることから，いわゆる粉飾決算には該当するが仮装経理には該当しないと解されている（「昭和41年版 改正税法のすべて」68頁（大蔵財務協会昭和41年））。

また，「修正の経理」とは，損益計算書の特別損益の項目において，前期損益修正損等と計上して仮装経理の結果を修正し，その修正した事実を明示することであると解されてきたが[23]，「会計上の変更及び誤謬の訂正に関する会計基準」導入後の企業会計では，過去の誤謬の訂正は，原則として修正再表示（過去の財務諸表における誤謬の訂正を財務諸表に反映させることをいう。）により行われ，会社法上の計算書類において，過年度の累積的影響額を当期首の資産，負債及び純資産の額に反映するとともに，誤謬の内容等を注記することとされた。この点について，この修正再表示による処理は，前期損益修正損等による経理をしたものと同一視し得るものであり，これも修正の経理として取り扱って差し支えないことが国税庁から示されている（「法人が「会計上の変更及び誤謬の訂正に関する会計基準」を適用した場合の税務処理について」問8）。

したがって，仮装経理に対する減額更正を受けるためには，受けようとする事業年度に係る修正の経理をして，その決算に基づく確定申告書を提出することになる。

b 過大納付税額の還付・充当

---

[22] 地方税についても同様の取扱いを受けることになるが，消費税等については，このような規定がないことから調査後の金額に基づき更正がされることになる。
[23] 大阪地裁平成元年6月29日判決

(a) 仮装経理法人税額に係る還付金の取扱い

　内国法人の提出した確定申告書に記載された各事業年度の所得の金額がその事業年度の課税標準とされるべき所得の金額を超え、かつ、その超える金額のうちに事実を仮装して経理したところに基づくものがある場合において、税務署長がその事業年度の所得に対する法人税につき更正をしたときは、その内国法人が提出した確定申告書に記載されたその事業年度の所得に対する法人税の額として納付されたもののうちその更正により減少する部分の金額でその仮装して経理した金額に係るもの（仮装経理法人税額）は、下記(b)から(d)の規定の適用がある場合のこれらの規定による還付金の額を除き、還付しないこととされている（法法135①、法令175①）。

　なお、その仮装経理により過大申告となった事業年度終了の日からその更正の日の前日までの間に(c)又は(d)に掲げる事実が生じた場合には、この還付の制限規定の適用を受けずに直ちに還付を受けることができることとされている（法法135①かっこ書）。

(b) 確定法人税額の還付

　内国法人の上記(a)の更正の日の属する事業年度開始の日前１年以内に開始する各事業年度の所得に対する法人税の額でその更正の日の前日において確定しているもの（確定法人税額）があるときは、税務署長は、その内国法人に対し、その更正に係る仮装経理法人税額のうちその確定法人税額（既に還付すべき金額の計算の基礎となったものを除く。）に達するまでの金額を還付することとされている（法法135②）。

(c) 仮装経理法人税額の還付

　上記(a)の規定の適用があった内国法人（適用法人）について、その更正の日の属する事業年度開始の日から５年を経過する日の属する事業年度の確定申告書の提出期限（その更正の日からその「５年を経過する日の属する事業年度」までの間にその適用法人につき残余財産の確定、合併による解散、破産手続開始決定に伴う解散その他一定の事実が生じたときは、その事実が生じ

た日の属する事業年度の確定申告書の提出期限等）が到来した場合には，税務署長はその適用法人に対し，その更正に係る仮装経理法人税額（既に還付すべきこととなった金額及び下記(e)の規定により税額控除された金額を除く。）を還付することとされている[(24)]（法法135③）。

(d) 会社更生法の規定による更生手続開始の決定があった場合等の還付の請求

適用法人につき次に掲げる事実が生じた場合には，その適用法人は，その事実が生じた日以後1年以内に，納税地の所轄税務署長に対し，その適用に係る仮装経理法人税額（既に還付されるべきこととなった金額及び下記(e)の規定により税額控除された金額を除く。）の還付を請求することができることとされている（法法135④，法令175②，法規60の2①）。

① 更生手続開始の決定があったこと
② 再生手続開始の決定があったこと
③ ①，②に掲げる事実に準ずる事実として一定のもの

(e) 仮装経理に基づく過大申告の場合の更正に伴う法人税額の控除

内国法人の各事業年度開始の日前に開始した事業年度の所得に対する法人税につき税務署長が更正した場合において，その更正につき上記(a)の規定の適用があったときは，その更正に係る仮装経理法人税額（既に還付されるべきこととなった金額及びこの規定により税額控除された金額は除く。）は，その各事業年度（その更正の日以後に終了する事業年度に限る。）の所得に対する法人税の額から控除することとされている（法法70）。

c 事例の場合
(a) 減額更正
平成23年3月期分の法人税については，その更正期限は，平成28年

---

(24) 解散があった場合に未だ還付・税額控除されていない金額を即時還付する規定は，平成21年度税制改正により新たに加えられているが，実務上は，これまでも法人が解散した場合には即時還付が認められていた（昭和46年9月27日裁決）。

5月末であり特に問題ないが，平成22年3月期分の法人税については，その更正期限が平成27年5月末であるので，平成27年3月期の確定申告を通常どおり申告期限（平成27年5月末）までに行うとすると，その確定申告と同時に更正の申出を行ったとしても，同日までに税務署長の更正処分が間に合わない可能性が極めて高い[25]。

したがって，平成22年3月期分の法人税の減額更正を受けようとする場合には，決算期変更等により前倒しして決算及び確定申告を行うことを検討する必要がある。

〔本件における事業年度と更正期限の関係〕

（b） 仮装経理法人税額の還付

仮に平成28年3月期中に減額更正された場合には，その時点で既に残余財産の確定あるいは法的整理や合理的な私的整理が開始している場

---

(25) 平成23年12月2日以後に法定申告期限が到来する国税については，更正期限となる日前6か月以内にされた更正の請求があった場合には，その更正の請求があった日から6か月を経過する日まで更正期限が延長される特例が設けられている（通則法70③）。

上記の事例において平成23年12月2日以後に法定申告期限が到来する仮装経理事業年度（平成24年3月期以降）について更正の請求を行う場合には，この特例によりその更正期限が6か月間延長されるため，本事例のような問題は生じないと考えられる。

合には，減額更正された法人税額の全額が直ちに還付される。

　また，そのような事由が生じていなくとも，その前事業年度である平成27年3月期分の確定法人税額に達するまでの金額は，直ちに還付される。

　それ以外の金額については，その後の事業年度において生ずる法人税額から税額控除することにより取り戻されることとなり，更正の日の属する事業年度開始の日から5年を経過する日の属する事業年度の確定申告期限（その更正の日からその「5年を経過する日の属する事業年度」までの間に残余財産の確定その他一定の事実が生じたときは，その事実が生じた日の属する事業年度の確定申告書の提出期限等）までに控除未済額がある場合には，その時点でその全額が還付される。

　また，その間に法的整理や合理的な私的整理が開始した場合には，その時点で控除未済額の全額の還付を請求することができる。

ロ　仮装経理の是正と損害賠償請求に関する事例

（イ）概要[26]

　税理士であるYは，昭和53年4月頃からX社の前代表取締役から依頼を受けて，その税務顧問となり，毎期，X社の税務申告手続を行い，顧問料・申告手数料を受領していた。

　平成8年5月頃以降，X社の役員の更迭を巡り交渉が続き，同年6月15日に漸く和解が成立し，X社の経理担当者から後任に決算修正手続が引き継がれ，その際初めて平成2年7月のX社のワラント債売却の事実が判明した。

　Yは，平成8年7月1日の確定申告（平成7年5月1日から平成8年4月30日までの事業年度）の際，平成2年7月16日及び7月17日に売却したワラント債の売却損を特別損失として計上し，平成8年6月28日，X社の代表者の承認印の押捺を受け，申告期限である7月1日，M税務署に申告書を提出したが，ワラント債売却損について，減額更正の請求をする方法があり得

---

[26]　前橋地裁平成14年6月12日判決，東京高裁平成15年2月27日判決

ことをX社の経理担当者や代表者に説明することはなかった。

平成10年1月，X社はM税務署の担当官から，前記の処理につき，誤りがあることを指摘され，Yにワラント債売却損の処理について質問する内容の照会書を送り，Yは，ワラント債売却損を加算しなかったのは，損金であるという認識による旨を回答し，その後平成10年4月，X社は損害賠償を求める催告書をYに送ったところ，Yは，売却損の件は時間をかけて，税務当局と交渉中であり，検討中という回答を受けているから修正申告に応じないようにしないと交渉が無駄になること等をX社に連絡したが平成10年4月28日付で，M税務署長から更正決定を受けた。

これを受け，X社が，顧問税理士Yに対し，委任契約の債務不履行に基づく損害賠償請求をした。

(ロ)　検討

　　a　税理士Y（被告，控訴人）の主張

　　　本件ワラント債が，既に平成2年7月頃売却されていたのを知ったのは，平成7年5月1日から平成8年4月30日までの事業年度の確定申告書提出の直前である平成8年6月20日過ぎに当時の原告の経理責任者から報告を受けた際である。

　　　申告期限から1年以上経過した時期において，平成3年4月決算という粉飾した事業年度に遡って修正できないことから，当期である平成8年4月決算において，経費の計上漏れという仮装経理の典型例である特別損失としての計上という唯一取り得る方法で修正したものであり，法人税法129条2項〔現行1項〕の趣旨にも合致する。

　　b　裁判所の判断

　　　有価証券の譲渡損益は，その譲渡に係る契約をした日の属する事業年度で計上しなければならないこととされている（法法61の2①）。

　　　過大申告をした場合には，法定申告期限から1年間[27]は更正の請求

---

(27)　平成23年12月2日以後に法定申告期限が到来する国税について更正の請求ができる期間が法定申告期限から5年に延長されている（通則法23①）。

ができるが，これを経過しても法定申告期限から5年が経過していない場合には，税務署長は減額更正（いわゆる職権減額更正）をすることができる。この場合，仮装経理に基づく過大申告につき修正の経理をした上で，修正の経理で特別損失と計上した金額を法人税申告書別表四で加算した確定申告書を提出し，税務署長宛てに減額更正を求める嘆願書を提出することになる。

なお，修正の経理とは損益計算書の特別損益の項目において，前期損益修正損等と計上して仮装経理を修正してその事実を明らかにすべきものと理解されている。

仮装経理に基づく過大申告の是正に関する知識は，税理士として当然に保有・駆使することが期待される程度のものと考えられ，高度に専門的な部類に属するものではない。

〔本件における事業年度と更正期限の関係〕

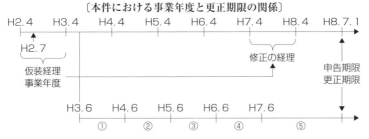

(2) 早期清算と株主の極大回収の事例

イ 概要

X社は業績の低迷が続いており，当期（X11年3月期）は，工場等の譲渡前の時点で2億円の当期純損失，翌期（X12年3月期）も同額の当期純損失が見込まれている。

そこで，工場等の事業用資産を譲渡して，会社を清算することにしたが，税引き後のキャッシュフローの観点から当期又は翌期のいずれにおいて清算するのがよいのかについて検討していくことにする。

なお，X社の状況は，次のとおりである。

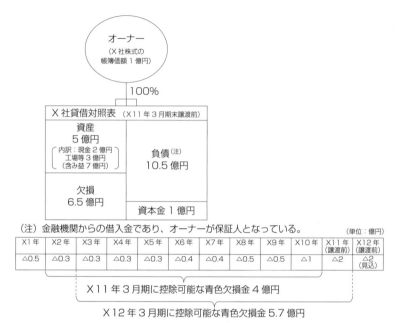

ロ 検討

(イ) X11年3月期にX社を清算した場合

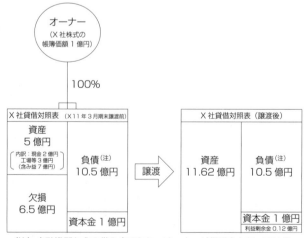

X11年3月期の所得：工場等の譲渡収入10億円－工場等の譲渡原価3億円－当期純損失2億円－青色欠損金4億円＝1億円

X11年3月期の法人税：所得1億円×38%[28]＝0.38億円

 a X社の課税関係（残余財産の分配）

　残余財産の全部の分配により資本金等の額及び利益積立金額の全額が減少する。

〈借方〉		〈貸方〉	
資本金等の額	1億円	現金	1.12億円[29]
利益積立金額	0.12億円		

 b オーナーの課税関係（残余財産の分配）

(a) 譲渡所得

　譲渡収入1.12億円からみなし配当0.12億円及び譲渡原価1億円を控除した金額がゼロとなり，X社株式に係る譲渡所得が生じていないため，申告分離課税は行われないことになる。

(b) 配当所得

　みなし配当0.12億円は，配当所得として総合課税が行われ，配当控除（所法92，地法附則5①③）を考慮しても，所得税・住民税合わせて最高で約43.6%（平成25年1月1日以降は復興特別所得税も加えて約44.3%）の課税が生じることになる。

　また，みなし配当金額に対して，20%（平成25年1月1日以降，復興特別所得税を加えて20.42%）の源泉徴収が行われる（所法181①，182二，212③，213②二，復興財源確保法28①②）[30]。

 c オーナーのキャッシュフロー

---

[28] 復興特別法人税を加味したところの法人実効税率は約38%となる。なお，平成26年度税制改正で復興特別法人税が1年前倒しで廃止されており，廃止後の法人実効税率は約35%となる。
[29] オーナーへの残余財産の分配額（資産11.62億円－負債10.5億円＝1.12億円）には，みなし配当に対する源泉所得税相当額が含まれている。
[30] 分配時に徴収された源泉所得税相当額は税額控除されることになる。

残余財産の分配額1.12億円から税負担を差し引いたとしても1億円以上がオーナーの手元に残ることになる。

㈺　X12年3月期にX社を清算した場合

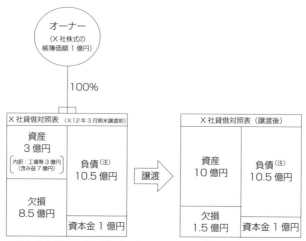

（注）金融機関からの借入金であり、オーナーが保証人となっている。

X12年3月期の所得：工場等の譲渡収入10億円－工場等の譲渡原価3億円－当期純損失2億円－青色欠損金5億円＝0（法人税なし）

　　a　オーナーの課税関係（保証債務の履行）

工場等の譲渡後の資産10億円を負債の弁済に充てたとしても0.5億円の負債が残るため、保証人であるオーナーが保証債務を履行することになる。

なお、オーナーが保証債務を履行するための資産の譲渡があった場合において、その履行に伴う求償権の全部又は一部を行使することができないこととなったときは、その部分の金額を資産の譲渡による収入金額のうち、「回収することができなかった部分の金額」とみなして、その金額に対応する部分の所得はなかったものとみなす特例が設けられている（所法64②）[31]。この場合、求償権の全部又は一部を行使することができなくなったかどうかの判定については、一般の税務上の貸倒れの規定

(所基通51-11〜51-16まで) に準じて行うこととされている (所基通64-1)。

事例の場合には，X社は既に工場等の資産を全て売却しており，求償権の全額が回収不能であると考えられることから，上記の特例により，税負担は生じない。

b　オーナーのキャッシュフロー

税負担は生じないが，保証債務を履行するために0.5億円が流出することになる。

(3) **急激な業績悪化に伴う事業全部譲渡後の欠損金の繰戻し還付請求の事例**

イ　概要

当期 (平成27年3月期) に急激に業績が悪化したことに伴い，事業の全部の譲渡をして，会社を清算することとしたが，欠損金の繰戻し還付請求金額の観点から事業の全部の譲渡を当期又は翌期 (平成28年3月期) のいずれにおいて実施するのがよいかについて検討していくことにする。

なお，X社の各期の状況は，次のとおりである。

①　平成26年3月期は，所得金額60,000千円が生じて法人税額15,300千円を納付している。

②　平成27年3月期は，欠損金額100,000千円が生じており，このうちには事業の全部の譲渡をしたことによる損失60,000千円が含まれている。

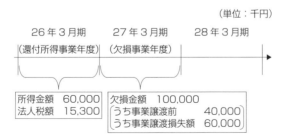

(31) この制度の適用は，確定申告書，修正申告書又は更正請求書にこの制度の適用を受ける旨の記載等をすることが要件とされている (所法64③)。

ロ　検討
(イ)　欠損金の繰戻し還付

　欠損金が生じた場合には，繰越欠損金として翌事業年度以降の所得金額から控除することとされているが（法法57①），欠損金が生じた事業年度（欠損事業年度）の前1年以内の事業年度（還付所得事業年度）に法人税の納税額があった場合には，還付所得事業年度の所得に対する法人税の額に還付所得事業年度の所得金額のうちに占める欠損事業年度の欠損金の割合を乗じて計算した金額の法人税の還付を請求することができることとされている（法法80）。

　原則として，欠損事業年度の青色申告書である確定申告書の提出期限が，繰戻し還付の請求期限とされている（法法80①③）。

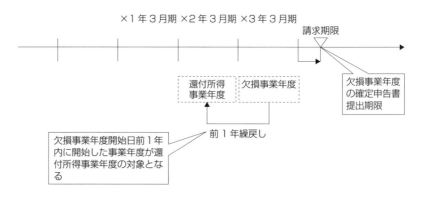

　ただし，欠損金の繰戻し還付請求については，その適用が現在凍結中である（措法66の13）。

　しかしながら，資本金の額が1億円以下の法人等については，その凍結措置から除外されており，適用可能とされている。

　なお，下記(ロ)の例外的請求については，その法人の資本金の額等に関わらず，繰戻し還付請求をすることができる。

(ロ)　例外的請求の期限

　次に掲げる一定の事実が生じた場合には，その事実が生じた日以後1年以

内は繰戻し還付請求をすることができることとされている（法法80④，法令154の3）。

① 解散（適格合併による解散を除く。）
② 事業の全部の譲渡
③ 更生手続の開始[32]
④ 事業の全部の相当期間の休止又は重要部分の譲渡で，欠損金の繰越し控除を受けることが困難となると認められるもの
⑤ 再生手続開始の決定

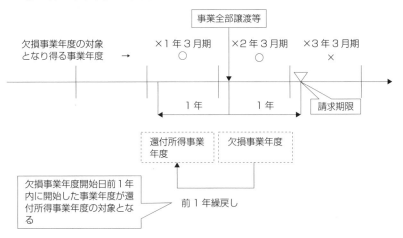

(ハ) 平成27年3月期に事業譲渡した場合

事業譲渡を平成27年3月期に行った場合，平成27年3月期の欠損金額は100,000千円であるので，平成27年3月期の欠損金の繰戻し還付金額は，

$$15,300 \text{千円} \times \frac{60,000 \text{千円（欠損事業年度の欠損金額。分母を限度。）}}{60,000 \text{千円（還付所得事業年度の所得金額）}} = 15,300 \text{千円}$$

となる。

---

[32] 更生手続の開始とは，更生手続開始の申立てがあったことをいう（法基通17-2-3）。

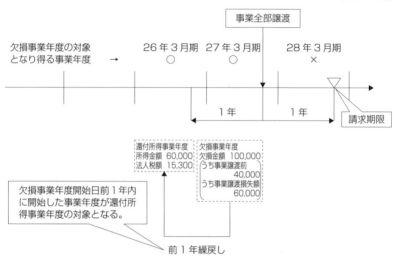

(単位:千円)

㈡　平成28年3月期に事業譲渡した場合

　事業譲渡を平成28年3月期に行った場合,平成27年3月期の欠損金額は40,000千円であるので,平成27年3月期の欠損金の繰戻し還付金額は,

$$15{,}300 \text{千円} \times \frac{40{,}000 \text{千円}}{60{,}000 \text{千円}} = 10{,}200 \text{千円}$$

となる。

　また,平成28年3月期に事業譲渡の損失により生じる欠損金については,平成28年3月期事業年度開始の日前1年以内に開始する事業年度は欠損金が生じた平成27年3月期であり,法人税は納税していないため,繰戻し還付の請求ができない。

　事業譲渡を平成28年3月期に遅らせると平成26年3月期の法人税のうち5,100千円分(15,300千円－10,200千円)の還付金を得る機会を逸してしまうこととなる。

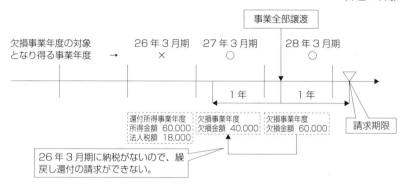

㊅ 事業譲渡後に解散した場合

事業譲渡後に解散した場合には，解散の日で事業年度が終了するため（法法14①一），上記㊁の平成27年3月期に事業譲渡して解散しない場合よりも早く，欠損事業年度（解散事業年度）の欠損金額について繰戻し還付を受けることができる。

企業支援税制

第9章　諸外国の企業支援税制

税理士　江口　久展

I　イギリスの企業支援税制

1　イギリス税制基本情報

(1)　課税対象所得

　原則として，全世界所得が課税対象となる。ただし，海外の恒久的施設に帰属する所得は，納税者の選択により課税所得から控除することができる。この場合，当該恒久的施設から生じる欠損金は，イギリスでの所得から控除することは認められない。

(2)　非課税所得

　一般的に，イギリスの内国法人から収入する配当は，非課税所得として取扱われる。更に，イギリス国外の法人からの配当についても非課税とされる。
　非課税の措置が適用されない場合は，外国税額控除により二重課税を排除することとしている。配当の受領者は，非課税の適用を受けるか否かを選択できる。

(3)　法人税率

　2013課税年度（2013年4月1日から2014年3月31日までの期間）における法人税率は23%である。当該法人税率は段階的に引き下げられることが検討

されており，現在の計画では，2014課税年度では21%，2015課税年度では20%とすることが予定されている。

(4) 繰越欠損金

欠損金の繰越しは，同じビジネスを継続している限り無期限に繰越しされる。営業上の取引から生じた欠損金のキャピタルゲインとの相殺は認められない。

なお，欠損金の繰戻しは1年に限り可能である。

2　イギリスの企業支援税制

(1) 試験研究費控除

試験研究に要した費用は，当該費用が生じた事業年度において，一時の損金として認められる。

中小法人（従業員500名未満，かつ，売上1億ユーロ又は総資産8,600万ユーロ以下の法人）で，イギリス法人税法上の納税義務者であり，適格研究開発費用の支出がある場合，試験研究に要した費用（適格研究開発費用）の225%の損金算入が認められる。仮に，追加の損金計上により欠損となった場合，当該欠損金の11%相当額の現金還付を受けることができる。ただし，この場合は，欠損金は将来使用することは出来ない。

大企業に対しては，適格研究開発費用の130%の損金算入が認められている。

イギリス税務上は，研究開発は，「科学又は技術の進歩の達成を目指すもので，科学的又は技術的な不確実性の解決を通じてなされるもの」と定義されており，以下の業務が適格研究開発に含まれる。

　　・技術的実現可能性の調査，設計，開発及び検査
　　・研究開発の企画及び管理
　　・研究開発の指揮監督又は技術運営委員会への関与

一方，非技術的な事項に関連する間接業務（例えば，マネージャーが行う長

期戦略計画，研究開発業務に直接関連しない一般業務並びに管理業務，研修及び人事業務等）は適格研究開発には該当しないとされている。また，プロジェクト化された研究開発であっても商業的側面に関連する業務から生じる以下のようなコストは，原則として適用対象とはならないと考えられている。
・隙間市場の調査
・販売又はマーケティング業務
・プロジェクト融資に係る調査
・商品及びサービスの生産及び提供
・全般的な業務及び一般的な管理業務のような非プロジェクト関連業務

また，適格研究開発費用とは，以下に該当するものをいうとされている。
・直接人件費
　　研究開発に直接的，かつ，積極的に従事している経営陣や従業員の人件費が該当する。更に，研究開発用の機器の準備及び使用環境における検査を行う補助職員に係る人件費も含まれる。
・外部からの派遣者
　　研究開発に直接的，かつ，積極的に従事している派遣社員に係る費用は適格研究開発費用とみなされる。この場合，当該派遣社員が関連者たる人材派遣業者からの派遣の場合は，次の費用のうち，いずれか小さい額が適格研究開発費用とみなされる。
➢当該関連者に支払う人材派遣費用
➢当該関連者が派遣社員に支払う人件費
　　一方，当該派遣社員が非関連者たる人材派遣業者から派遣されている場合は，当該人材派遣業者に支払う派遣費用の65％相当額が適格研究開発費用とみなされる。
・委託研究費用
　　中小企業においては，委託研究費用について，上記の「外部からの派遣者」と同様のルールが適用される。すなわち，関連者が委託先である場合は，以下の費用のいずれか小さい額が適格研究開発費用とみ

なされる。
  ➢当該関連者に支払う委託研究費用
  ➢当該関連者が費やした研究費用
   委託先が非関連者である場合には，支払う委託研究費用の65%が適格研究開発費用とみなされることとなる。
   一方，大企業においては，税制適格の団体，個人又は複数の個人によるパートナーシップに対する外部委託の場合のみ外部委託費を適格研究開発費用に含めることができるとされており，大企業の場合は，原則として委託研究費は適格研究開発費用には含まれないこととされている。
・ソフトウェアのライセンス費用
   研究開発のために直接的に使用されるソフトウェアに係る費用は，全て適格研究開発費として認められる。
・その他原材料等
   研究開発のために直接的に使用される材料及び製品については，適格研究開発費として認められている。
   また，電気，水道及び燃料についても研究開発のために直接的に使用されている場合には，適格研究開発費として認められている。なお，これら水道光熱費がその他の事業等にも使用されている場合，研究開発に関連する金額を算定する必要があるが，当該計算に関する方法は特に定められておらず，原則として企業の判断に委ねられていると考えられている。
 上記の試験研究費の追加損金計上に係る損金算入限度額は特に定められていない。
 大企業に対しては，上記の試験研究費に代えて，2013年の税制改正において「Above the line（ATL）」税額控除制度が紹介されている。制度の詳細はイギリス国税当局からの発表待ちの状況であるが，本制度では，追加損金計上方式ではなく，税額控除方式が採用されており，適格研究開発費の10

％相当額の税額控除を受けることが可能となる。更に，欠損ポジションの大企業については，即時の現金還付の恩典を受けることができる予定がある。

なお，2016年3月31日までは当該制度への移行期間としてATLを適用するか，上記の試験研究費控除を適用するかは納税者の選択となる。ただし，2016年4月以降はATLが強制適用となる予定である。

(2) パテントボックス

① 概要

イギリスでは，ハイテク技術の研究開発及び製造活動に関連する雇用を創出することを目的として，2013年4月1日からパテントボックス制度が適用されている。

この制度においては，企業は，特許やその他の適格パテントに帰属する利益に関して，10％の法人税率を選択することが可能となる。この制度を選択した場合，企業は，ある事業年度の取引の所得を計算する際に，当該所得から一定の所得を控除することが認められる。具体的には，対象となる所得に対して10％の税率が適用されたのと同じ結果が得られるように所得金額を調整することとなる。

2013年では，適格パテントに帰属する所得の60％相当額に10％の税率が適用されることとなり，この所得に対する割合は，段階的に増加され，2017年には100％の所得に対して10％の税率が適用されることとなる。

② 適格パテント

ⅰ．定義

イギリスの知的財産局，欧州の特許局及びEEA (European Economic Area) で認められた特許権が対象範囲となる。日本，アメリカ等他国で特許登録したパテントをイギリスに移管しても，イギリスで特許を登録しなければパテントボックス制度の対象とはならない（なお，独占的使用権をイギリスの法人に与えることによって対象となる場合もある）。商標権，著作権は適格パテントの対象とはならない。

ⅱ．所有要件

〈法的所有要件〉

　上記ⅰのとおり，特許の登録が要件とされているため，法律上の所有要件が求められている。この他，登録されていない場合であってもイギリスでの独占的使用権を付与することによって，法律上の所有要件を満たすことがある。

〈開発要件〉

　納税者及びそのグループメンバーが開発のために重要な貢献及び活動を行っていることが求められる。開発に要したコスト，時間，努力などの事実関係に基づき判断される。

〈積極的保有要件〉

　所有するパテントに関して，開発・利用に関する計画作成，意思決定等の重要な管理業務を実施していることが求められる。

③　パテント所得

　パテントボックスの適用対象となる所得は，以下の5つの所得である。
・パテントを利用した製品の販売売上
・パテントの使用料収入及び他のライセンスから生じる収入
・パテント又は当該パテントに係る専用実施権の譲渡収入
・特許侵害等により生じる賠償金収入
・パテントに関連する補償金収入

　上記のうち，「パテントを利用した製品の販売売上」とは，特許品目が組込まれている製品の売上からの収入と定義されており，製品に適格パテントを利用している部品が1つでも含まれていれば，当該製品の販売収入の全部がパテントボックス制度の対象になると解されている。

　また，「特許侵害等により生じる賠償金収入」，「パテントに関連する補償金収入」については，失われたパテント所得の一部が賠償金という形で回収されたと考え適用対象所得に含まれている。

Ⅱ　フランスの企業支援税制

1　フランス税制基本情報

(1)　課税対象

　原則として，フランス国内での活動により生じた所得が課税対象となる。したがって，フランス国外での活動を通じて得た所得については，フランスの課税対象からは除かれる。ただし，資産性所得（パッシブインカム）については全世界所得を課税対象としている。

(2)　非課税所得

　一定の配当及びキャピタルゲインについて，資本参加免税の適用がある。

(3)　法人税率

　法人税の基本税率は，33.33％である。中小法人に対しては，所得の最初の38,120ユーロについて15％の軽減税率が適用される。

(4)　繰越欠損金

　2012年12月31日以降，繰越欠損金は，最初の100万ユーロと当該100万ユーロを超える部分の50％相当額と相殺が可能である。未使用の欠損金は無期限に繰越される。欠損金の繰戻しは1年間可能である。

2　フランスの企業支援税制

(1)　試験研究費控除

　1億ユーロまでの試験研究活動に関連する費用の30％相当額及び当該1億ユーロを超える部分に対して5％の税額控除が認められる。

　試験研究費控除の対象となる活動は，科学技術に関する調査活動で，基礎調査，応用研究，試験研究等の活動とされる。なお，研究開発活動の結果として創出される無形資産を保有することは要件とされていない。

　本税額控除は，以下の要件を満たした試験研究費に対して適用される。

　①　法人の課税所得を計算する際に損金となるものであること。

② 試験研究活動が EU 域内，若しくは EEA（European Economic Area）に属する国において行われるものであること（パテントに関連する費用については，この要件は適用されない）。
③ フランス法人の海外の恒久的施設に帰属するものでないこと。
上記の要件を満たした以下の研究開発費用が本税額控除の対象とされる。

・自ら創出した又は新たに取得した資産に係る減価償却費で，研究開発活動にのみ直接的に使用されるもの。
・研究開発業務に直接従事した研究者及び研究技術者に係る人件費
・業務費（人件費の 50％ 相当額，及び研究開発に用いた資産に係る減価償却費の 75％ 相当額）
・公的な調査機関・大学又は民間の公認調査機関等に対する研究開発委託費

　　公的な調査機関・大学に対して委託される研究費用については，その企業と委託先の組織との間に支配関係がない場合には，実際の費用の額の 2 倍相当額が外部委託費として認められる。

　　民間組織に対する外部委託費は，その企業と委託先の組織との間に支配関係がない場合には，上限額は 1,000 万ユーロとされている。
・特許権又は植物品種保護証の登録・更新・保護に係る費用
・特許権及び植物品種保護証に関する訴訟に備えるための支払保険料
・特許権及び植物品種保護証の償却費
・製品の公式な標準化学会への参加費用
・繊維・衣服・皮革産業に関する特定の費用
・革新的技術の動向の調査費用

試験研究費控除の限度額は法人の研究開発費の 100％ とされているが，将来的には，当該限度額が縮小される可能性がある。

また，2013 年 1 月 1 日より，中小法人による革新的技術の研究のために要した費用（例えば，試作品設計）に対する税額控除が適用されている。本制度では，40 万ユーロを上限として，費用の 20％ の税額控除を受けることが

できる。

　本制度における税額控除は，要件を満たす費用が生じた事業年度に対する法人税額から控除される。また，控除できなかった部分については，3年間の繰越しが可能である。

(2) イノベーションボックス

　2007年9月26日以降に開始する事業年度より，フランス法人税が課される法人が譲渡するパテントについて，長期のキャピタルゲインに係る優遇税制の適用が可能となった。この制度の適用を受けることにより，適用対象所得に対して15%の軽減税率が適用されることとなる。

　本制度の対象となる所得は，特許権，特許性のある発明，植物品種保護証，特許権又は特許性のある発明に直接関連する製造過程，特許権の改良に係るライセンス取引・サブライセンス取引から生じる利益及びこれらの処分から生じるキャピタルゲインとされている。

　なお，2011年10月13日以後に開始する事業年度から本制度の適用を厳格化する以下の措置が取られている。

・関連会社間取引に対する制限

　　特許権等の使用者（ライセンシー）がロイヤルティー費用を全額損金算入するには，以下の要件を満たすことを証明し，文書化することが必要とされている。

　➢知的財産権が有効に利用されていること。

　➢ライセンス取引がライセンス期間にわたって付加価値を生み出すこと。

　➢ライセンス取引が実際に行われるものであり，フランスの租税回避を目的として行われるものではないこと。

　　ライセンシーが上記の要件を満たせない場合には，ロイヤルティー費用の損金算入額は15%/33.33%を乗じた額に制限される。

・サブライセンス取引に対する制限

　　サブライセンス契約がライセンス契約の後に締結され，サブライセ

ンサーが上記の「関連会社間取引に対する制限（ライセンシーがロイヤルティー費用を全額損金算入するための要件）」に記載する要件を満たせない場合は，サブライセンサーが損金算入したロイヤルティー費用のうち，18.33%/33.33% を乗じた額の損金算入が制限されることとなった。

(3) 革新的な技術研究を行う新規設立法人に対する控除

個人が少なくとも 50% を所有する革新的な技術研究を行う新設の中小法人に対して，特別な制度が認められている。この制度の適用を受けるためには，設立 8 年未満であること，及び当該法人の総費用の少なくとも 15% が試験研究のために費やされていることが必要となる。2012 年 1 月 1 日より，最初に利益を計上した事業年度について，法人税が全額免除される。次に利益を計上した事業年度では，その 50% が免除の対象となる。本制度は，その他の税目（事業税（地方税），社会保険制度）に対しても適用される。

(4) 競争力強化と雇用のための税額控除

2013 年 1 月 1 日より，最低賃金の 2.5 倍未満の給与を従業員に支払う場合，総支給額の 4%（2014 年 1 月 1 日から 6%）の税額控除が認められている。控除できなかった部分については，3 年間の繰越しが認められている。

(5) 新規設立法人に対する恩典

2013 年 12 月 31 日までに一定の開発地域に設立された法人に対して，全額若しくは一定額の税額を免除する制度が設けられている。

法人税額の全額が免除されるのは，設立当初の 23 ヵ月とされている。その後の 12 ヵ月ごとに 75%，50%，25% と免税額が減少していく。この制度に伴う恩典は，3 年間にわたって税額ベースで 20 万ユーロを超えることはできない。

本恩典を受けるためには，法人の事業内容及び立地に関して一定の要件を満たす必要がある。また，恩典を受けることができるか否かについては，当局に事前照会することができる。

Ⅲ　ドイツの企業支援税制

1　ドイツ税制基本情報

(1)　課税対象
全世界所得が課税対象となる。

(2)　非課税所得
一定の配当（5%相当額は課税対象）及びキャピタルゲイン（買換えの場合，取得資産の取得価額を減額）は非課税とされている。

(3)　法人税率
法人税率は15.83%（法人税15%，連帯付加税15%の5.5%）である。
この他，地方税である営業税が，概ね14%～17%（地方毎）で課される。

(4)　繰越欠損金
繰越欠損金は，所得の最初の100万ユーロまでは全額の相殺が可能で，100万ユーロを超える場合は，60%までが限度となる。欠損金の繰戻しは1年間可能である。未使用の欠損金は無期限に繰越される。

2　ドイツの企業支援税制

ドイツでは，税制による企業支援を図るというよりも，むしろ補助金制度で企業の支援を図るという方針であるため，各国で採用されている試験研究費の税額控除等の企業支援税制は存在していない。

(1)　加速償却
建物の修繕について，修繕を行った事業年度から7年間は9%，その後の4年間は7%の加速償却が認められている。

(2)　追加償却
純資産が235,000ユーロ未満の法人に対して，取得後又は製造後4年間，取得価額若しくは製造原価の20%の追加償却が認められている。
更に，これらの法人は20万ユーロを上限として，将来の取得若しくは製

造に備えるため，取得価額若しくは製造原価の 40％ までの準備金の積立てが認められる。この準備金は，資産を取得又は製造した後に，通常の減価償却を開始した場合には，課税対象となる。また，適用期間内に資産を取得又は製造しなかった場合には，控除を受けた事業年度にさかのぼって課税対象とされる。

Ⅳ　オランダの企業支援税制

1　オランダ税制基本情報

(1)　課税対象
原則として全世界所得に対して課税

(2)　非課税所得
資本参加免税制度の適用を受ける国内及び海外からの配当金並びに譲渡益は非課税とされる。

(3)　法人税率
20万ユーロまでは 20％，それを超える場合は 25％ で法人税が課される。

(4)　繰越欠損金
欠損金の繰越しは9年間，繰戻しは1年間可能である。法人のオーナーシップに変更があった場合には，繰越しが制限されることがある。

2　オランダの企業支援税制

(1)　試験研究費控除

・研究開発税制

　　2012年1月1日に国内におけるイノベーション活動を促進することを目的として研究開発税制を導入した。

　　本制度は，適格試験研究活動を行う法人に対して，当該活動に関する費用の 154％（つまり追加費用 54％）の損金算入を認める制度である。

　　適格試験研究費には，研究活動のための費用及び減価償却費は含ま

れるが，雇用に係る費用は含まれないこととされている。
・賃金税控除

　一定の試験研究活動を行う従業員に対して支払う給与（上限は20万ユーロ）に関して，雇用者に38%の賃金税（Wage Tax）の控除を認めている。技術製品を開発する法人の設立初年度については，控除額は50%まで引き上げられている。

　上記の上限20万ユーロを超える給与については，14%の控除が限度となる。更に，雇用者における最大控除額は1,400万ユーロである。適格活動は，オランダ国内において組織化されている必要があり，新たな技術製品若しくは製造工程のために新しい科学技術の研究に直接関連していなければならない。

(2) **イノベーションボックス**

オランダ政府は，国内のイノベーション活動のサポート及び推進に積極的であり，外資系企業の誘致及びオランダ経済の活性化を図ることを目的として本制度を導入した。

2009年12月31日後に自社で行った試験研究活動に基づき取得した無形資産から生じた所得について，当該無形資産が少なくとも所得の30%分貢献している場合，法人の選択により当該所得に対して，5%の軽減税率を適用することができる。具体的には，無形資産によって得られた利益の80%を免税にすることにより5%の軽減税率を実現している。

5%の軽減税率は，無形資産を譲渡した場合の譲渡益に対しても適用される。

2010年から5%の税率が適用される上限がなくなっている。更に，特許取得済みの無形資産から生じる損失は，通常の法人税率（25%）の範囲内で損金算入される。

本制度の適用対象となる資産は，以下のとおりである。
・国内特許，国際特許，外国特許（ただし，ロゴや商標は適用対象外）
・農業特許権

・無形資産の技術要素の全てが特許によってカバーされていなくても適用対象
・開発を第三者に委託した場合の無形資産も適用対象

　本制度の対象となる所得は，特許権の使用料だけでなく，製品の販売，経費削減に起因する収益及び無形資産の譲渡から生じたキャピタルゲインも含まれることとされている。研究開発証明を取得した資産についても，同様の所得が対象とされている。

(3) 環境投資に対する所得控除

　環境保全，一定の資産として政令に記載されている投資で，2012年及び2013年の場合は2,300ユーロを超える投資の場合，その投資の内容によって，2013年では，36%，27%及び13.5%の所得控除が認められる。当該所得控除の割合は，2014年では，40%，30%及び15%となっている。本制度の控除限度額は，2,500万ユーロである。

(4) 投資に対する所得控除

　一定の資産に対する小規模投資に関する所得控除が認められている。ただし，海外の恒久的施設で使用される資産，若しくは除却される予定の資産は対象外となる。土地，住宅，個人使用の車，証券，営業権，動物等の一定の項目も対象外となる。

　年間の合計適格投資が2,300ユーロから306,931ユーロである場合に当該控除を受けることができる。投資控除の金額は，以下のとおりである。

2,300ユーロまで	0
2,300〜55,248ユーロまで	投資額の28%
55,248〜102,311ユーロまで	15,470ユーロ
102,311〜306,931ユーロまで	102,311ユーロを超える投資の7.56%から15,470ユーロを控除した額
306,931ユーロ超	0

V アメリカの企業支援税制

1 アメリカ税制基本情報（概要）

(1) 課税対象
原則として全世界所得に対して課税

(2) 非課税所得
アメリカ政府等が発行する国債，州債に係る受取利息

(3) 税率
課税所得が1,000万ドルまでの場合は34％，1,833万ドルを超える場合は，35％の税率が適用される。

(4) 繰越欠損金
欠損金の繰越しは20年間，繰戻しは2年間可能である。法人のオーナーシップに変更があった場合には，欠損金の使用が制限される場合がある。

2 アメリカの企業支援税制

(1) 試験研究費控除
試験研究費は発生年度で損金に計上するか，若しくは60ヵ月で償却することができる。

また，適格研究費が前3事業年度の平均売上高に基づく試験研究費割合によって計算されたベース金額を超える場合，当該超える部分に対して20％の税額控除が認められている。当該20％の税額控除は，適格基礎研究の支払いに対しても控除が可能である。

なお，本制度の適用期限は2013年12月31日となっているが，一般的には，当該適用期限は延長されることが想定されている（オバマ大統領は，当該20％税額控除制度を恒久的制度することを検討中である）。

適格研究とは，以下の研究であると定義されている。

・納税者の事業に関連する活動であり，試験及び実験に用いられる研究

開発費用の発生が伴うもので，原則として製品の開発及び改良のために行われる活動
- 物理学，生物学，機械工学及びコンピューターサイエンスの原理を基にする実験プロセスを活用し，本質的な技術にかかわる情報を得ることを目的として行われる活動
- 納税者の事業において販売，賃貸又は使用される製品等（事業コンポーネント）を新たに開発又は向上させるために有用な情報を得ることを目的として行われる活動
- 実質的に全ての研究活動が，機能，性能，信頼性及び品質を新規に又は改良することを目的とした実験プロセスを構成する活動であること。

ただし，以下の活動は適格研究には含まれないこととされている。
- アメリカ外で行われる研究
- 他社より拠出された資金にて行う受託研究
- 納税者の製品等が上市できる状況にある，又は製品等の販売や利用に係る基礎機能並びに経済上の条件を満たした後に行われる研究
- 特定の顧客のニーズに対応するために行われる研究
- 製品等の重複的試験研究
- 日常的に行われる品質管理試験及び検査
- 社会科学，美術及び人間科学の研究

また，試験研究費控除の対象となる研究費は，原則として，当該費用が実際の事業活動を通じて支出及び発生していなくてはならず，主として以下のものとされている。
- 適格研究活動に従事している従業員の人件費

  対象となる人件費は，従業員の研究開発活動割合に応じて計算されることとなる。ただし，研究開発活動の割合が80％以上である場合には，当該従業員に係る賃金の全額が対象となる。
- 適格研究に使用される物品に係る費用
- 外部委託者へ支払う研究費用

適格研究の外部委託者へ支払う費用については，支払費用の65%相当額が対象となる費用として認められる。なお，受託者側では，発生した費用から受託料を控除する必要があるため，実質的には受託者側では試験研究費控除の適用を受けることは出来ないと考えられる。
・同一支配下にあるメンバー間において生じた研究費用
　　試験研究費控除の適用上，支配関係にある全ての事業体（原則として，同一の者による50%超の支配関係がある法人等）を単一の納税者として取扱うこととされている。したがって，この支配関係にある事業体間で生じた研究費用については，上記の「外部委託者へ支払う研究費用」の規定（65%相当額）は適用されない。
　　試験研究費控除の限度額は，課税年度における納税額の約75%相当額，又は通常の法人税額から暫定ミニマム税額を差し引いた差額のいずれか小さい額とされている。

(2) **国内生産活動に関する所得控除**

　適格国内生産活動に帰属する所得に対して一定の所得控除が認められている。この控除は，過去に認められていた域外所得や外国販売会社制度の恩典に代わるものである。

　所得控除額は，適格生産活動からの所得，若しくは課税所得のいずれか小さい額に一定の割合を乗じて計算されるが，当該控除額は，支払い給与の額の50%を超えることはできない。一定の割合は，2005年の3%から段階的に導入され，2010年以降は9%が適用されている。

(3) **小規模事業における損金算入の選択制度**

　一定の小規模事業については，減価償却の代わりに営業資産（個人の所有する不動産，事業のために購入した一定の資産等が対象で，179の資産に限定されている）の即時損金算入を選択することができる。

　2010年から2013年の課税年度においては，損金算入の限度額は50万ドルであり，当該事業年度の課税所得を超えて損金に算入することはできない。課税所得を超えることによって控除できなかった部分については，翌年以降

に繰越される。

表　試験研究費控除及びイノベーションボックスの各国比較表

	試験研究費控除	イノベーションボックス
イギリス	・中小企業： 　　225％の追加損金算入方式 ・大企業： 　　130％の追加損金算入方式 ・損金算入限度額はない。 ・大企業向けに10％の税額控除方式を認めるATL税額控除制度が認められている。	・特許，適格パテントに帰属する利益に対して10％の軽減税率が適用される。
フランス	・1億ユーロまで： 　　30％の税額控除 ・1億ユーロを超える部分： 　　5％の税額控除 ・税額控除限度額は，研究開発費の100％とされている。	・特許，特許性のある発明，植物品種保護証等から生じる利益又はキャピタルゲインに対して15％の軽減税率が適用される。
ドイツ	・該当なし ・ただし，補助金等により支援がある。	・該当なし
オランダ	・154％の追加損金算入方式 ・この他，38％の賃金税控除も認められている。	・自社で行った試験研究活動に基づき取得した無形資産から生じた所得が全体所得の30％分貢献している場合，5％の軽減税率が適用される。
アメリカ	・20％の税額控除方式 ・税額控除限度額は，納税額の75％相当額，又は通常の法人税額から暫定ミニマム税額を差し引いた差額のいずれか小さい額	・該当なし

企業支援税制

日税研論集 第66号 (2015)

平成27年3月31日　発行

定　価	（本体 3,241 円＋税）
編　者	公益財団法人　日本税務研究センター
発行者	宮 田 義 見
	東京都品川区大崎 1 - 1 1 - 8 日本税理士会館1F
発行所	公益財団法人　日本税務研究センター
	電話（03）5435-0912（代表）
製　作	第一法規株式会社